AUDIÊNCIA DE CUSTÓDIA NO PROCESSO PENAL BRASILEIRO

Conselho Editorial
André Luís Callegari
Carlos Alberto Molinaro
César Landa Arroyo
Daniel Francisco Mitidiero
Darci Guimarães Ribeiro
Draiton Gonzaga de Souza
Elaine Harzheim Macedo
Eugênio Facchini Neto
Gabrielle Bezerra Sales Sarlet
Giovani Agostini Saavedra
Ingo Wolfgang Sarlet
José Antonio Montilla Martos
Jose Luiz Bolzan de Morais
José Maria Porras Ramirez
José Maria Rosa Tesheiner
Leandro Paulsen
Lenio Luiz Streck
Miguel Àngel Presno Linera
Paulo Antônio Caliendo Velloso da Silveira
Paulo Mota Pinto

Dados Internacionais de Catalogação na Publicação (CIP)

A553a   Andrade, Mauro Fonseca.
    Audiência de custódia no processo penal brasileiro / Mauro Fonseca Andrade, Pablo Rodrigo Alflen. 3. ed. rev. atual e ampl. de acordo com a Resolução nº 213 do Conselho Nacional de Justiça – Porto Alegre : Livraria do Advogado Editora, 2018.
    190 p. ; 23 cm.
    Inclui bibliografia.
    ISBN 978-85-9590-016-5

    1. Processo penal - Brasil. 2. Audiência de custódia. 3. Poder judiciário. 4. Poder legislativo. 5. Tribunal de justiça. I. Alflen, Pablo Rodrigo. II Andrade. Mauro Fonseca. III. Título.

CDU 343.1(81)
CDD 345.8105

Índice para catálogo sistemático:
1. Processo penal : Brasil : Audiência de custódia   343.1(81)

(Bibliotecária responsável: Sabrina Leal Araujo – CRB 10/1507)

Mauro Fonseca Andrade
Pablo Rodrigo Alflen

AUDIÊNCIA DE CUSTÓDIA NO PROCESSO PENAL BRASILEIRO

3ª EDIÇÃO – revista, atualizada e ampliada –
de acordo com a Resolução nº 213 do
Conselho Nacional de Justiça

livraria
DO ADVOGADO
editora

Porto Alegre, 2018

© Mauro Fonseca Andrade
Pablo Rodrigo Alflen
2018

(edição finalizada em outubro/2017)

Capa, projeto gráfico e diagramação
Livraria do Advogado Editora

Revisão
Rosane Marques Borba

Direitos desta edição reservados por
Livraria do Advogado Editora Ltda.
Rua Riachuelo, 1300
90010-273 Porto Alegre RS
Fone: 0800-51-7522
editora@livrariadoadvogado.com.br
www.doadvogado.com.br

Impresso no Brasil / Printed in Brazil

Para Erica e Terezinha, sempre.
Mauro Fonseca Andrade

Para Fátima e Clécio
e Arminda Alflen†
Pablo Rodrigo Alflen

Apresentação à 3ª edição

Em um mercado editorial dominado pelos manuais e cursos de direito processual penal, o espaço dedicado aos temas monográficos vem-se mostrando cada vez mais restrito, pois pouca importância tem-se dado aos estudos em profundidade.

Quando os pesquisadores daquele ramo do Direito encontram quem acredite no seu trabalho, é impossível deixar de ter a sensação de dever cumprido. No entanto, quando também se verifica a receptividade que o público leitor confere à pesquisa apresentada pelos autores, o sentimento é de enorme gratidão a quem nos acompanha e a quem nos abriu essa porta.

É por isso que a apresentação dessa 3ª edição não poderia deixar de prestar nossas homenagens e agradecimentos à Livraria do Advogado, em razão da confiança em nós depositada, e aos amigos que procuram, a cada dia que passa, obter mais e melhores informações sobre um instituto que segue provocando muito debate: a audiência de custódia.

Os acréscimos feitos a essa nova edição são fruto das pesquisas feitas no Grupo de Pesquisa "O Processo de Formação e Desenvolvimento dos Princípios e Garantias Processuais Penais. Tensões entre a História do Direito e as Posições Doutrinária e Jurisprudencial Contemporâneas", a cargo de Mauro Fonseca Andrade, professor do corpo docente permanente do Programa de Pós-Graduação *Stricto Sensu* (Mestrado) da Fundação Escola Superior do Ministério Público do Rio Grande do Sul; bem como por Pablo Rodrigo Alflen, professor permanente do Programa de Pós-Graduação em Direito – PPGDir (Mestrado e Doutorado) da Universidade Federal do Rio Grande do Sul – UFRGS, no marco do seu Projeto de Pesquisa "Fundamentos do Processo Penal Contemporâneo".

Boa leitura a todos.

Abreviaturas

ADEPOL.................Associação dos Delegados de Polícia do Brasil
ADI.......................Ação Direta de Inconstitucionalidade
ADPF....................Arguição de Descumprimento de Preceito Fundamental
AJUFE...................Associação dos Juízes Federais do Brasil
ANAMAGES...........Associação Nacional dos Magistrados Estaduais
AUF......................*Auflage*
CADH...................Convenção Americana sobre Direitos Humanos
CEDH...................Convenção Europeia para a Proteção dos Direitos Humanos e Liberdades Fundamentais
CF........................Constituição Federal
CIDFP...................Convenção Interamericana sobre o Desaparecimento Forçado de Pessoa
CIDH....................Corte Interamericana dos Direitos Humanos
CNJ......................Conselho Nacional de Justiça
CNMP...................Conselho Nacional do Ministério Público
CONCPC...............Conselho Nacional dos Chefes de Polícia Civil
CPP......................Código de Processo Penal
FENADEPOL..........Federação Nacional dos Delegados de Polícia Federal
IBCCRIM...............Instituto Brasileiro de Ciências Criminais
JURA....................*Juristische Ausbildung*
ONU......................Organização das Nações Unidas
PIDCP...................Pacto Internacional dos Direitos Civis e Políticos
PL........................Projeto de Lei
PLS......................Projeto de Lei do Senado
TEDH...................Tribunal Europeu dos Direitos Humanos

Sumário

Introdução...13

1. A audiência de custódia e sua inserção no Direito brasileiro.....................17
  1.1. A necessária adequação do Brasil às normas de Direito Internacional Público..17
  1.2. Intentos de ordem legislativa...34
    1.2.1. Projeto de Lei do Senado nº 156, de 2009............................35
    1.2.2. Projeto de Lei do Senado nº 554, de 2011, e sua conversão no Projeto de Lei nº 6.620, de 2016...37
      1.2.2.1. A formatação da audiência de custódia..........................38
      1.2.2.2. Manifestações institucionais de apoio e rechaço ao PLS nº 554, de 2011...41
    1.2.3. Proposta de Emenda Constitucional nº 112, de 2011.................47
    1.2.4. Projeto de Lei nº 7.871/2014...48
      1.2.4.1. Apresentação e justificativa..48
      1.2.4.2. A formatação da audiência de custódia..........................49
    1.2.5. Projeto de Lei nº 470/2015..50
      1.2.5.1. Apresentação e justificativa..50
      1.2.5.2. A formatação da audiência de custódia..........................50
    1.2.6. Proposta de Emenda Constitucional nº 89, de 2015..................51

2. A audiência de custódia sob a ótica dos atos normativos e dos tribunais internacionais...53
  2.1. Noções preliminares...53
  2.2. Quem deve ser apresentado..54
  2.3. Objetivos..59
  2.4. Forma da apresentação...63
    2.4.1. Apresentação pessoal...63
    2.4.2. Apresentação por videoconferência...................................66
  2.5. Prazo da apresentação..70
  2.6. A quem deve ser feita a apresentação..84
    2.6.1. Juiz ou outra Autoridade..84
    2.6.2. Atributos a serem satisfeitos pelo condutor da audiência de custódia...88
      2.6.2.1. Independência...89

  2.6.2.2. Imparcialidade..91
  2.6.2.3. Autoridade competente..97
  2.6.2.4. Previsão expressa em lei..108
2.7. Consequências da não realização da audiência de custódia......................110

3. Aspectos polêmicos ligados à implantação da audiência de custódia no Brasil..117
3.1. Noções preliminares..117
3.2. Regulamentação por provimento..118
3.3. A questão procedimental: uma análise necessária.......................127
  3.3.1. O que se entende por apresentação?..128
  3.3.2. Deve haver uma audiência de custódia?..................................130
3.4. O papel do juiz na audiência de custódia...................................135
  3.4.1. Mácula ao sistema acusatório...139
  3.4.2. O necessário impedimento do juiz inquiridor.........................146
3.5. Falta de estrutura física e de pessoal...154
3.6. Vedações probatórias..161
  3.6.1. (Im)possibilidade de intervenção do Ministério Público e da defesa na oitiva do sujeito conduzido..161
  3.6.2. Vedação do depoimento para fins probatórios........................168
3.7. Liberdade provisória concedida pela autoridade policial............173
3.8. Proibição de prévio ingresso em estabelecimento prisional........176
3.9. Ausência do Ministério Público e da Defesa..............................179
3.10. Arquivamento do inquérito policial na audiência de custódia...181

Referências bibliográficas..185

Introdução

Nos últimos anos, a legislação processual penal brasileira vem sofrendo grandes e profundas mudanças, fruto de uma mais que necessária conformação dos diversos institutos presentes no quase octogenário Código de Processo Penal aos tratados internacionais ratificados pelo nosso país e à realidade constitucional que vivenciamos desde 1988.

A título de exemplo, nossa Constituição Federal foi emendada (Emenda Constitucional n° 45, de 2004) para a inserção, entre outros, do direito a um processo com duração razoável junto aos direitos e garantias fundamentais e a atribuição do *status* aos tratados e convenções internacionais no contexto interno, ao passo que o nosso Código foi alterado nos Títulos referentes aos procedimentos, à prova e à prisão, medidas cautelares e liberdade provisória. Em meio a estas alterações pontuais, ainda tivemos a apresentação de um projeto de Código de Processo Penal inteiramente novo, que segue em tramitação na Câmara dos Deputados, após a superação de todas as etapas do processo legislativo junto ao Senado Federal, de onde é originário.

No ano de 2011, nova e polêmica alteração de nosso Código foi apresentada no Senado Federal, sob a justificativa de uma necessária adequação do Brasil aos tratados e convenções por ele firmados. Referimo-nos ao Projeto de Lei do Senado n° 554, de 2011, hoje convertido no Projeto de Lei n° 6.620, de 2016, que prevê a pronta apresentação de toda pessoa presa em flagrante à autoridade judicial, sob o argumento de que o Brasil é um dos poucos países da América Latina – quiçá, o único – a não contemplar tal direito em sua legislação. Seria, enfim, a inserção da *audiência de custódia* no cenário brasileiro, nome dado pela doutrina nacional ao ato em que haveria aquela apresentação.

Quando de sua tramitação ainda no Senado Federal, aquele projeto recebeu inúmeras manifestações de apoio e de contrariedade por parte de instituições públicas e representativas de segmentos da sociedade civil, que motivaram sua estagnação na Casa Legislativa de origem. Quiçá em razão da demora na sua aprovação pelo Senado Federal, também a Câmara dos Deputados tratou de se envolver nessa temática, com a apresentação de duas Propostas de Emenda Constitucional e de outros projetos de lei propondo igualmente a inserção da audiência de custódia de modo explícito em nosso país. Somente no final do ano de 2016 é que o Projeto de Lei do Senado nº 554, de 2011, cumpriu todo seu caminho, cujo resultado final foi enviado à Câmara dos Deputados, onde recebeu a designação de Projeto de Lei nº 6.620, de 2016, e lá está dando seus primeiros passos no longo processo legislativo que o aguarda.

Em meio a essa indefinição em âmbito legislativo, o Poder Judiciário brasileiro começou a emitir suas primeiras posições sobre o tema, ora entendendo pela autoaplicabilidade dos tratados e convenções – obviamente ratificados pelo Brasil – que fazem referência à audiência de custódia, ora entendendo por sua desnecessidade, frente aos direitos e garantias já assegurados em nível constitucional e infraconstitucional. Sem nenhum exagero, é possível afirmar que, entre os anos de 2014 e 2015, a não realização dessa audiência foi o *carro-chefe* das manifestações defensivas, objetivando o relaxamento da prisão preventiva daqueles indivíduos que haviam sido presos em flagrante. Em uma situação isolada e de forma independente, o Tribunal de Justiça do Maranhão chegou a emitir uma resolução disciplinando a forma como deveria se dar aquele ato na capital do seu Estado.

Diante dessa realidade bipartida, o Conselho Nacional de Justiça deu início, em fevereiro de 2015, a um projeto-piloto que teve, como parceiros, o Ministério da Justiça e o Tribunal de Justiça de São Paulo, com o fim de realizar a implantação da audiência de custódia a título experimental naquele Estado. Aparentemente, essa experiência apontou para o acolhimento, em nível político, da obrigatória inserção da audiência de custódia no Brasil, independentemente de ato legislativo regulamentador. Mesmo assim, o só fato de aquele Conselho haver dado início a um projeto-piloto, em lugar de já disciplinar – ainda que administrativamente – a obrigatória implantação daquele instituto em nível nacional, serviu como forte indicativo de que os seus responsáveis estavam cientes de que muitos erros e acertos ocorreriam em meio à sua execução, justamente por se tratar de um instituto polêmico e pouco conhecido em âmbito nacional.

Como a introdução da audiência de custódia em nossa realidade trouxe um grande impacto em todas as esferas da Segurança Pública envolvidas até o momento de sua execução – não só na modificação de rotinas já consolidadas, mas também, em nível estrutural e de pessoal –, era de esperar o surgimento de forte resistência, em especial, por parte da polícia judiciária, dada a histórica deficiência que apresenta em ambos os níveis. A tal ponto chegou que, logo após a colocação em prática do projeto-piloto junto ao Tribunal de São Paulo, a Associação dos Delegados de Polícia do Brasil ajuizou ação de inconstitucionalidade (ADI nº 5.240) contra a regulamentação administrativa emitida por aquele Tribunal, onde foram traçadas as regras e procedimentos que deveriam ser observados para a audiência de custódia naquele Estado.

Paralelamente a isso, outros Tribunais de Justiça estaduais também aderiram àquele projeto-piloto do Conselho Nacional de Justiça. Por não haver uma obrigatoriedade em seguirem o mesmo modelo adotado pelo Tribunal de Justiça de São Paulo, cada um daqueles Tribunais se encarregou de expedir sua própria regulamentação. Isso trouxe, como efeito, a ocorrência de pequenas modificações na forma como disciplinaram a audiência de custódia em seus Estados, se comparadas suas regulamentações com aquela apresentada pelo Poder Judiciário de São Paulo. Certamente, o problema mais grave foi a existência de prazos distintos para a apresentação do preso ao juiz. Ao passo que a maioria dos Tribunais fixou o prazo em 24 horas para esse ato, uma pequena parcela o fixou em 48 horas para a realização daquela mesma apresentação, provocando uma clara desigualdade de tratamento entre os presos no país.

Em meio à colocação em prática de todas estas regulamentações estaduais, o Partido Socialismo e Liberdade – PSOL – ajuizou arguição de descumprimento de preceito fundamental (ADPF 347) buscando, entre outros pedidos, que todos os juízes e Tribunais realizassem a audiência de custódia, cujo prazo para a apresentação do sujeito privado em sua liberdade seria de 24 horas a partir de sua prisão. Por maioria, foi deferida a medida cautelar nela requerida, tornando obrigatório aquele ato em todo o território nacional, nos termos da decisão proferida.

Para dar fim à quebra de isonomia verificada com a multiplicidade de regulamentações locais, e para dar aplicabilidade à decisão liminar proferida na ADPF 347, o Conselho Nacional de Justiça emitiu a Resolução nº 213, de 15 de dezembro de 2015, apresentando uma regulamentação minuciosa sobre o instituto da audiência de custódia e as consequências extraídas do depoimento prestado pelo sujeito privado em sua liberdade. Mesmo diante da necessidade de cumprimento de uma ordem judicial – emanada por ninguém menos que o Plenário do Supremo Tribunal Federal –, também essa regulamentação foi alvo de questionamento quanto à sua constitucionalidade. Combatendo a incidência da audiência de custódia em nosso país, a Associação Nacional dos Magistrados Estaduais (doravante, ANAMAGES) ajuizou ação de inconstitucionalidade (ADI nº 5.448), basicamente repetindo os argumentos anteriormente já apresentados na ADI nº 5.240.

Ao que se vê, o estágio atual de discussão sobre esse novel instituto vem se prestando a muita resistência e preconceito, em razão de incongruências identificadas tanto do ponto de vista teórico quanto do ponto de vista da prática da sua implantação.

Em vista disso, o presente estudo visa à análise do instituto da *audiência de custódia*, abarcando ambos os aspectos (teoria e práxis), de modo a oportunizar ao leitor um aporte informativo consistente, no que diz respeito à interpretação das normas e regulamentações a ele atinentes, bem como no que diz respeito à sua implantação e efetividade.

1. A audiência de custódia e sua inserção no Direito brasileiro

1.1. A necessária adequação do Brasil às normas de Direito Internacional Público

A história da humanidade – e, em especial, da cultura ocidental, onde estamos inseridos – é marcada por uma ausência de preocupação em relação à pessoa que houver sido presa ou detida. Não por acaso, a literatura universal nos deixou importantes registros e impressões sobre como eram os cárceres e o dia a dia das pessoas que a eles eram submetidas.[1]

Apesar de surgirem manifestações incisivas no cenário internacional – sobretudo, a partir da segunda metade do século XVIII, em prol da coibição do arbítrio punitivo estatal e do asseguramento dos direitos humanos e, em especial, da pessoa presa ou detida[2] – essa realidade começou a verdadeiramente mudar somente após a Segunda Guerra Mundial, com a criação de organismos voltados à preservação dos direitos humanos e à manutenção da paz e da segurança internacionais.

---

[1] A título ilustrativo, encontramos as seguintes obras: DUMAS, Alexandre. *O Conde de Monte Cristo*. Rio de Janeiro: Zahar, 2012. VICTOR HUGO. *O Último Dia de um Condenado*. Trad. de Joana Canêdo. São Paulo: Estação Liberdade, 2002. VICTOR HUGO. *Os Miseráveis*. São Paulo: Cosac Naify, 2012. 2 vol. VARELLA, Drauzio. *Estação Carandiru*. São Paulo: Companhia das Letras, 1999. RUSCHE, Goerg; KIRCHHEIMER, Otto. *Punição e Estrutura Social*. 2ª ed. Trad. de Gizlene Neder. RJ: Revan, 2004. FOUCAULT, Michel. *Vigiar e punir*. Trad. de Raquel Ramalhete, Petrópolis: Vozes, 2001.

[2] Veja-se que, em 1764, em sua *magnum opus*, Beccaria ressaltava, por um lado, a necessidade de serem "a desolação e a fome eliminadas dos cárceres" e, por outro lado, que "a prisão é mais um lugar de suplício que de custódia do réu" (BECCARIA, Cesare. *Dos delitos e das penas*. São Paulo: Martins Fontes, 1996, p. 103-104). Ademais, em 1789, na França, a Declaração dos Direitos Homem e do Cidadão (*Déclaration des Droits de l'Homme et du Citoyen*) dispunha, em seu artigo 7º, que: "Ninguém pode ser acusado, preso ou detido senão nos casos determinados pela lei e de acordo com as formas por esta prescritas", e que "os que solicitam, expedem, executam ou mandam executar ordens arbitrárias devem ser punidos". Disponível em <http://www.legifrance.gouv.fr/Droit-francais/Constitution/>.

Nesse contexto, o Conselho da Europa,[3] a partir dos ditames presentes na Declaração Universal dos Direitos Humanos, criou a Convenção Europeia para a Proteção dos Direitos Humanos e Liberdades Fundamentais (doravante, CEDH), firmada em Roma, em 04 de novembro de 1950. Dentre aquelas normas que mais proximamente dizem respeito ao objeto do presente estudo, estabeleceu-se a necessidade de condução sem demora de toda pessoa detida ou presa à presença de um juiz ou outra autoridade habilitada por lei a exercer tais funções.[4]

O objetivo pensado para essa apresentação é que ela servisse como mecanismo de controle sobre a atividade de persecução penal realizada pelo Estado, em especial, sobre as instituições encarregadas dos atos anteriores ao ajuizamento da ação penal condenatória, ou seja, aquelas que executariam atos de investigação criminal. Evitar-se-ia, com isso, o risco de incidência de um dos principais problemas verificados nessa fase inicial da persecução penal, que é a ocorrência de tortura ou maus-tratos aos indivíduos que houvessem sido presos em flagrante ou a título preventivo por ordem das forças estatais diversas do Poder Judiciário.

A evolução desse mecanismo de controle chegou a tal ponto na União Europeia que, em 22 de maio de 2012, o Parlamento Europeu aprovou a Diretriz 2012/13/EU, destinada a regulamentar o direito à informação nos procedimentos criminais como um todo. No rol das informações consideradas indispensáveis para o pleno respeito aos direitos fundamentais de toda pessoa detida, lá consta o dever de o Estado cientificá-la do direito a ser apresentada, sem demora, a um

---

[3] O Conselho da Europa, como esclarece Satzger, "é não só a mais antiga instituição política, como também a maior associação de Estados da Europa", fundada em 05 de maio de 1949, com o objetivo de possibilitar uma cooperação permanente em caráter político, econômico e cultural entre seus membros (SATZGER, Helmut. *Der Einfluss der EMRK auf das deutsche Straf-und Strafprozessrecht – Grundlagen und wichtige Einzelprobleme*. *Jura*, Heft 10/2009, p. 759). A respeito do Conselho da Europa, compare ainda: AMBOS, Kai. *Internationales Strafrecht – Strafanwendungsrecht, Völkerstrafrecht, Europäisches Strafrecht, Rechtshilfe*. 4. Aufl., München: Beck, 2014, p. 465. KREY, Volker. *Deutsches Strafverfahrensrecht*. Bd. 1, Stuttgart: Kohlhammer, 2006, p. 17-20. ROXIN, Claus; SCHÜNEMANN, Bernd. *Strafverfahrenscht*. 28. Aufl., München: Beck, 2014, p. 17-25.

[4] Artigo 5,3. Toda pessoa presa ou detida nas condições previstas no parágrafo 1, letra 'c', do presente artigo deverá ser conduzida sem demora à presença de um juiz ou de outra pessoa habilitada por lei para exercer poderes judiciais, e terá direito a ser julgada em um prazo razoável ou a ser posta em liberdade durante o processo. A colocação em liberdade pode ser condicionada a uma garantia que assegure o comparecimento do interessado em juízo. Na versão original em inglês: "Article 5, (3) *Everyone arrested or detained in accordance with the provision of paragraph 1 (c) of this Article shall be brought promptly before a judge or other officer authorised by law to exercise judicial power and shall be entitled to trial within a reasonable time or to release pending trial. Release may be conditioned by guarantees to appear for trial*". Disponível em <www.echr.coe.int/Documents/Collection_Convention_1950_ENG.pdf>.

juiz ou outra autoridade com poderes judiciais.[5] Noutros termos, deu-se um passo a mais na concretização daquele direito, pois já não basta que ela seja apresentada a um juiz ou outra autoridade; daquele ano para cá, é preciso que toda pessoa presa ou detida também tenha pleno conhecimento que detém esse direito.

A partir da CEDH, abriu-se a porta para que toda pessoa presa ou detida fosse vista de uma forma distinta, se comparada àquela que marcou seu tratamento ao longo da história. Seguiram-se, então, outros textos internacionais, de repercussão mundial ou restrita a outros continentes.[6]

Este é o caso do Pacto Internacional dos Direitos Civis e Políticos (doravante, PIDCP), que foi adotado pela Resolução n. 2.200-A (XXI) da Assembleia Geral da Organização das Nações Unidas (doravante, ONU), em 19 de dezembro de 1966.[7] Sua intenção era ampliar o rol dos direitos constantes na Declaração Universal dos Direitos do Homem, razão pela qual também previu, dentre outros direitos de toda pessoa presa ou detida, o dever de ela ser levada, o mais rápido possível, à presença de um juiz ou outra autoridade equivalente.[8]

Com a intenção de reforçar a observância deste e de outros direitos, a Assembleia Geral da ONU emitiu a Resolução nº 43/173, de 09 de dezembro de 1988, que estabeleceu o *Conjunto de Princípios para a Proteção de Todas as Pessoas Submetidas a Qualquer Forma de Detenção ou Prisão*.[9]

---

[5] Directive 2012/13/EU of the European Parliament and of the Council, of 22 May 2012, on the right to information in criminal proceedings. *Official Journal of the European Union*, L 142/1-9, Brussels, 1 June 2012.

[6] Curiosamente, a Carta Africana dos Direitos do Homem e dos Povos não seguiu essa lógica, mesmo tendo entrado em vigor quase duas décadas – em 26 de outubro de 1986 – após os diplomas internacionais que mencionaremos a seguir. Ela foi adotada em 26 de junho de 1981, pela 18ª Conferência dos Chefes de Estado e de Governo dos Estados Africanos membros da Organização de Unidade Africana, realizada em Nairobi/Quênia. No entanto, sua proteção à pessoa presa foi muito tímida, não tendo feito qualquer previsão – sequer similar – àquela de apresentação célere da pessoa presa a uma autoridade judicial ou outra equivalente.

[7] Ratificado pelo Brasil, por meio do Decreto nº 592, de 06 de julho de 1992.

[8] Na versão oficial apresentada pelo Governo brasileiro, constante no Decreto nº 592, de 06 de julho de 1992, vemos: "Artigo 9, 3. Qualquer pessoa presa ou encarcerada em virtude de infração penal deverá ser conduzida, sem demora, à presença do juiz ou de outra autoridade habilitada por lei a exercer funções judiciais e terá o direito de ser julgada em prazo razoável ou de ser posta em liberdade. A prisão preventiva de pessoas que aguardam julgamento não deverá constituir a regra geral, mas a soltura poderá estar condicionada a garantias que assegurem o comparecimento da pessoa em questão à audiência, a todos os atos do processo e, se necessário for, para a execução da sentença".

[9] Princípio 4. Toda forma de detenção ou prisão e todas as medidas que afetam aos direitos humanos das pessoas submetidas a qualquer forma de detenção ou prisão deverão ser ordenadas por um juiz ou outra autoridade, ou ficar sujeitas à fiscalização efetiva de um juiz ou outra autoridade.

Em âmbito regional, San José da Costa Rica realizou a *Conferência Especializada Interamericana sobre Direitos Humanos*, ocasião em que os delegados dos Estados-Membros da Organização dos Estados Americanos aprovaram, em 22 de novembro de 1969, a Convenção Americana sobre Direitos Humanos (doravante, CADH). Ela entrou em vigor em 18 de julho de 1978,[10] reproduzindo, no Artigo 7, 5, a necessidade de apresentação rápida da pessoa presa a um juiz ou outra autoridade,[11] situação que, no Brasil, acabou por ser conhecida como *audiência de custódia*.

Também em âmbito regional, Belém do Pará recepcionou, em 09 de junho de 1994, o XXIV Período Ordinário de Sessões da Organização dos Estados Americanos (OEA), ocasião em que foi aprovada a Convenção Interamericana sobre o Desaparecimento Forçado de Pessoa (CIDFP).[12] O Brasil firmou aquele documento em 10 de junho de 1994, mas somente em 11 de maio de 2016[13] tratou de internalizá-lo, novamente assumindo o compromisso de submeter as pessoas privadas de sua liberdade à audiência de custódia.[14]

Não tardou muito a que outros diplomas de cunho nacional ratificassem este imperativo de apresentação das pessoas privadas em sua liberdade ao juiz ou outra autoridade que exercesse poderes judiciais. Na América do Sul, alguns países inseriram a necessidade dessa apresentação do preso em sua própria constituição,[15] ao passo que outros preferiram inseri-la na legislação infraconstitucional atinente à persecução penal.[16] Entretanto, o Brasil vem se mostrando tímido

---

[10] Ratificada pelo Brasil, por meio do Decreto nº 678, de 09 de julho de 1992.

[11] Na versão oficial apresentada pelo Governo brasileiro, constante no Decreto nº 678, de 09 de julho de 1992, vemos: "Artigo 7, 5. Toda pessoa detida ou retida deve ser conduzida, sem demora, à presença de um juiz ou outra autoridade autorizada pela lei a exercer funções judiciais e tem direito a ser julgada dentro de um prazo razoável ou a ser posta em liberdade, sem prejuízo de que prossiga o processo. Sua liberdade pode ser condicionada a garantias que assegurem o seu comparecimento em juízo".

[12] Com detalhes a respeito veja ALFLEN, Pablo Rodrigo; AMBOS, Kai; BÖHM, María Laura. *Crime de Desaparecimento Forçado de Pessoas*. São Paulo: Revista dos Tribunais, 2013. p. 22 e ss., os quais além de enfatizar que tal Convenção proporciona um aporte decisivo para a efetivação da proteção dos direitos humanos e o asseguramento do Estado de Direito, ressaltavam, na ocasião, a excessiva demora do Brasil em ratificá-la.

[13] Decreto nº 8.766, de 11 de maio de 2016.

[14] Na versão oficial apresentada pelo Governo brasileiro, constante no Decreto nº 8.766, de 11 de maio de 2016, vemos: "Artigo XI. Toda pessoa privada de liberdade deve ser mantida em lugares de detenção oficialmente reconhecidos e apresentada, sem demora e de acordo com a legislação interna respectiva, à autoridade judiciária competente".

[15] Constituição da Guatemala, artigo 6º. Constituição do Haiti, artigo 26. Constituição da Nicarágua, artigo 33,2.

[16] Código Procesal Penal de la Nación da Argentina, artigo 64. CPP do Equador, artigo 173. CPP do Chile, artigos 131 e 132.

– para não se dizer resistente – em dar plena aplicabilidade a todos os termos da CADH, da qual ele próprio é signatário.

Uma das primeiras movimentações legislativas em prol do que se assemelharia à audiência de custódia se deu antes mesmo da ratificação daquela Convenção por parte do Brasil, e da própria Constituição Federal atual (doravante, CF). Referimo-nos ao Código Eleitoral (Lei nº 4.737, de 15 de julho de 1965), que determina a imediata apresentação judicial de toda pessoa presa, em flagrante ou não, para que seja averiguada a legalidade daquele ato.[17][18]

Embora a redação daquele dispositivo seja clara, a referência à *semelhança* daquela apresentação com a audiência de custódia se deve a forma como tal dispositivo vem sendo regulamentado pelo Tribunal Superior Eleitoral. Isso porque, em cada período eleitoral, essa Corte insiste em administrativamente criar um modelo de persecução penal primária diverso do previsto no Código de Processo Penal (doravante, CPP) e com sérios problemas de ordem técnica.

Um bom exemplo disso foi a Resolução nº 23.396, de 17 de dezembro de 2013, do Tribunal Superior Eleitoral, destinada às eleições de 2014, e que dispôs "sobre a apuração de crimes eleitorais". Embora apresentasse sérios problemas ligados à constitucionalidade de uma ou outra previsão,[19] a resolução previu o encaminhamento do preso em flagrante ao Juiz Eleitoral – o que já vinha aparecendo, com frequência, nas resoluções anteriormente emitidas por aquela Corte –, mas, também aqui, ela se descurou em apresentar uma melhor técnica redacional.

A condução do preso estava prevista no artigo 7º, § 3º, que apresentou a seguinte redação: "A apresentação do preso ao Juiz Eleitoral, bem como os atos subsequentes, observarão o disposto no art. 304 do Código de Processo Penal".

---

[17] Artigo 236, § 2º. Ocorrendo qualquer prisão o preso será imediatamente conduzido à presença do juiz competente que, se verificar a ilegalidade da detenção, a relaxará e promoverá a responsabilidade do coator.

[18] Não desconhecemos o fato de alguns autores mencionarem o artigo 656 do CPP como sendo um dispositivo precursor da audiência de custódia em âmbito nacional e, porque não dizer, inclusive internacional, por haver sido anterior, até mesmo, à CEDH. Entretanto, a leitura daquele artigo não nos permite concordar com tal vinculação, uma vez que ele trata de uma apresentação facultativa, determinada a critério do juiz, em lugar de ser um direito do sujeito preso ou detido, como é o caso do direito estampado nos textos internacionais já referidos.

[19] Referimo-nos, em especial, ao artigo 8º daquela resolução, que somente permitia a abertura de inquérito policial por ordem do Juiz Eleitoral. Textualmente, dizia ele: "Art. 8º. O inquérito policial eleitoral somente será instaurado mediante determinação da justiça eleitoral, salvo a hipótese de prisão em flagrante". Este dispositivo foi objeto de Ação Direta de Inconstitucionalidade (ADI 5.140) ajuizada pela Procuradoria-Geral da República, que obteve liminarmente a suspensão de sua eficácia, por decisão proferida, em 21 de maio de 2014, pelo Tribunal Pleno do Supremo Tribunal Federal.

Em um primeiro momento, há a impressão de que a apresentação do preso ao Juiz Eleitoral se daria para que este pudesse presidir o auto de prisão em flagrante, já que é disso que tratam os "atos subsequentes" vinculados ao artigo 304 do CPP. E nem se diga da impossibilidade de um juiz presidir a lavratura de um auto de prisão em flagrante, pois, desde sua redação original, o CPP contempla tal hipótese no seu artigo 307, *in fine*.[20] Entretanto, os §§ 1° e 2° do mesmo artigo 7° tratavam da confecção do auto de prisão em flagrante pela autoridade policial. Mais que isso, o § 1° referia que o encaminhamento do auto de prisão em flagrante ao Juiz Eleitoral deveria se dar no prazo de 24 horas,[21] e nada falava sobre a situação do conduzido.

Ao que tudo indica, portanto, a apresentação determinada pelo artigo 7°, § 3°, dar-se-ia como um ato a ser praticado imediatamente após a prisão em flagrante do conduzido, ou seja, antes mesmo da lavratura do auto de prisão em flagrante, visto que só depois é que iriam se desenvolver as atividades mencionadas no artigo 304 do CPP. Todavia, essa apresentação primeira ao Juiz Eleitoral, para só depois ser lavrado o auto de prisão em flagrante, obedece a uma lógica já refutada pelo Tribunal Pleno do Supremo Tribunal Federal, qual seja, que o Juiz Eleitoral é o senhor da investigação criminal, determinando o que pode, ou não, ser objeto de investigação por inquérito policial ou – o que nos parece ser a hipótese do § 1° do artigo 7° – quem pode sofrer uma investigação de urgência, como é o caso do auto de prisão em flagrante.

Na prática, a forma como a apresentação judicial imediata do sujeito preso, referida no Código Eleitoral, vem sendo interpretada pelo Tribunal Superior Eleitoral em suas resoluções faz com que haja um sério risco de o Juiz Eleitoral estar pautando o trabalho a ser desenvolvido pelas Polícias Federal ou Estadual com atribuições eleitorais, o que o levaria a abandonar a figura de juiz-garante, para se transformar em um juiz-instrutor, verdadeiro condutor da investigação criminal. Logo, tal apresentação do preso ao Juiz Eleitoral não se trataria propriamente de algum tipo de cuidado com a observância de direitos assegurados em textos internacionais, mas, em realidade, de um verdadeiro retro-

---

[20] Artigo 307. Quando o fato for praticado em presença da autoridade, ou contra esta, no exercício de suas funções, constarão do auto a narração deste fato, a voz de prisão, as declarações que fizer o preso e os depoimentos das testemunhas, sendo tudo assinado pela autoridade, pelo preso e pelas testemunhas e remetido imediatamente ao juiz a quem couber tomar conhecimento do fato delituoso, se não o for a autoridade que houver presidido o auto.

[21] Artigo 7°, § 1°. Em até 24 horas após a realização da prisão, será encaminhado ao Juiz Eleitoral o auto de prisão em flagrante e, caso o autuado não informe o nome de seu advogado, cópia integral para a Defensoria Pública (Código de Processo Penal, art. 306, § 1°).

cesso, ao erigir a figura do juiz em responsável pelos caminhos a serem seguidos, ou não, pela polícia judiciária com atribuição eleitoral.

Essa é a mesma lógica presente na Lei Orgânica da Magistratura Nacional (Lei Complementar n° 35, de 14 de março de 1979), ao prever que, quando preso em flagrante, o magistrado tem, como uma de suas prerrogativas, ser apresentado imediatamente ao Presidente do Tribunal a que esteja vinculado.[22] Longe de ser uma prerrogativa voltada à preservação dos valores ou objetivos que se buscam alcançar com a audiência de custódia, tal apresentação obedece a outra finalidade, qual seja, que o sujeito preso em flagrante seja apresentado para aquela autoridade encarregada de presidir a investigação que contra ele poderá ser instaurada.[23]

O que temos, então, é uma apresentação destinada a apurar o fato punível em tese praticado, em lugar de ser uma apresentação voltada a averiguar a legalidade daquela prisão e o tratamento que o sujeito preso recebeu por parte das autoridades envolvidas, até o momento, em sua restrição de liberdade.

Também antes da atual Constituição Federal, encontramos o Código de Menores (Lei n° 6.697, de 1979), que determinava a pronta apresentação ao juiz de toda pessoa menor de dezoito anos que – segundo linguagem da época – viesse a se envolver na prática de infração penal.[24] A tal ato, essa legislação deu o nome de *audiência de apresentação* (artigo 100, inciso II), a qual, porém, não tinha por objetivo assegurar qualquer garantia, uma vez que a consagrada Doutrina da Situação Irregular via o "menor" em "situação de risco" ou "perigo moral ou material" como uma "patologia social".[25]

Sucedendo o Código de Menores, a Lei n° 8.069, de 1990 – conhecida como Estatuto da Criança e do Adolescente –, apesar de anterior à ratificação daqueles textos internacionais pelo Brasil, sofreu forte influxo de movimentos (que inspiraram a própria CF nesse tocante) e atos normativos internacionais que consolidavam a Doutrina da Pro-

---

[22] Artigo 33. São prerrogativas do magistrado: (...) II – não ser preso senão por ordem escrita do Tribunal ou do órgão especial competente para o julgamento, salvo em flagrante de crime inafiançável, caso em que a autoridade fará imediata comunicação e apresentação do magistrado ao Presidente do Tribunal a que esteja vinculado.

[23] Artigo 33, parágrafo único. Quando, no curso de investigação, houver indício da prática de crime por parte do magistrado, a autoridade policial, civil ou militar, remeterá os respectivos autos ao Tribunal ou órgão especial competente para o julgamento, a fim de que prossiga na investigação.

[24] Artigo 99, *caput*. O menor de dezoito anos, a que se atribua autoria de infração penal, será, desde logo, encaminhado à autoridade judicial.

[25] SARAIVA, João Batista Costa. *Adolescente em Conflito com a Lei: da indiferença à proteção integral*. Porto Alegre: Livraria do Advogado, 2003, p. 44.

teção Integral. O Estatuto manteve a preocupação em tornar obrigatória a rápida apresentação do adolescente apreendido, porém, em face da mudança de paradigma, com outros fins. Ademais, foi criada uma diferenciação quanto à autoridade com incumbência de recebê-lo.

Especificamente, toda vez que a apreensão do adolescente se der por ordem judicial, deverá ele ser encaminhado imediatamente à presença do juiz (artigo 171). Todavia, caso essa apreensão decorra de flagrância por ato infracional de natureza grave e/ou que haja produzido repercussão social, o Delegado de Polícia deverá, após os trâmites normais para a confecção do auto de apreensão em flagrante, encaminhar o adolescente e o respectivo auto a uma autoridade diversa da judicial. Referimo-nos à audiência de apresentação ao Ministério Público (artigos 174, 175 e 179), o qual é concebido, também, como órgão de defesa dos direitos da infância e juventude.

Posteriormente à ratificação da CADH por parte do Brasil, constrangedoramente, o Poder Legislativo nacional, até o ano de 2011, não mais fez qualquer movimento significativo, no sentido de que o sujeito preso obrigatoriamente tivesse rápido contato pessoal com uma autoridade judicial ou com poderes judiciais para rever os motivos da prisão efetuada.[26] Preciosa oportunidade se perdeu quando da reforma parcial ocorrida no Título IX do Livro I do CPP – que trata "Da Prisão, das Medidas Cautelares e da Liberdade Provisória" –, realizada em maio de 2011, pela Lei nº 12.403, tendo a audiência de custódia sequer sido ventilada, em sua acepção mais ampla, quando da gestação desta lei.[27] Da data da ratificação da CADH até a proposição do

---

[26] Nessa realidade, inserimos a figura do *juiz das garantias*, apresentada no Projeto de Lei do Senado (doravante, PLS) nº 156, de 2009, atualmente convertido no Projeto de Lei nº 8.045, de 2010, em tramitação junto à Câmara dos Deputados. De acordo com as disposições daqueles projetos, a apresentação do preso ao juiz das garantias é *facultativa*, a cargo deste magistrado, não seguindo, portanto, a lógica da obrigatoriedade presente na CADH. A mesma facultatividade é verificada na Lei nº 7.960, de 1989, ao autorizar o juiz da fase de investigação determinar, de ofício ou mediante provocação, a apresentação do indivíduo que, por sua ordem, houver sido preso temporariamente (artigo 2º, § 3º).

[27] A única previsão contida naquela reforma disse respeito às prisões derivadas de ordem judicial prévia, em que os agentes policiais não tinham em mãos o mandado de prisão já expedido. Criou-se, portanto, um mecanismo de controle sobre tais prisões, de modo a evitar prisões arbitrárias, decorrentes de mandados com prazo já expirado, mandados já recolhidos ou prisões que já não eram mais necessárias. Nesse sentido, diz o artigo 287 do CPP: "Se a infração for inafiançável, a falta de exibição do mandado não obstará à prisão, e o preso, em tal caso, será imediatamente apresentado ao juiz que tiver expedido o mandado". No entanto, as finalidades dessa apresentação judicial não se confundem com as atinentes à audiência de custódia. Como bem apontam Tópor e Nunes, "Aqui, porém, não há uma audiência de custódia propriamente dita, mas apenas uma 'audiência de representação', cuja finalidade é menos ampla do que aquela, eis que limita a provar para o conduzido que contra ele havia sido expedido um mandado de prisão" (TÓPOR, Klayton Augusto Martins; NUNES, Andréia Ribeiro. *Audiência de Custódia*: Controle Jurisdicional da Prisão em Flagrante. Florianópolis: Empório do Direito, 2015, p. 46).

PLS nº 554, de 2011, se algum movimento efetivo houve, deu-se ele por parte de Poderes e instituições diversas do Poder Legislativo.

Fazendo uso do Ofício-Circular nº 033/03-CGJ, de 02 de abril de 2003, a Corregedoria-Geral de Justiça do Tribunal de Justiça do Rio Grande do Sul se dirigiu aos seus juízes para *lembrá-los* do teor do artigo 7, 5, 1ª parte, da CADH.[28] Em que pese esse esforço, a *lembrança* surtiu efeito em pouquíssimos magistrados, especialmente, entre aqueles com atuação na capital do Estado e, de forma particular, entre os que foram designados para atuar junto ao Serviço Judicial Permanente do Plantão da Comarca de Porto Alegre. Ainda assim, embora houvessem determinado à Polícia Judiciária que lhes fossem apresentados os presos em flagrante, os juízes plantonistas acabaram por retroceder na determinação, ante os constantes reclames dos órgãos de persecução penal primária, sob a justificativa de que não possuíam servidores e veículos suficientes para as constantes idas e vindas aos cartórios com competência criminal.

A iniciativa do Tribunal gaúcho não passou de um *espasmo* em relação ao respeito que o Estado brasileiro deveria conferir aos tratados e convenções por ele firmados, deixando muito claro o verdadeiro desinteresse ou reserva dos Poderes da República como um todo, em levarem a sério normas já internalizadas, embora não constantes em textos nacionais.[29]

A tal ponto chegou essa reserva em relação à pronta incorporação e respeitabilidade dos textos internacionais em solo brasileiro – especificamente, do Pacto de San José da Costa Rica –, que foram necessários vários pronunciamentos do Supremo Tribunal Federal, de

---

[28] Publicado no Diário Oficial da Justiça, em 08 de abril de 2003.

[29] Essa relutância do Estado brasileiro, em promover a implementação de tratados internacionais protetivos de direitos humanos, não é uma novidade ou peculiaridade deste caso, pois ocorre, inclusive, em relação a tratados internacionais que possuem regras expressas determinando aos Estados-Partes a sua implementação. Veja-se a respeito: ALFLEN, Pablo Rodrigo. A implementação do Estatuto de Roma no âmbito interno brasileiro ante as recentes movimentações no Tribunal Penal Internacional. *Revista Prismas: Direito, Políticas Públicas e Mundialização*. Vol. 06, nº 2, 2009, p. 379 e ss. Especificamente em relação ao Poder Judiciário, importante pesquisa foi feita pela Fundação Getúlio Vargas, junto aos magistrados de primeira e segunda instâncias do Estado do Rio de Janeiro, com resultados que apontam a pouca aplicabilidade, por parte deles, dos direitos constantes nos sistemas de proteção internacional dos direitos humanos da ONU e da OEA. Sobre essa pesquisa e seus resultados, ver: CUNHA, José Ricardo *et alli*. Direitos humanos globais e Poder Judiciário: uma investigação empírica sobre o conhecimento e a aplicação das normas dos sistemas ONU e OEA no Tribunal de Justiça do Rio de Janeiro – análise da primeira instância. In: CUNHA, José Ricardo (Org). *Direitos Humanos. Poder Judiciário e Sociedade*. Rio de Janeiro: FGV, 2011, p. 13-51. CUNHA, José Ricardo *et alli*. Direitos humanos globais e Poder Judiciário: uma investigação empírica sobre o conhecimento e a aplicação das normas dos sistemas ONU e OEA no Tribunal de Justiça do Rio de Janeiro – análise da segunda instância e comparações. In: CUNHA, José Ricardo (Org). *Direitos Humanos. Poder Judiciário e Sociedade*. Ob. cit., p. 53-113.

modo a deixá-las patentes. A única divergência que se verificou foi no sentido da posição hierárquica a ser ocupada pelos tratados e convenções internacionais ratificados pelo Brasil, mais precisamente, se equivaleriam a normas de natureza constitucional (posição do Ministro Celso de Mello, minoritária), ou a normas de natureza supralegal, embora de caráter infraconstitucional (posição do Ministro Gilmar Mendes, majoritária).[30]

Seja como for, as decisões tomadas por nossa Corte Constitucional – em especial, aquelas proferidas em sede plenária –, trouxeram, como resultado, a necessidade de nossa legislação ordinária se submeter a uma dupla compatibilidade, por alguns, denominada *dupla compatibilidade vertical*. Com isso, quer-se dizer que, além da compatibilidade da legislação ordinária com a própria Constituição Federal, também se deve observar, em um segundo momento, sua compatibilidade com os tratados e convenções ratificados pelo Brasil. Passamos, assim, a ter não só o controle de constitucionalidade das leis, mas também, o controle de *convencionalidade das leis*.[31]

Este controle pode se verificar tanto em nível concentrado, como em nível difuso, dependendo do procedimento tomado pelo Estado brasileiro, após a ratificação de um tratado ou convenção: se o texto ratificado se submeter ao procedimento previsto no § 3º do artigo 5º

---

[30] STF, HC nº 88.240, 2ª Turma, rel. Min. Ellen Gracie, j. em 07-08-2008, p. em 24-10-2008. STF, HC nº 94.702, 2ª Turma, rel. Min. Ellen Gracie, j. em 07-08-2008, p. em 24-10-2008. STF, HC nº 95.967, 2ª Turma, rel. Min. Ellen Gracie, j. em 11-11-2008, p. em 28-11-2008. STF, HC nº 94.523, 1ª Turma, rel. Min. Carlos Britto, j. em 10-02-2009, p. em 13-03-2009. STF, HC nº 94.013, 1ª Turma, rel. Min. Carlos Britto, j. em 10-02-2009, p. em 13-03-2009. STF, HC nº 96.772, 2ª Turma, rel. Min. Celso de Mello, j. em 09-06-2009, p. em 21-08-2009. Em sede plenária, essa discussão se materializou nos seguintes julgados: STF, HC nº 92.566, Tribunal Pleno, rel. Min. Marco Aurélio, j. em 03-06-2009, p. em 05-06-2009. STF, HC nº 87.585, Tribunal Pleno, rel. Min. Marco Aurélio, j. em 03-06-2009, p. em 26-06-2009. STF, RE 349.703, Tribunal Pleno, rel. Min. Gilmar Mendes, j. em 03-12-2009, p. em 05-06-2009. STF, RE 466.343, Tribunal Pleno, rel. Min. Cezar Peluso, j. em 03-12-2009, p. em 05-06-2009.

[31] Entendendo que, no Brasil, há que se distinguir quatro modalidades de controle, a saber, o de legalidade, de supralegalidade, de convencionalidade e o de constitucionalidade, encontramos: MAZZUOLI, Valério de Oliveira. *O Controle Jurisdicional da Convencionalidade das leis*. São Paulo: RT, 2009. Especificamente sobre o controle de convencionalidade, ver: MAZZUOLI, Valério de Oliveira. Teoria Geral do Controle de Convencionalidade no Direito Brasileiro. *Revista de Informação Legislativa*, Brasília, a. 46, nº 181, p. 113-139, jan./mar. 2009. Ademais, compare: RAMOS, André de Carvalho. Supremo Tribunal Federal Brasileiro e o Controle de Convencionalidade: levando a sério os tratados de direitos humanos. *Revista da Faculdade de Direito da Universidade de São Paulo*, São Paulo, v. 2, p. 241-286, jan./dez. 2009; GUERRA, Sidney. A Proteção Internacional dos Direitos Humanos no Âmbito da Corte Interamericana e o Controle de Convencionalidade. *Nomos. Revista do Programa de Pós-Graduação em Direito da Universidade Federal do Ceará*, Fortaleza, v. 32.2, p. 341-366, jul./dez. 2012; RUSSOWSKY, Iris Saraiva. O Controle de Convencionalidade das Leis: uma análise na esfera internacional e interna. *Revista da CAAP*, Belo Horizonte, nº 2 v. XVIII, p. 61-96, 2012; FEILKE, Pedro Ribeiro Agustoni. O Controle de Convencionalidade e a Jurisprudência do Supremo Tribunal Federal. *Direito em Debate. Revista do Departamento de Ciências Jurídicas e Sociais da UNIJUÍ*, Ijuí, a. XXIII, nº 41, p. 147-186, jan./jun. 2014.

da CF,[32] haverá a possibilidade do controle concentrado; do contrário, somente poderá haver o controle difuso.

É justamente essa possibilidade de controle difuso que vem dando cobertura a diversas iniciativas junto ao Poder Judiciário nacional, como forma de driblar a inércia de nosso legislador.

Uma delas – que bem pode ser apontada com precursora – foi a ação civil pública ajuizada em dezembro de 2010 pelo Ministério Público Federal com assento na Seção Judiciária do Ceará, tendo a União Federal como ré. Nessa ação, o autor postulou, entre outros pedidos, que o Diretor-Geral da Polícia Federal instaurasse os procedimentos administrativos necessários à efetivação da apresentação judicial imediata de toda pessoa privada em sua liberdade, tendo, como fundamento, o PIDCP e a CADH.[33] Entretanto, foi após a apresentação do PLS nº 554, de 2011 – que visa a reformar o CPP, a fim de que a audiência de custódia, de modo expresso, faça parte de nossa legislação interna – que a discussão em torno da apresentação judicial do sujeito preso passou a dominar o cenário nacional.

No âmbito da Justiça Federal, importante decisão foi proferida pelo Tribunal Regional Federal da 2ª Região no ano de 2014. Em *habeas corpus* impetrado pela Defensoria Pública da União, foi analisada a situação em que se encontrava um indivíduo preso em flagrante por trazer consigo diversas notas falsas de R$ 50,00, e que estaria tentando repassá-las a terceiros. Ao que se observa no relato presente no acórdão em questão, o juiz *a quo* teria não só homologado a prisão em flagrante, como também, decretado a prisão preventiva do conduzido.

A impetração do *habeas corpus* deu-se, justamente, em razão da não apresentação do conduzido à autoridade judicial, em afronta ao texto do artigo 7, 5 da CADH. Primeiramente, a liminar foi afastada para que informações fossem pedidas ao juízo *a quo*, apontado como autoridade coatora. Prestadas tais informações, e com a manifestação do Ministério Público, a ordem acabou por ser concedida em parte, para o estrito fim de determinar a apresentação imediata do conduzido ao juiz de 1º grau.[34]

Ao contrário do que se possa pensar, o que chama a atenção nesse acórdão não foi a determinação da apresentação do preso ao juiz,

---

[32] Artigo 5º, § 3º. Os tratados e convenções internacionais sobre direitos humanos que forem aprovados, em cada Casa do Congresso Nacional, em dois turnos, por três quintos dos votos dos respectivos membros, serão equivalentes às emendas constitucionais.

[33] Processo nº 0014512-10.2010.4.05.8100, 3ª Vara Federal de Fortaleza, Seção Judiciária do Ceará.

[34] TRF2, HC nº 201450010003521 (CNJ nº 0003188-18.2014.4.02.0000), 2ª Turma Especializada, Rel. Des. Fed. Messod Azulay Neto, j. em 20 de maio de 2014.

pois isso, em nível judicial, já havia sido objeto de atenção por parte do Poder Judiciário do Rio Grande do Sul, cerca de 11 anos antes. O *diferente*, por assim dizer, foi o cuidado manifestado pelo Desembargador-Relator daquele acórdão, em indicar o procedimento a ser tomado pelo juiz de 1° grau, quando da realização da audiência de custódia. Na ocasião, demonstrando nítida preocupação com a preservação da imparcialidade do futuro julgamento de mérito, o juízo *ad quem* determinou que aquela audiência se operacionalizasse nos moldes do procedimento proposto no PLS n° 554/2011, que adiante será objeto de nossa atenção.[35]

Ainda, a Defensoria Pública da União ajuizou, em junho de 2014, ação civil pública junto à Vara Federal de Manaus, Seção Judiciária do Amazonas, visando a assegurar a realização da audiência de custódia a todos os presos do país. Sob o argumento da aplicabilidade automática dos tratados e convenções internacionais de direitos humanos ratificados pelo Brasil, o pedido final esteve direcionado no sentido de "que se determine o imediato cumprimento da CADH (art. 7°, 5) e PIDC (9°, 3), obrigando-se a União a viabilizar a realização da audiência de custódia para todos os presos em flagrante, com a condução, no prazo de 24 (vinte e quatro) horas, do preso à presença do juiz, com a prévia intimação para o Ministério Público e para a defesa".[36] [37]

Também no ano de 2014, a Corregedoria-Geral da Justiça do Poder Judiciário do Estado do Maranhão publicou o Provimento n° 14/2014, que dispôs "sobre a verificação das regularidades das prisões ocorridas durante o plantão forense", entre outras providências.[38]

O que chama a atenção é que tal provimento somente estabeleceu a necessidade da audiência de custódia para as situações em que, após receber o auto de prisão em flagrante, o juiz entender ser

---

[35] Do seu voto, consta a seguinte passagem: "Assim sendo, deve o paciente ser levado à presença do juiz, em 24 horas a partir desta decisão, a fim de que o mesmo seja ouvido, na presença de seu defensor, devendo a oitiva ser registrada em autos apartados, versando exclusivamente sobre a integridade física e psíquica do preso, o resguardo a seus direitos fundamentais, bem como sobre os requisitos da prisão preventiva, cuja necessidade poderá ser revista pelo juízo monocrático".

[36] Processo n° 8837-91.2014.4.01.3200.

[37] Essa ação foi julgada extinta, sem julgamento de mérito, em 09 de fevereiro de 2015, sob o fundamento da "manifesta ilegitimidade da Defensoria Pública para atuar no polo ativo da presente ação". Mesmo assim, parece-nos que o equívoco daquela ação haja sido a busca de imposição judicial em relação a um prazo (24 horas) para a realização de custódia, lapso este que nem mesmo os próprios diplomas internacionais por ela invocados fixaram dessa forma. Ao contrário, como se verá na sequência, a ONU e as Cortes Internacionais de direitos humanos entendem que o prazo para a realização da apresentação pessoal do preso ou detido poderá ser bem mais dilatado que 24 horas, mantendo-se o respeito às disposições da CADH, TEDH e PIDCP.

[38] Publicado em 19 de novembro de 2014.

caso de conversão da prisão em flagrante em prisão preventiva.[39] Com isso, ele efetuou uma grave restrição aos objetivos internacionalmente estipulados para a audiência de custódia, pois a entendeu como necessária somente para que o sujeito conduzido exercesse o direito ao contraditório em relação à presença, ou não, dos requisitos da prisão preventiva. Como veremos adiante, dentre os objetivos daquele ato estão o acesso sem demora de toda pessoa presa ou detida a um juiz, a fim de que sejam avaliadas não só a necessidade da manutenção da prisão realizada, senão também, a legalidade da prisão e a existência, ou não, de maus-tratos ou tortura.

Visando a disciplinar aquele ato, a Corregedoria-Geral da Justiça do Poder Judiciário do Estado do Maranhão publicou o Provimento nº 21/2014,[40] no qual criou um procedimento para a audiência de custódia, em muito aproveitando o conteúdo do PLS nº 554/2011. Entretanto, foram estabelecidas situações não previstas naquele projeto, tais como, possibilidade de audiência de custódia por meio de sistema de teleaudiência, perguntas primeiramente efetuadas pelo juiz e realização de atos investigatórios, como forma de instruir eventual e futura investigação criminal envolvendo a prática de tortura ou maus-tratos. Mesmo assim, a vida útil deste provimento foi nada menos que brevíssima, tendo sido revogado poucos dias após sua publicação, sob o argumento de que a Corregedoria-Geral de Justiça estaria "ultimando os estudos para melhor disciplinamento da matéria ali referida".[41] Dias depois, foi publicado o Provimento nº 24/2014 por aquela mesma Casa Correicional, regulamentando a audiência de custódia a ser realizada de forma restrita ao "Termo Judiciário de São Luís".[42]

Em caráter geral, as mais diversas Cortes do país vêm sendo provocadas a se manifestarem sobre a (des)necessidade da realização da audiência de custódia, apesar de sua não previsão expressa na legislação brasileira. Em todas as decisões proferidas, o entendimento prevalente vem sendo pela manutenção da prisão preventiva decretada na sequência de prisão em flagrante, via de regra, sob a invocação de ausência de prejuízo para o sujeito preso, em razão de todos os objetivos da CADH haverem sido respeitados, apesar da não realização de

---

[39] Artigo 1º, parágrafo único. Caso o juiz vislumbre a necessidade de converter a prisão em flagrante delito em preventiva, deverá o mesmo realizar a audiência de custódia para a oitiva do preso, ou encaminhar o respectivo auto para Central de Inquéritos, para realização do referido ato.

[40] Publicado no Diário da Justiça Eletrônico nº 1814, Caderno 1, Administrativo, em 24 de novembro de 2014.

[41] Provimento nº 23/2014, publicado em 04 de dezembro de 2014.

[42] Provimento nº 24/2014, publicado em 10 de dezembro de 2014.

sua apresentação pessoal ao juízo de origem. Noutros termos, os Tribunais nacionais vêm se posicionando no sentido de que a informação da prisão ao juiz (prevista constitucionalmente) e o procedimento adotado quando da lavratura do auto de prisão em flagrante (previsto no CPP) seriam instrumentos suficientes e mais eficazes que a exigência da apresentação pessoal ao juiz prevista em textos internacionais.

Destoando desta tendência, uma decisão originária do Tribunal de Justiça do Rio de Janeiro chamou a atenção, não só pela acolhida dos argumentos defensivos, que buscavam o relaxamento da prisão preventiva decretada, senão também, pela própria postura do Desembargador signatário daquela decisão. No caso em específico, o juízo de 1º grau havia se recusado a realizar a audiência de custódia, sob o argumento de que a CADH não haveria fixado um prazo para que houvesse a apresentação do preso em flagrante ao juiz, somado ao fato de que a Convenção também não haveria estipulado qualquer ilegalidade decorrente da não realização daquela audiência. Além disso, foi invocada a impossibilidade de realização desse ato logo após a prisão em flagrante de alguém.

Ao analisar o pedido de liminar apresentado em sede de *habeas corpus*, seu relator fez uma defesa veemente – para não dizer, virulenta e deselegante contra sua colega de primeiro grau – da plena incidência da CADH ao longo de todo o trâmite da persecução penal brasileira, o que resultou no deferimento da liminar pleiteada, e consequente relaxamento da prisão do indivíduo que estava preso preventivamente.[43]

Quiçá pretendendo evitar que cada Tribunal de Justiça e cada Tribunal Regional Federal do país estabelecessem uma disciplina diferente para a audiência de custódia – tal como ocorreu, ao seu tempo, com a regulamentação da investigação criminal do Ministério Público brasileiro, anteriormente à sua consolidação pela Resolução nº 13/2006, do Conselho Nacional do Ministério Público (doravante, CNMP)[44] –, o Conselho Nacional de Justiça (doravante, CNJ), em parceria com o Ministério da Justiça e o Poder Judiciário do Estado de São Paulo, criou um projeto-piloto para sua implantação gradual naquele Estado. Para dar execução a tal projeto, foi expedido o Provimento Conjunto nº 03/2015, da Presidência do Tribunal de Justiça e Corre-

---

[43] TJRJ, *Habeas Corpus* nº 0064910-46.2014.8.19.0000, 6ª Câmara Criminal, rel. Des. Luiz Noronha Dantas, decisão liminar de 25-01-2015.

[44] ANDRADE, Mauro Fonseca. *Ministério Público e sua Investigação Criminal*. 2ª ed. Curitiba: Juruá, 2006, p. 249-252.

gedoria-Geral de Justiça do Estado de São Paulo,[45] que também tratou de regulamentar aquele ato.

Não tardou muito para que sua constitucionalidade fosse questionada junto ao Supremo Tribunal Federal, justamente por uma das maiores opositoras à instalação da audiência de custódia no país – a Associação dos Delegados de Polícia do Brasil (doravante, ADEPOL). A ação por ela ajuizada (ADI 5.240) centrou seus argumentos na impossibilidade de norma administrativa legislar em matéria de direito processual (suposta ofensa ao inciso I do artigo 22 da CF), e na alegada ofensa ao princípio da separação dos Poderes (suposta ofensa ao § 6º artigo 144 da CF), por criar obrigações ao Poder Executivo do Estado de São Paulo. Entretanto, após ser parcialmente conhecida, foi julgada improcedente *in totum*, ocasião em que aquela Corte deixou claro que: "Os artigos 5º, inciso II, e 22, inciso I, da Constituição Federal não foram violados, na medida em que há legislação federal em sentido estrito legitimando a audiência de apresentação".[46]

Anteriormente à data do julgamento da ADI 5.240, outros Tribunais de Justiça do país já haviam firmado idêntico convênio com o CNJ, e emitido suas próprias regulamentações quanto ao procedimento a ser aplicado à audiência de custódia em suas circunscrições territoriais. No entanto, a decisão do Supremo Tribunal Federal atuou como forte propulsora para a expansão daquele instituto junto às Cortes estaduais que ainda se mostravam temerosas quanto à sua constitucionalidade em terras brasileiras. Resultado disso foi que, até o término do ano de 2015, todos os Tribunais estaduais (neste rol incluído o Tribunal de Justiça do Distrito Federal) trataram de aderir ao projeto-piloto do CNJ e emitir suas próprias regulamentações atinentes à audiência de custódia.[47]

---

[45] Publicado em 27 de janeiro de 2015.

[46] STF, ADI 5.240, Tribunal Pleno, rel. Min. Luiz Fux, j. em 20 de agosto de 2015.

[47] **Acre**: Portaria Conjunta nº 17/2015, da Presidência do Tribunal de Justiça e Corregedoria-Geral da Justiça. **Amazonas**: Portaria nº 1.272/2015 – PTJ. **Alagoas**: Resolução nº 21, de 15 de setembro de 2015, do Pleno do Tribunal de Justiça. **Amapá**: Ato Conjunto nº 368/2015, do Gabinete da Presidência do Tribunal de Justiça e da Corregedoria-Geral da Justiça. **Ceará**: Resolução nº 14/2015, do Órgão Especial do Tribunal de Justiça. **Distrito Federal**: Portaria Conjunta nº 101, de 7 de outubro de 2015, da Presidência do Tribunal de Justiça e Corregedoria-Geral da Justiça. **Espírito Santo**: Resolução nº 13/2015, do Pleno do Tribunal de Justiça. **Goiás**: Resolução nº 35, de 22 de julho de 2015, da Corte Especial do Tribunal de Justiça. **Maranhão**: Provimento nº 14/2014, da Corregedoria-Geral da Justiça. **Mato Grosso**: Provimento nº 14, do Conselho da Magistratura. **Mato Grosso do Sul**: Provimento nº 352, do Conselho da Magistratura. **Minas Gerais**: Resolução nº 796/2015, do Órgão Especial do Tribunal de Justiça. **Pará**: Provimento Conjunto nº 01/2015, da Presidência do Tribunal de Justiça e Corregedoria-Geral da Justiça. **Paraíba**: Provimento Conjunto nº 01/2015, da Presidência do Tribunal de Justiça e Corregedoria-Geral da Justiça. **Paraná**: Resolução nº 144, de 14 de setembro de 2015, do Órgão Especial do Tribunal de Justiça. **Pernambuco**: Resolução nº 380, de 10 de agosto de 2015, da

Apesar de tratarem de um mesmo ato processual, as regulamentações criadas pelos Tribunais de Justiça estaduais apresentaram divergências entre si, pois, ao contrário do que se imagina,[48] o provimento criado pelo Poder Judiciário do Estado de São Paulo não foi utilizado como modelo pelas demais Cortes do país. A título de exemplo, alguns Tribunais admitiram a teleaudiência, ao passo que outros não; alguns Tribunais previram a audiência de custódia também nos finais de semana e feriado, ao passo que outras Cortes somente a implantaram para os dias úteis da semana; por fim, houve Corte que fixou o prazo de 48 horas para a apresentação judicial do sujeito privado em sua liberdade, embora, em sua grande maioria, os Tribunais fixaram o prazo de 24 horas para a realização do mesmo ato.

Paralelamente a tudo isso, o Partido Socialismo e Liberdade – PSOL – ajuizou Arguição de Descumprimento de Preceito Fundamental (ADPF 347), ainda no primeiro semestre de 2015, oportunidade em que postulou, entre outros pedidos, que todos os juízes e Tribunais realizassem a audiência de custódia, cujo prazo para a apresentação do sujeito privado em sua liberdade seria de 24 horas a partir de sua prisão. Em 09 de setembro de 2015 – portanto, após o julgamento da ADI 5.240 –, o Tribunal Pleno do Supremo Tribunal Federal, por maioria, deferiu a medida cautelar requerida na ação, obrigando a implantação, por parte todos os juízes e Tribunais do país e no prazo de 90 dias, da audiência de custódia em suas circunscrições territoriais. Da mesma forma, fixou o prazo de 24 horas, contadas do momento da prisão, para que o sujeito privado em sua liberdade fosse apresentado ao juiz competente.

Essa soma de fatores – ausência de um padrão nacional nas regulamentações estaduais, e uma medida liminar a ser cumprida por todos os magistrados e Cortes do país – antecipou uma tomada de posição, por parte do CNJ, que, provavelmente, somente ocorreria após uma melhor avaliação dos resultados produzidos pelo projeto-piloto

---

Corte Especial do Tribunal de Justiça. **Piauí**: Provimento Conjunto n° 03, de 11 de junho de 2015, da Presidência do Tribunal de Justiça e Corregedoria-Geral da Justiça. **Rio de Janeiro**: Resolução n° 29/2015, do Órgão Especial do Tribunal de Justiça. **Rio Grande do Norte**: Resolução n° 18/2015, do Tribunal de Justiça. **Rio Grande do Sul**: Resolução n° 1087/2015, do Conselho da Magistratura do Tribunal de Justiça. **Rondônia**: Provimento Conjunto n° 11/2015/PR-CG, da Presidência do Tribunal de Justiça e Corregedoria-Geral da Justiça. **Roraima**: Resolução n° 26, de 02 de setembro de 2015, do Tribunal de Justiça. **Santa Catarina**: Resolução Conjunta GP / CGJ n° 6, de 4 de setembro de 2015. **São Paulo**: Provimento Conjunto n° 03/2015, da Presidência do Tribunal de Justiça e Corregedoria-Geral da Justiça. **Sergipe**: Instrução Normativa n° 11/2015, da Presidência do Tribunal de Justiça. **Tocantins**: Resolução n° 17, de 2 de julho de 2015, do Tribunal de Justiça.

[48] PRUDENTE, Neemias Moretti. Lições Preliminares acerca da Audiência de Custódia no Brasil. *Revista Síntese Direito Penal e Processual Penal*, Porto Alegre, a. XVI, n° 93, ago.-set. 2015, p. 20.

que ele conseguiu firmar com todas as Justiças estaduais. Foi neste contexto que, em 15 de dezembro de 2015, o CNJ expediu a Resolução nº 213, que: "Dispõe sobre a apresentação de toda pessoa presa à autoridade judicial no prazo de 24 horas".

Criada para ser uma norma de aplicação em âmbito nacional, a Resolução nº 213 não revogou, por óbvio, as regulamentações estaduais até então emitidas pelas Cortes que aderiram ao projeto-piloto do CNJ. E nem poderia ser diferente, em razão de este Conselho não ser o emissor daquelas normativas, tampouco por haver recebido qualquer impugnação administrativa contra provimentos, resoluções, portarias ou instruções normativas locais. O caráter nacional da resolução publicada pelo CNJ provocou, em realidade, a *derrogação* dos demais atos regulatórios emitidos pelas Cortes aderentes ao projeto-piloto. Além disso, apesar de eventuais e pontuais problemas, a Resolução nº 213 foi muito feliz não só por haver uniformizado o tratamento a ser dispensado à audiência de custódia no Brasil, senão também, por haver ingressado em vários temas que ficaram à margem das regulamentações até então existentes.

Para que se tenha uma ideia, a resolução publicada pelo CNJ ampliou a legitimidade dos sujeitos a serem beneficiários da apresentação judicial. Até então, muito por força dos projetos de lei existentes, a audiência de custódia somente estava pensada para alcançar os sujeitos presos em flagrante. Entretanto, a Resolução nº 213, ajustando-se aos textos internacionais ratificados pelo Brasil e à jurisprudência da Corte Interamericana dos Direitos Humanos (doravante, CIDH) e do Tribunal Europeu dos Direitos Humanos (doravante, TEDH), alargou sua realização também para aquele sujeito que foi preso a título cautelar ou definitivo. Ela também criou o Sistema de Audiência de Custódia (SISTAC) e protocolos, prevendo "Procedimentos para a aplicação e o acompanhamento de medidas cautelares diversas da prisão para custodiados apresentados nas audiências de custódia" (Protocolo I) e "Procedimentos para oitiva, registro e encaminhamento de denúncias de tortura e outros tratamentos cruéis, desumanos ou degradantes" (Protocolo II).[49]

A exemplo do que ocorreu com a regulamentação expedida pelo Poder Judiciário de São Paulo, também a Resolução nº 213 foi alvo de fortes questionamentos, voltados a dar-lhe fim. O primeiro deles ocorreu junto ao Supremo Tribunal Federal (ADI 5.448), em ação ajuiza-

---

[49] Para uma melhor análise do seu conteúdo integral, recomenda-se: ANDRADE, Mauro Fonseca; ALFLEN, Pablo Rodrigo (orgs.). *Audiência de Custódia*: Comentários à Resolução nº 213 do Conselho Nacional de Justiça. 2ª ed. Porto Alegre: Livraria do Advogado, 2017.

da pela Associação Nacional dos Magistrados Estaduais (doravante, ANAMAGIS). Todavia, ela teve seu seguimento negado por decisão monocrática, em razão da falta de legitimidade ativa da entidade proponente da ação.[50-51] O segundo questionamento é o Projeto de Decreto Legislativo nº 317, de 2016. De iniciativa do Deputado Federal Eduardo Bolsonaro, esse projeto – que recentemente dá seus primeiros passos em sua Casa Legislativa de origem – busca sustar os efeitos da Resolução nº 213, do CNJ, sob o fundamento de que, por determinação constitucional, o tema nela tratado somente poderia haver sido objeto de lei, em lugar de um ato administrativo.

Essa gama de atuações e iniciativas por parte, em especial, do Poder Judiciário nacional põe em evidência que, ainda que seja possível o exercício do controle de convencionalidade, a forma como ele vem ocorrendo está trazendo mais insegurança que, propriamente, soluções ao direito processual penal brasileiro. Objetivamente, é possível afirmar que, no que diz respeito especificamente à necessidade de apresentação judicial de toda pessoa privada em sua liberdade, o Brasil só vem respeitando, ainda que minimamente, a CADH e o PIDCP porque o Poder Judiciário – leia-se, o Supremo Tribunal Federal e o CNJ – assim o quer.

1.2. Intentos de ordem legislativa

O fato de o Brasil haver firmado a CADH há mais de vinte anos já seria suficiente para que a *audiência de custódia* estivesse plenamente incorporada ao nosso cotidiano forense, sobretudo, em razão do texto dos §§ $2°^{52}$ e 3° do artigo 5° da CF, este último inserido pela Emenda Constitucional nº 45/2004.

Dito de outra forma, a condução, sem demora, do preso ou detido à presença de um juiz ou outra autoridade não comporta qualquer nível de discussão, em razão da clareza dos termos postos no

---

[50] STF, ADI 5.448, Decisão Monocrática, Min. Dias Toffoli, j. em 05 de fevereiro de 2016.

[51] Infelizmente, essa decisão não tem o condão de obstacularizar julgados manifestamente apartados e desatualizados em relação ao entendimento já firmado pelo Supremo Tribunal Federal, no sentido de que uma norma administrativa poderá ser utilizada para a regulamentação da audiência de custódia no Brasil, tal como deixou claro o julgamento da ADI 5.240. Como primeira decisão de 1º grau que afirmou ser inconstitucional a Resolução nº 213, do CNJ, sob o argumento de ferir o inciso I do artigo 22 da CF, citamos: Poder Judiciário do Rio Grande do Sul. Comarca de Porto Alegre. Auto de Prisão em Flagrante. Expediente nº 001/2.16.011072-8. Juiz de Direito Luciano André Losekann, decisão proferida em gabinete em 09 de fevereiro de 2016.

[52] Artigo 5º, § 2º. Os direitos e garantias expressos nesta Constituição não excluem outros decorrentes do e dos princípios por ela adotados, ou dos tratados internacionais em que a República Federal do Brasil seja parte.

artigo 7, 5 da CADH e do artigo 9, 3 do PIDCP. No entanto, a evolução no trato desse tema em âmbito nacional bem demonstra a forte reserva que os operadores do Direito têm em reconhecer a plena aplicabilidade de todo direito ou garantia presente em textos internacionais, mas que não haja sido incorporado de forma expressa à nossa legislação interna.

Nesse hercúleo esforço em *não fazer*, nossas Cortes estaduais, anteriormente à Resolução nº 213, do CNJ, chegaram ao cúmulo de fechar os olhos para normas básicas de direito internacional e tratados ratificados pelo país. O exemplo mais patente dessa omissão proposital é a invocação do procedimento contido no CPP como justificativa para a não apresentação judicial da pessoa privada em sua liberdade. Ao assim decidirem, parcela da magistratura nacional rechaça veementemente a Convenção de Viena sobre o Direito dos Tratados, ratificada pelo Brasil em 14 de dezembro de 2009,[53] que, em seu artigo 27, é clara ao refutar a invocação do direito interno de um país como argumento para a não aplicabilidade das disposições de um tratado que haja sido por ele ratificado.[54]

Justamente por causa dessa (anti)cultura, algumas iniciativas de ordem legislativa se propuseram não só a internalizar a audiência de custódia à nossa legislação nacional – ainda que erroneamente restritas à figura do sujeito preso em flagrante –, senão também, e principalmente, em estabelecer um procedimento único a ser observado quando de sua realização.

1.2.1. Projeto de Lei do Senado nº 156, de 2009

O reconhecimento de que o CPP apresenta incongruências insuperáveis em relação não só ao texto constitucional, mas também, à sua própria finalidade fez com que, em março de 2008, o então Senador Renato Casagrande apresentasse o Requerimento nº 227, com o objetivo de que uma comissão de juristas fosse formada para a confecção de nada menos que um novo CPP. Nomeada tal comissão ainda no ano de 2008, seu trabalho final foi apresentado em 22 de abril de 2009, tendo imediatamente sido convertido no PLS 156, de 2009.

A inovação que mais impacto trouxe ao meio acadêmico e aos operadores do Direito foi a proposição da figura chamada *juiz das*

---

[53] Decreto nº 7.030, de 14 de dezembro de 2009.

[54] Artigo 27. Uma parte não pode invocar as disposições de seu direito interno para justificar o inadimplemento de um tratado.

garantias,[55] que nada mais seria que um magistrado com atuação exclusiva para a fase de investigação, estando impedido, portanto, de também atuar na fase posteriormente iniciada com o ajuizamento da ação penal condenatória. Dentre as diversas atribuições que lhe foram conferidas por aquele projeto, estava a de determinar, se assim o entendesse conveniente, que o sujeito preso lhe fosse apresentado, a fim de averiguar se seus direitos estavam sendo observados.[56]

Diante da facultatividade dessa apresentação do preso ao juiz, não se poderia dizer que aquela proposição fosse considerada precursora da audiência de custódia em solo nacional, até porque já havia – e ainda há – a facultatividade de apresentação do sujeito preso temporariamente ao juiz que ordenou tal medida cautelar pessoal. Entretanto, em meio à tramitação daquele projeto no Senado Federal, o então Senador José Sarney apresentou as emendas de n°s 170[57] e 171,[58] que tornavam aquela faculdade em obrigação nos casos de prisão em flagrante, atingindo-se, assim, os fins que a audiência de custódia se

---

[55] Sobre essa figura, ver: ANDRADE, Mauro Fonseca. *Juiz das Garantias*. 2ª ed. Curitiba: Juruá, 2015.

[56] Artigo 15. O juiz das garantias é responsável pelo controle da legalidade da investigação criminal e pela salvaguarda dos direitos individuais cuja franquia tenha sido reservada à autorização prévia do Poder Judiciário, competindo-lhe especialmente: (...) III – zelar pela observância dos direitos do preso, podendo determinar que este seja conduzido a sua presença.

[57] SENADO FEDERAL. Parecer n°___, de 2010. Relator Senador RENATO CASAGRANDE, PLS 156, de 2009.
"Emenda n° 170
O Senador José Sarney propõe a alteração do art. 551 do projeto de novo CPP, com o objetivo de tornar obrigatória a apresentação do preso em flagrante ao juiz competente, juntamente com o auto de prisão em flagrante acompanhado de todas as oitivas colhidas.
A Emenda acaba por suprimir os §§ 1° e 2° do artigo, que tratam, respectivamente, da obrigatoriedade de encaminhar à Defensoria Pública uma cópia integral do auto de prisão em flagrante e da obrigatoriedade de se entregar ao preso no prazo de vinte e quatro horas a nota de culpa.
A justificativa do Senador para a alteração reside na necessidade de se adaptar o processo penal brasileiro à Convenção Americana dos Direitos Humanos e ao Pacto Internacional sobre Direitos Civis e Políticos de Nova Iorque, que preveem o dever das autoridades policiais rapidamente apresentarem a um juiz de direito o preso em flagrante".

[58] SENADO FEDERAL. Parecer n°___, de 2010. Relator Senador RENATO CASAGRANDE, PLS 156, de 2009.
"Emenda n° 171
O Senador José Sarney apresenta Emenda para alterar o *caput* do art. 553 do substitutivo aprovado em Plenário ao PLS n° 156, de 2009, para prever que o juiz deverá tomar as providências constantes do artigo ao receber o auto de prisão em flagrante, *na presença do preso, e após ouvi-lo*.
O objetivo, mais uma vez, é adequar o projeto ao disposto na Convenção Americana dos Direitos Humanos e ao Pacto Internacional sobre Direitos Civis e Políticos de Nova Iorque, que dispõem sobre a obrigatoriedade de o juiz decidir na presença do acusado, de seu defensor ou do Ministério Público sobre o relaxamento ou não do flagrante, na hipótese de haver nulidade, a sua manutenção ou revogação, com a concessão de liberdade provisória mediante fiança ou sem fiança, ou ainda sobre a imposição de outra medida cautelar possível que seja substitutiva da prisão, que não somente o monitoramento eletrônico, mas qualquer outra medida menos intensa e invasiva".

propõe a alcançar. Como justificativa, apontou a necessidade de o processo penal brasileiro se ajustar aos termos da CIDH e do PIDCP.

Em parecer emitido em 30 de novembro de 2008, os Senadores integrantes da Comissão de Reforma do CPP, acolhendo o parecer emitido por seu presidente, o então Senador Renato Casagrande, rejeitaram aquelas emendas, sob o argumento de que o texto original do PLS nº 156, de 2009, não só não feria os diplomas internacionais referidos pelo Senador José Sarney, mas também, que a figura do Delegado de Polícia seria entendido como a "outra autoridade" a quem o preso pode ser apresentado, tal como ambos os textos internacionais invocados também fazem previsão.[59-60]

Ao final, o texto aprovado naquela Casa Legislativa não previu a obrigatoriedade da apresentação de todo sujeito preso ou detido ao juiz, estando, na atualidade, em tramitação junto à Câmara dos Deputados, sob a designação de PL nº 8.045, de 2010.

1.2.2. Projeto de Lei do Senado nº 554, de 2011, e sua conversão no Projeto de Lei nº 6.620, de 2016

Aparentemente reconhecendo o erro crasso em equiparar o Delegado de Polícia ao juiz, ninguém menos que o próprio Senado Federal voltou, pouco mais de dois anos depois, a propor que a apresentação judicial do sujeito preso em flagrante se tornasse obrigatória.

Em 06 de setembro de 2011, o Senador Antônio Carlos Valadares apresentou o PLS nº 554, de 2011, propondo a inserção da audiência de custódia na prática processual brasileira, agora sob uma tríplice justificativa: a) resguardo da integridade física e psíquica do preso; b) diálogos mantidos com o Ministério da Justiça, a Secretaria de Direi-

---

[59] SENADO FEDERAL. Parecer nº___, de 2010. Relator Senador RENATO CASAGRANDE, PLS 156, de 2009.
"Emenda nº 170
Não vemos em que a redação do art. 551 do projeto do novo CPP possa ferir tratados internacionais de que o Brasil é signatário. São as próprias normativas internacionais citadas na justificativa que abrem a possibilidade de que o preso seja conduzido à presença de 'outra autoridade habilitada/autorizada por lei a exercer funções judiciais', papel que em nosso ordenamento é exercido pelo delegado de polícia judiciária.
Feitas essas considerações, opinamos pela *rejeição* da emenda nº 170". (grifo constante no original)

[60] SENADO FEDERAL. Parecer nº___, de 2010. Relator Senador RENATO CASAGRANDE, PLS 156, de 2009.
"Emenda nº 171
Na mesma linha dos argumentos aduzidos na análise da emenda nº 170 *supra*, manifestamo-nos pela *rejeição* da emenda nº 171". (grifo constante no original)

tos Humanos da Presidência da República e organizações de direitos humanos da sociedade civil; e c) necessária adequação da legislação brasileira ao direito comparado e aos tratados e convenções internacionais, dos quais o Brasil é signatário, em especial, o PIDCP e a CADH.

1.2.2.1. A formatação da audiência de custódia

O projeto originalmente propunha a alteração do § 1º do artigo 306 do CPP, para que o auto de prisão em flagrante e o sujeito preso nessa condição fossem apresentados ao juiz no prazo máximo de 24 horas.[61] O objetivo era que, em um só momento, houvesse a oitiva do preso, o exame da (i)legalidade da prisão e de seu respectivo auto, bem como a incidência, ou não, de alguma medida cautelar pessoal.

Em que pese se devam reconhecer os méritos da iniciativa, também é forçoso admitir que ela foi muito tímida no resguardo de outras garantias já presentes na legislação nacional, especialmente, na Constituição Federal. Da forma como o projeto foi apresentado, a audiência de custódia só contaria com a presença do juiz e do sujeito preso em flagrante, não dando margem, portanto, à necessária incidência dos princípios do contraditório e da ampla defesa em momento anterior à emissão de uma decisão judicial que tratará da soltura ou manutenção da prisão do conduzido.[62]

Submetido à Comissão de Constituição, Justiça e Cidadania, e tendo como relator o Senador Randolfe Rodrigues, o projeto foi considerado "conveniente e oportuno", mas houve a apresentação de uma emenda que teve, por base, o acatamento parcial de "sugestões encaminhadas pela Defensoria Pública do Estado de São Paulo".[63] Foi inserida, assim, a necessária presença do Ministério Público e da defesa técnica do sujeito conduzido, bem como, estabelecido o procedimento a ser adotado na audiência de custódia.[64]

---

[61] Artigo 306, § 1º. No prazo máximo de vinte e quatro horas depois da prisão, o preso deverá ser conduzido à presença do juiz competente, ocasião em que deverá ser apresentado o auto de prisão em flagrante acompanhado de todas as oitivas colhidas e, caso o autuado não informe o nome de seu advogado, cópia integral para a Defensoria Pública.

[62] Quanto à natureza jurídica do auto de prisão em flagrante após sua distribuição ao Poder Judiciário, e a necessária incidência do princípio do contraditório no momento da decisão que versará sobre sua homologação, ou não, ver: ANDRADE, Mauro Fonseca. A Atuação do Ministério Público Frente às Medidas Cautelares Pessoais. *Revista da SJRJ*, Rio de Janeiro, v. 20, p. 209-225, 2013.

[63] SENADO FEDERAL. Parecer nº__, de 2011. Relator Senador Randolfe Rodrigues, PLS 554, de 2011, 20 de dezembro de 2011.

[64] Artigo 306.
§ 1º No prazo máximo de vinte e quatro horas após a prisão em flagrante, o preso deverá ser conduzido à presença do juiz para ser ouvido, com vistas às medidas previstas no art. 310 e para que

Após mais de ano entre idas e vindas, o projeto recebeu novo parecer por parte da Comissão de Direitos Humanos e Legislação Participativa, ocasião em que seu relator (Senador João Capiberibe) renovou a afirmação de sua relevância e oportunidade. Noticiando o encaminhamento de sugestões por parte de diversas entidades,[65] o relator apresentou nova emenda ao projeto, deslocando para o artigo 283 do CPP a inserção das disposições relativas à audiência de custódia.[66] No entanto, em manifestação subsequente, o mesmo Senador voltou a apresentar parecer com nova emenda,[67] no qual recolocou a audiência de custódia no corpo do artigo 306 do CPP, mas com pequenas alterações redacionais,[68] se comparada àquela anteriormente apresentada pelo Senador Randolfe Rodrigues.

---

se verifique se estão sendo respeitados seus direitos fundamentais, devendo a autoridade judicial tomar as medidas cabíveis para preservá-los e para apurar eventual violação.
§ 2º Na audiência de custódia de que trata o § anterior, o Juiz ouvirá o Ministério Público, que poderá, caso entenda necessária, requerer a prisão preventiva ou outra medida cautelar alternativa à prisão, em seguida ouvirá o preso e, após manifestação da defesa técnica, decidirá fundamentadamente, nos termos art. 310.
§ 3º A oitiva a que se refere o parágrafo anterior será registrada em autos apartados, não poderá ser utilizada como meio de prova contra o depoente e versará exclusivamente sobre a legalidade e necessidade da prisão, a prevenção da ocorrência de tortura ou de maus-tratos e os direitos assegurados ao preso e ao acusado.
§ 4º A apresentação do preso em juízo deverá ser acompanhada do auto de prisão em flagrante e da nota de culpa que lhe foi entregue, mediante recibo, assinada pela autoridade policial, com o motivo da prisão, o nome do condutor e os das testemunhas.
§ 5º A oitiva do preso em juízo sempre se dará na presença de seu advogado, ou, se não o tiver ou não o indicar, na de Defensor Público, e na do membro do Ministério Público, que poderão inquirir o preso sobre os temas previstos no § 3º, bem como se manifestar previamente à decisão judicial de que trata o art. 310 deste Código.

[65] Foram elas: Instituto Sou da Paz, a Conectas Direitos Humanos, a Pastoral Carcerária, a Justiça Global, o Núcleo Especializado de Cidadania e Direitos Humanos da Defensoria Pública do Estado de São Paulo, além do Instituto de Defesa do Direito de Defesa (IDDD) e do Instituto Terra, Trabalho e Cidadania (ITTC).

[66] SENADO FEDERAL. Parecer nº___, de 2013. Relator Senador JOÃO CAPIBERIBE, PLS 554, de 2011, 25 de junho de 2013.

[67] Idem.

[68] Artigo 306.
§ 1º No prazo máximo de vinte e quatro horas após a prisão em flagrante, o preso será conduzido à presença do juiz para ser ouvido, com vistas às medidas previstas no art. 310 e para que se verifique se estão sendo respeitados seus direitos fundamentais, devendo a autoridade judicial tomar as medidas cabíveis para preservá-los e para apurar eventual violação.
§ 2º Na audiência de custódia de que trata o parágrafo 1º, o Juiz ouvirá o Ministério Público, que poderá, caso entenda necessária, requerer a prisão preventiva ou outra medida cautelar alternativa à prisão, em seguida ouvirá o preso e, após manifestação da defesa técnica, decidirá fundamentadamente, nos termos art. 310.
§ 3º A oitiva a que se refere parágrafo anterior será registrada em autos apartados, não poderá ser utilizada como meio de prova contra o depoente e versará, exclusivamente, sobre a legalidade e necessidade da prisão; a prevenção da ocorrência de tortura ou de maus-tratos; e os direitos assegurados ao preso e ao acusado.

Submetido à Comissão de Assuntos Econômicos, o parecer emitido pelo Senador Randolfe Rodrigues foi pela aprovação do projeto nos termos da Emenda Substitutiva da Comissão de Direitos Humanos e Participação Legislativa.[69] Após recebimento de ofício encaminhado pelo Conselho Nacional de Política Criminal e Penitenciária, vinculado ao Ministério da Justiça (no qual se pediu celeridade à tramitação do PLS nº 554, de 2011), houve, em 26 de novembro de 2013, a aprovação do projeto, nos termos do parecer emitido.

Já em 2014, o Gabinete da Presidência do Poder Judiciário do Estado do Rio de Janeiro enviou ofício ao Presidente do Senado Federal, apresentando proposta de emenda ao projeto, tornando mais singela a alteração a ser realizada no artigo 306 do CPP. Invocando questões ligadas à "diminuição da circulação de presos pelas ruas da cidade e nas dependências do Poder Judiciário", "à segurança pública, à segurança institucional e, inclusive, à segurança do preso", a intenção da Presidência daquela Corte era a realização da audiência de custódia por meio de videoconferência,[70] dando-se sequência a um procedimento responsável pela redução em cerca de 40% na circulação de presos pela cidade do Rio de Janeiro.

O Senador Francisco Dornelles apresentou emenda ao PLS nº 554, de 2011, acolhendo os termos daquele ofício, razão pela qual reproduziu integralmente o conteúdo da justificativa apresentada, bem como a sugestão dada para a nova redação do § 1º do artigo 306 do CPP. No entanto, o parecer e voto do Senador Humberto Costa, da Comissão de Constituição, Justiça e Cidadania, foi no sentido de rejeição dessa emenda. Reportando-se aos argumentos apresentados pela Rede de Justiça Criminal e *Human Rights Wacht*, sua posição foi pela aprovação do texto anterior, embora modificado por nova emenda, para, naquele projeto, substituir a expressão "autoridade policial" por

---

§ 4º A apresentação do preso em juízo deverá ser acompanhada do auto de prisão em flagrante e da nota de culpa que lhe foi entregue, mediante recibo, assinada pela autoridade policial, com o motivo da prisão, o nome do condutor e os nomes das testemunhas.

§ 5º A oitiva do preso em juízo sempre se dará na presença de seu advogado, ou, se não o tiver ou não o indicar, na de Defensor Público, e na do membro do Ministério Público, que poderão inquirir o preso sobre os temas previstos no parágrafo 3º, bem como se manifestar previamente à decisão judicial de que trata o art. 310 deste Código.

[69] SENADO FEDERAL. Parecer nº____, de 2013. Relator Senador RANDOLFE RODRIGUES, PLS 554, de 2011, 12 de novembro de 2013.

[70] Artigo 306.

§ 1º. No prazo máximo de vinte e quatro horas depois da prisão, o preso deverá ser conduzido à presença do juiz competente, pessoalmente ou pelo sistema de videoconferência, ocasião em que deverá ser apresentado o auto de prisão em flagrante acompanhado de todas as oitivas colhidas e, caso o autuado não informe o nome de seu advogado, cópia integral para a Defensoria Pública.

"Delegado de Polícia",⁷¹ adequando-se, assim, à nomenclatura utilizada pela Constituição Federal.⁷²

1.2.2.2. Manifestações institucionais de apoio e rechaço ao PLS nº 554, de 2011

A discussão foi posta, e as posições existentes bem demonstram a tensão que há entre parcela das instituições envolvidas ou que serão afetadas com a inserção e regulamentação da audiência de custódia em nossa realidade.

O argumento central apresentado pelas instituições que se manifestaram favoravelmente ao projeto foi a necessária regulamentação da audiência de custódia prevista na CADH, como forma de evitar não só prisões ilegais, mas também a prática de tortura e maus-tratos por parte dos órgãos estatais responsáveis pela fase primária da persecução penal. Aliadas a tal argumento, algumas instituições apresentaram outras justificativas dignas de nota.

Em editorial publicado pelo Instituto Brasileiro de Ciências Criminais (doravante, IBCCRIM), a necessidade da audiência de custódia se justificaria pelo fato de o preso somente poder manter algum contato direto com o juiz quando do último ato da fase de instrução, pois para lá foi deslocado o momento de seu interrogatório.⁷³ Com

---

⁷¹ SENADO FEDERAL. Parecer nº___, de 2014. Relator Senador HUMBERTO COSTA, PLS 554, de 2011, 06 de AGOSTO de 2014.

⁷² Artigo 306.
§ 1º No prazo máximo de vinte e quatro horas após a prisão em flagrante, o preso será conduzido à presença do Juiz para ser ouvido, com vistas às medidas previstas no art. 310 e para que se verifique se estão sendo respeitados seus direitos fundamentais, devendo a autoridade judicial tomar as medidas cabíveis para preservá-los e para apurar eventual violação.
§ 2º Na audiência de custódia de que trata o parágrafo 1º, o Juiz ouvirá o Ministério Público, que poderá, caso entenda necessária, requerer a prisão preventiva ou outra medida cautelar alternativa à prisão, em seguida ouvirá o preso e, após manifestação da defesa técnica, decidirá fundamentadamente, nos termos do art. 310.
§ 3º A oitiva a que se refere o parágrafo anterior será registrada em autos apartados, não poderá ser utilizada como meio de prova contra o depoente e versará, exclusivamente, sobre a legalidade e necessidade da prisão; a prevenção da ocorrência de tortura ou de maus-tratos; e os direitos assegurados ao preso e ao acusado.
§ 4º A apresentação do preso em juízo deverá ser acompanhada do auto de prisão em flagrante e da nota de culpa que lhe foi entregue, mediante recibo, assinada pelo Delegado de Polícia, com o motivo da prisão, o nome do condutor e os nomes das testemunhas. SF/14943.74341-69
§ 5º A oitiva do preso em juízo sempre se dará na presença de seu advogado, ou, se não o tiver ou não o indicar, na de Defensor Público, e na do membro do Ministério Público, que poderá inquirir o preso sobre os temas previstos no parágrafo 3º, bem como se manifestar previamente à decisão judicial de que trata o art. 310 deste Código.

⁷³ IBCCRIM. Editorial. O esforço de Sísifo e a audiência de custódia. *Boletim IBCCrim*. São Paulo, nº 252, novembro/2013, p. 1.

isso, a ideia passada pelo editorial é da necessidade de uma rápida colocação do preso em contato com o juiz, a fim de que possa dar sua versão dos fatos.

Por outro lado, em ofício encaminhado à Presidência do Senado Federal, a justificativa apresentada pela Associação dos Juízes para a Democracia foi no sentido de que a audiência de custódia seria um instrumento para melhor preservar a excepcionalidade da prisão cautelar no país. Da mesma forma, posicionou-se pela obrigatoriedade de essa audiência ser presidida somente por um juiz, visto que quaisquer outros sujeitos da persecução penal são apontados como "eventuais abusadores", em uma posição maniqueísta publicamente assumida por aquela associação.[74]

Voltando a se manifestar sobre o tema, o IBCCrim apresentou Nota Técnica declarando apoio irrestrito ao PLS n° 554/11, em particular à redação prevista pelo Substitutivo n° 1, a qual, além de avalizar o prazo de 24 horas para realização da audiência de custódia, estabelece o devido procedimento para sua realização, de modo a estar em consonância com a Constituição Federal, sobretudo, por preservar a dialética processual. No entanto, o Instituto manifestou-se categoricamente contrário ao uso do sistema de videoconferência, por ser inadequado aos reais propósitos da audiência de custódia.[75]

Em sentido contrário ao projeto, as instituições ligadas à polícia judiciária marcaram claramente sua posição.

A Federação Nacional dos Delegados de Polícia Federal (doravante, FENADEPOL) encaminhou ofício à Presidência do Senado Federal, solicitando o adiamento da votação do projeto, para que houvesse uma maior discussão sobre ele, em razão dos impactos de ordem financeira e sobre os organismos da segurança pública diretamente afetados pela realização da audiência de custódia.[76]

Ao especificar seus argumentos, afirmou que, nos termos postos no projeto, sua aprovação levaria à *paralisia* da polícia judiciária nacional, uma vez que, em se admitindo a mentira no processo penal brasileiro, por certo que todo indivíduo preso em flagrante irá falsear sobre o fato de haver sido torturado, buscando, com isso, o relaxamento de sua prisão. Consequência disso é que, caso esse relaxamento ocorra, o policial que houver realizado a prisão em flagrante poderá ser pro-

---

[74] ASSOCIAÇÃO DOS JUÍZES PARA A DEMOCRACIA. *Ofício*. São Paulo, 21 de agosto de 2014.

[75] IBCCRIM. Editorial. Audiência de custódia no Brasil, ainda que tardia. *Boletim do IBCCrim*, São Paulo, n° 268, março/2015, p. 1.

[76] FEDERAÇÃO NACIONAL DOS DELEGADOS DE POLÍCIA FEDERAL. Ofício 37/14-FENADEPOL. Brasília, 04 de agosto de 2014.

cessado pelo crime de tortura, ainda que tal acusação esteja calcada em uma mentira, o que o levará a responder a tal processo criminal por "anos a fio", "numa total e absurda inversão de valores". Ao final, seria mais interessante – diz o ofício – ao policial responder pelo crime de prevaricação (por deixar dolosamente de prender alguém em flagrante), do que responder pelo crime de tortura, daí advindo o aumento na impunidade.

Outro fator invocado foi a insuficiência de policiais e juízes para atenderem ao aumento que ocorrerá no número de audiências, sobretudo à noite, o que contribuirá, ainda mais, para a retirada do policiamento das ruas.

A ADEPOL e a Associação Nacional dos Delegados da Polícia Federal se manifestaram publicamente sobre o tema, fazendo-o por meio de nota técnica enviada à Presidência do Senado Federal.[77] Nela, posicionaram-se contrariamente à aprovação do projeto, sob um tríplice fundamento.

Inicialmente, afirmaram que a CADH não reduz a apresentação do preso somente à figura do juiz, em razão de prever expressamente que outra autoridade poderá ser a responsável pela audiência de custódia. Em razão disso, consideraram que o projeto é totalmente prescindível, visto que a Constituição Federal haveria optado pela figura do Delegado de Polícia para exercer tal função.

Outro argumento foi no sentido de que a opção pela figura do juiz, como responsável pela audiência de custódia, seria uma medida "inexequível, dispendiosa e, por conseguinte, contrária ao interesse público", em razão da ausência de recursos humanos e materiais para a polícia judiciária atender à nova demanda que estaria batendo às suas portas.

Ao final, houve o alerta para a ausência de previsão legal quanto às consequências do não cumprimento dos prazos, o risco de impunidade e aumento da criminalidade violenta, em razão de a extensão do território nacional inviabilizar a pronta apresentação dos presos ao juiz, o que levaria ao relaxamento da prisão e à restituição da liberdade a pessoas perigosas e violentas.

No mesmo sentido foi a nota técnica apresentada pelo Conselho Nacional dos Chefes de Polícia (doravante, CONCPC),[78] mas com o

---

[77] ASSOCIAÇÃO DOS DELEGADOS DE POLÍCIA DO BRASIL. *Nota Técnica ao Projeto de Lei do Senado nº 554, de 2011*. Brasília, 05 de agosto de 2014. ASSOCIAÇÃO NACIONAL DOS DELEGADOS DE POLÍCIA FEDERAL. *Nota Técnica ao Projeto de Lei do Senado nº 554, de 2011*. Brasília, 05 de agosto de 2014.

[78] CONSELHO NACIONAL DOS CHEFES DE POLÍCIA. *Nota Técnica ao Projeto de Lei do Senado nº 554, de 2011*. Brasília, 05 de agosto de 2014.

acréscimo de outro argumento, como mínimo, curioso: a apresentação do preso em juízo, antes de formulada a acusação pelo Ministério Público, violaria frontalmente o exercício do direito de defesa constitucionalmente garantido ao preso. Em outras palavras, ainda que não houvesse sido essa a intenção explícita do argumento, haveria a invocação de choque de direitos fundamentais, quais sejam, entre a realização da audiência de custódia e o exercício da ampla defesa.

Em sequência, foi a vez do Ministério Público do Estado de São Paulo se manifestar pela rejeição do projeto, ao encaminhar ofício à Presidência do Senado Federal,[79] embora o CNMP já houvesse externado, em documento amplamente divulgado, sua posição favorável a ele.[80]

Como argumentos, primeiramente, a Procuradoria-Geral de Justiça de São Paulo entendeu ser equivocada a pretensão de a audiência de custódia vir a substituir a comunicação da prisão em flagrante ao juiz competente, embora o projeto não preveja qualquer alteração no *caput* do artigo 306 do CPP, e ninguém menos que a própria Constituição Federal já preveja a obrigatoriedade dessa comunicação (artigo 5º, inciso LXII). Também invocou violação ao princípio do contraditório, em virtude de o depoimento prestado pelo sujeito preso não poder ser utilizado em eventual e futuro processo penal de conhecimento. Levantaram-se as mesmas questões ligadas à falta de estrutura estatal, aos altos custos derivados da implantação da audiência de custódia e consequente impunidade, resultante da execução daquele ato e da exiguidade do prazo estabelecido no projeto para a apresentação do sujeito preso (24 horas), visto que outros países adotaram o dobro do prazo estipulado no projeto. Na sequência, houve a crítica à proibição de aproveitamento de eventual confissão prestada na audiência de custódia, apesar de o depoimento haver sido prestado com respeito aos princípios do contraditório e ampla defesa.

---

[79] MINISTÉRIO PÚBLICO DO ESTADO DE SÃO PAULO. *Ofício nº 3506/14 – JUR*. São Paulo, 06 de novembro de 2014.

[80] No ano de 2014, pelo CNMP, foi criado o *Programa Segurança sem Violência*, destinado a discutir a situação prisional brasileira. Dentre as diretrizes a serem alcançadas em curto prazo, estava a de nº 7.8, que tratou do "Apoio à aprovação do PLS nº 554/2011, de autoria do Senador Antônio Carlos Valadares, que pretende instituir a obrigatoriedade da apresentação do preso cautelar em 24 horas à autoridade judicial". Foram signatárias dessa diretriz – que foi apresentada de forma genérica, sem indicação de análise mais detida do projeto –, as seguintes instituições: Conselho Nacional do Ministério Público, Conselho Nacional de Justiça, Conselho Nacional dos Defensores Públicos Gerais, Ordem dos Advogados do Brasil, Ministério da Justiça e Conselho Nacional dos Secretários de Estado de Justiça, Cidadania, Direitos Humanos e Administração Penitenciária (CONSELHO NACIONAL DO MINISTÉRIO PÚBLICO. *Programa Segurança sem Violência. Relatório do Grupo de Trabalho*. Brasília, 2014, p. 18).

O Ministério Público do Estado de São Paulo, por conseguinte, finalizou sua posição apresentando uma proposta de emenda ao projeto, no mínimo exótica, como forma de sanar os supostos problemas de ordem técnica que apontou.

O caráter exótico radica em dois fatores, a saber: por um lado, o fato de o Ministério Público do Estado de São Paulo manifestar-se pela rejeição integral de um projeto de lei que visa a implementar instituto processual, cuja criação foi determinada por pacto internacional protetivo de direitos humanos ratificado pelo Brasil (CADH), principalmente, sob o insustentável argumento da deficiência estrutural, orçamentária e humana, e, portanto, em detrimento dos direitos e, sobretudo, garantias individuais (leia-se direitos humanos) que a todos os cidadãos devem ser assegurados. Por outro lado, a instituição apresenta uma proposta inadequada e incompatível com a determinação da CADH, a saber, o estabelecimento de uma *audiência de custódia condicionada* à existência de fundados indícios de ilegalidade na prisão ou de violação aos direitos fundamentais da pessoa presa. Observe-se que a proposta inverte a ordem das coisas, pois pretende uma *audiência de custódia às avessas,* a ser realizada em momento posterior à efetivação da prisão, o que é facilmente perceptível pela ordem sugerida: apresentação da pessoa presa para imediata oitiva em juízo, *se houver* indícios de ilegalidade na prisão ou de violação aos direitos fundamentais, o que pode ocorrer de ofício ou mediante requerimento do Ministério Público; em um prazo de até 48 horas prorrogável.

Após isso, sobreveio manifestação da Associação dos Juízes Federais do Brasil (AJUFE), a qual expressou sua preocupação quanto à efetividade da medida. Apontou, primeiramente, o fato de o juiz não ter condições de avaliar ou examinar o preso, sendo imprescindível o exame técnico por médico legal, embora não pareça ser esse o propósito do instituto, e exigir que *o juiz realize uma atividade pericial* voltada à constatação de eventuais danos decorrentes da violação de direitos. Todavia, a Associação considerou, ainda, não ser apropriado o momento da eventual apresentação para colher o depoimento do preso, mesmo que atinente a detalhes da prisão. Ademais, afirmou que exigir a apresentação do preso equivale a partir da presunção de inidoneidade de toda a corporação policial. Porém, impactante é o argumento de que "embora louvável a ideia da audiência de custódia, que pode até ser realidade em países do chamado Primeiro Mundo, precisa ser bem avaliada antes de ser importada para o sistema nacional". Ora, a audiência de custódia não se trata de instituto oriundo de uma mera elucubração assentada na experiência de países de *Primeiro Mundo,* mas sim, no caso brasileiro, na implementação de uma regra determinada pela CADH, a qual, aliás, está prevista no ordenamento processual penal de diversos países latino-americanos, como, por exemplo, Argentina,[81] Chile,[82] Colômbia,[83] Equador[84] e Uruguai.[85]

Digna de nota a subsequente manifestação da Associação Nacional de Defensores Públicos, em apoio ao PLS n° 554/2011, com a redação apresentada pelo Substitutivo do Senador Humberto Costa. Para além de afirmar que o projeto atende a todos os requisitos estabelecidos pelos tratados internacionais, a associação destacou que "a audiência de custódia já se encontra inserida no ordenamento jurídico brasileiro, por força da ratificação, pelo Congresso Nacional, de dois tratados internacionais sobre direitos humanos",[86] a CADH e o PIDCP. De fato, não há que questionar se se deve aderir ao instituto ou não, mas tão só quanto à forma de implementá-lo na prática processual penal brasileira.

Em seguida, foi apresentada nota técnica da Associação Nacional dos Membros do Ministério Público, a qual, por um lado, expôs argumentos de ordem fática – baseados essencialmente no *deficit* estrutural e humano, como já ressaltado por outros órgãos – contra a adoção do

---

[81] O *Código Procesal Penal* Argentino dispõe em seu artigo 64: "Derechos del Imputado. A todo imputado se le asegurarán las garantías necesarias para su defensa, a cuyo fin las autoridades intervinientes le informarán los siguientes derechos: a. a ser informado de las razones de su aprehensión o detención, la autoridad que la ha ordenado, entregándole si la hubiere copia de la orden judicial emitida en su contra, y *el de ser conducido ante un juez, sin demora, para que decida sobre la legalidad de aquélla*" (grifo nosso).

[82] O *Código de Procedimiento Penal* Chileno dispõe no artigo 264: "Si el aprehendido en delito flagrante es presentado inmediatamente al juez competente, éste procederá a tomar declaración al aprehensor, a los testigos presenciales que concurran y a interrogar al detenido; y en vista de estas investigaciones lo dejará en libertad o mantendrá la detención, o la convertirá en prisión preventiva, según proceda de derecho".

[83] O *Código de Procedimiento Penal* Colombiano dispõe no artigo 346: "Procedimiento en caso de flagrancia. Quien sea capturado por cualquier autoridad *será conducido inmediatamente*, o a más tardar en el término de la distancia, *ante el funcionario judicial* competente para iniciar la investigación, a quien se deberá rendir informe sobre las causas de la captura" (grifo nosso).

[84] O *Código de Procedimiento Penal* do Equador dispõe no artigo 161: "Detención por delito flagrante.- Los agentes de la Policía Nacional, de la Policía Judicial, o cualquier persona pueden detener, como medida cautelar, a quien sea sorprendido en delito flagrante de acción pública. En este último caso, la persona que realizó la detención deberá inmediatamente entregar al detenido a un miembro policial. *El policía que haya privado de libertad recibido a una persona sorprendida en delito flagrante, comparecerá de inmediato con el detenido ante el juez de garantías*" (grifo nosso).

[85] O *Código del Proceso Penal* do Uruguai dispõe no artigo 118: "(Detención). Nadie puede ser preso sino en los casos de delito flagrante o habiendo elementos de convicción suficientes sobre su existencia, por orden escrita de Juez competente. En ambos casos el Juez, bajo la más seria responsabilidad, *tomará al arrestado su declaración dentro de las veinticuatro horas* (Artículos 15 y 16 de la Constitución de la República)" (grifo nosso).

[86] ASSOCIAÇÃO NACIONAL DOS DEFENSORES PÚBLICOS. *Ofício ANADEP n° 02/2015*. Brasília, 05 de fevereiro de 2015. Recentemente, tal posição também foi manifestada por AMARAL, Cláudio do Prado. Da audiência de custódia em São Paulo. *Boletim do IBCCrim*, n° 269, abr. 2015, p. 4.

prazo de 24 horas para condução do preso à autoridade judiciária, e propôs a sua ampliação, particularmente, em relação a crimes mais graves, como os hediondos. Por outro lado, a entidade propôs a possibilidade de oferecimento de medidas despenalizadoras na audiência de custódia, e afirmou ser indevida a autuação do termo de audiência em apartado, bem como a impossibilidade de seu uso como prova.[87]

A tramitação do PLS nº 554, de 2011, foi finalizada em 06 de dezembro de 2016, apresentando um conteúdo muito diverso daquele presente na Resolução nº 213, do CNJ, onde chama a atenção a adoção de um procedimento confuso e a possibilidade de o depoimento prestado pela pessoa apresentada ser utilizada no futuro processo criminal somente em seu benefício. Criou-se, com isso, uma novel vedação probatória à acusação, apesar de aquele depoimento não ser caracterizado como prova ilícita. Naquele mesmo dia, o Senador Jorge Viana, então Primeiro Vice-Presidente, no exercício da Presidência do Senado Federal, encaminhou aquele projeto à Câmara dos Deputados, onde recebeu nova designação, passando a ser identificado como Projeto de Lei nº 6.620, de 2016.

Assim que aportou em sua nova Casa Legislativa, o projeto de lei envolvendo a regulamentação da audiência de custódia somente recebeu uma nova numeração (PL nº 6.620, de 2016), e foi determinado o seu apensamento ao Projeto de Lei nº 8.045, de 2010, que trata do projeto de novo Código de Processo Penal. Nenhum passo a mais foi dado em relação a ele, o que importa reconhecer que, durante um longo período, vamos seguir com a Resolução nº 213, do CNJ, como sendo a regulamentação a ser aplicada à audiência de custódia no Brasil, apesar de a boa técnica exigir que tal se dê por legislação federal.

1.2.3. Proposta de Emenda Constitucional nº 112, de 2011

Cerca de dois meses após a apresentação do PLS nº 554, de 2011, nova investida foi realizada para que a audiência de custódia fosse inserida em nossa legislação. No entanto, a pretensão foi de sua menção em nível constitucional.

Em 22 de novembro de 2011, o Deputado Federal Domingos Dutra apresentou a Proposta de Emenda à Constituição nº 112/2011, com a finalidade de dar nova redação ao inciso LXII do artigo 5º da CF, que passaria a prever a seguinte redação: "a prisão de qualquer pessoa e o

---

[87] ASSOCIAÇÃO NACIONAL DOS MEMBROS DO MINISTÉRIO PÚBLICO. Nota Técnica nº 04/2014/CONAMP. Brasília, 2014.

local onde se encontre serão comunicados imediatamente ao juiz competente, ao Ministério Público e à família do preso ou à pessoa por ele indicada, devendo até quarenta e oito horas ser conduzida à presença do juiz competente que decidirá sobre sua legalidade".

A título de justificação para a proposta, foi feita referência à Comissão Parlamentar de Inquérito do Sistema Carcerário e ao Projeto dos Mutirões Carcerários, este último sob a coordenação do CNJ, que apontaram para o excesso de prazo da prisão que atingia os presos provisórios que estavam aguardando julgamento. Da mesma forma, foi reproduzido o conteúdo de estudo feito pela Defensoria Pública de São Paulo, no sentido de assinalar a necessidade do Brasil dar plena execução ao Pacto de San José da Costa Rica, do qual é signatário desde 1992. Enfim, a proposta demonstrou nítida preocupação com a existência de prisões ilegais no país, o que aliviaria a situação do sistema carcerário brasileiro.

Embora tivesse recebido voto de admissibilidade pela Comissão de Constituição e Justiça e de Redação daquela Casa Legislativa, a Proposta de Emenda à Constituição nº 112/2011 foi arquivada em 31 de janeiro de 2015, em razão do fim da legislatura (artigo 105 do Regimento Interno da Câmara dos Deputados).

1.2.4. Projeto de Lei nº 7.871/2014

1.2.4.1. Apresentação e justificativa

Passados quase 03 anos da proposição do PLS nº 554, de 2011, e em meio à forte discussão que vem ocorrendo dentro e fora do Senado Federal, também a Câmara dos Deputados voltou suas atenções à modificação do CPP para inserção da audiência de custódia. Em agosto de 2014, o Deputado Federal Jorginho de Mello apresentou o PL nº 7.871/2014 com tal finalidade.

Como justificativa, o proponente se reportou ao PIDCP e à CADH, ambos ratificados pelo Brasil em 1992. De igual modo, afirmou que aquela audiência se prestaria a resguardar a integridade física e psíquica da pessoa presa em flagrante, invocando legislação estrangeira onde ela já se encontra presente e regulamentada. Por fim, afirmou-se que a proposição de um novo projeto seria fruto de "diálogos com o Ministério da Justiça, a Secretaria de Direitos Humanos da Presidência da República e organizações de direitos humanos da sociedade civil".

1.2.4.2. A formatação da audiência de custódia

A proposta de reforma do CPP, presente no PL nº 7.871/2014, restringiu-se a uma simples alteração do seu artigo 301, para ali inserir a obrigatoriedade da apresentação de toda pessoa presa em flagrante ao juiz competente. Como prazo estabelecido, optou-se pelo lapso de 24 horas, devendo o sujeito preso e o respectivo auto de prisão em flagrante serem encaminhados conjuntamente para apreciação do Poder Judiciário.[88]

Pelo que se pode observar, o projeto em questão seguiu a mesma linha inicialmente adotada pelo PLS nº 554, de 2011, ao restringir-se a propor a mera apresentação do sujeito preso em flagrante ao juiz, juntamente com o auto de prisão em flagrante, dentro do prazo de 24 horas da efetivação da prisão. No entanto, como já visto, o projeto em trâmite no Senado Federal sofreu uma profunda modificação no procedimento a ser seguido no curso daquela audiência, afastando a visão inicial de que aquele ato envolveria somente as figuras do juiz e do preso, sem qualquer tipo de participação dos representantes da sociedade e do próprio conduzido, a saber, o Ministério Público e a defesa técnica.

Ao que parece, o PL nº 7.871/2014 foi apresentado com o propósito de ser um contraponto à forma como a audiência de custódia vem sendo tratada no Senado Federal, por apresentar um procedimento mais complexo, com a existência, inclusive, de instrumentos destinados à preservação da imparcialidade judicial para sua futura atuação na fase processual da persecução penal. Sob este ponto de vista, o projeto seria um retrocesso, por impedir a manifestação do Ministério Público e da defesa em um momento tão importante para os interesses da futura persecução penal e do próprio investigado.

Provavelmente, por já existir projeto similar tramitando no Senado Federal, o PL nº 7.871/2014 não recebeu maiores atenções por parte dos integrantes de sua Casa Legislativa de origem. Esse desinteresse motivou o arquivamento daquele projeto em 31 de janeiro de 2015, embora seu proponente haja obtido seu desarquivamento em 11 de fevereiro daquele mesmo ano.

---

[88] Artigo 301. Qualquer pessoa do povo poderá prender e a polícia deverá prender e autuar quem quer que seja encontrado em flagrante delito.
Parágrafo único. Após a lavratura da prisão feita pela polícia, no prazo máximo de vinte e quatro horas, a pessoa deverá ser conduzida à presença do juiz competente, ocasião em que deverá ser apresentado o auto de prisão em flagrante acompanhado de todas as oitivas colhidas e, caso o autuado não informe o nome de seu advogado, deverá ser encaminhada cópia integral para a Defensoria Pública.

1.2.5. Projeto de Lei nº 470/2015

1.2.5.1. Apresentação e justificativa

Em fevereiro de 2015, o Deputado Federal Laerte Bessa apresentou o PL nº 470, de 2015, também visando a regulamentar a audiência de custódia. Como justificativa, o proponente partiu do pressuposto de que a audiência de custódia não seria obrigatória, bem como, que os textos internacionais ratificados pelo Brasil dão conta da existência de uma "outra autoridade" que poderá exercer as funções judiciais, mesmo não sendo o juiz.

Tendo por base essas premissas, procurou-se equiparar a figura do Delegado de Polícia ao juiz, em razão, entre outros fatores, de aquele já exercer parcela do poder jurisdicional conferido aos magistrados, quais seja, arbitramento de fiança, apreensão de bens relacionados à infração penal investigada, homologação da prisão em flagrante e determinação do recolhimento à prisão do conduzido, bem como, o indiciamento do sujeito investigado. Além disso, apontou a ocorrência de problemas de ordem estrutural e orçamentária para a implantação da audiência de custódia no país, bem como, possível ferimento ao sistema acusatório, visto que o juiz-presidente dessa audiência exerceria atos de investigação, o que o transformaria em juiz de instrução, figura incompatível com aquele sistema.

Ao que se observa, tal projeto é claramente fruto da origem profissional de seu proponente – que é Delegado de Polícia do Distrito Federal –, pois se utilizou de argumentos retóricos para equiparar o não equiparável, ou seja, procurar igualar a atuação do Delegado de Polícia à figura do juiz. Da mesma forma, foi confuso ao invocar o PIDCP e a CADH para inserir o Delegado de Polícia na condição de "outra autoridade" neles prevista, mas não propor que a autoridade policial fosse a responsável pela audiência de custódia, que é o que preveem aqueles textos internacionais.

1.2.5.2. A formatação da audiência de custódia

De acordo com o PL nº 470, de 2015, a audiência de custódia seria *facultativa*, em razão de o juiz *poder* designá-la e realizá-la por videoconferência, nas hipóteses em que a pessoa presa em flagrante não houvesse obtido sua liberdade mediante o arbitramento de fiança "ou outra medida cautelar diversa da prisão", ambas concedidas pelo Delegado de Polícia.

O poder jurisdicional de cautela, atribuído pelo projeto ao Delegado de Polícia, seria exercido não para todas as hipóteses delitivas, mas somente para aquelas especificadas no projeto, quais sejam, crimes culposos, crimes dolosos punidos com pena de detenção, crimes dolosos punidos com pena de reclusão não superior a quatro anos, e quando não estiverem presentes os requisitos da prisão preventiva.

Em uma análise crítica, pode-se dizer que o PL nº 470, de 2015, conseguiu a façanha de ser mais retrógrado que o PL nº 7.871, de 2014, pois, além de tornar facultativa a apresentação do sujeito preso, também elevou o Delegado à condição de "outra autoridade" mencionada no PICDP e na CADH, situações que vêm sendo, há anos, rechaçadas pela CIDH. Em suma, o PL nº 470, de 2015, parte de uma leitura utilitarista dos textos internacionais por ele invocados, sem qualquer preocupação quanto à forma como os institutos nele presentes são compreendidos e definidos pela jurisprudência internacional.

1.2.6. Proposta de Emenda Constitucional nº 89, de 2015

Uma das últimas propostas de alteração legislativa, com o propósito de inserção expressa da audiência de custódia na realidade normativa brasileira, foi a Proposta de Emenda Constitucional nº 89, apresentada em 09 de julho de 2015.

Tal proposta pretende alterar o artigo 98 da CF, para nele inserir, pura e simplesmente, a previsão daquela apresentação judicial do sujeito privado em sua liberdade, e sem indicar qualquer procedimento a ser seguido.[89] Em realidade, essa proposta sequer apresenta uma justificativa para a inserção da audiência de custódia no texto constitucional, pois sua verdadeira intenção é modificar o sistema de persecução penal brasileiro, sujeitando-o ao ultrapassado juizado de instrução. Conforme consta na proposta, o Delegado de Polícia se transformaria em juiz-instrutor e passaria a integrar o Poder Judiciário sem prestar concurso público para tanto.

Eis o motivo pelo qual essa proposta não merece maiores comentários.

---

[89] Artigo 98-A, § 3º. Toda pessoa presa em flagrante deverá ser apresentada sem demora ao juiz de instrução e garantias para a realização de audiência de custódia, com a participação de defesa e do Ministério Público, em que se decidirá sobre a prisão e as medidas cautelares cabíveis.

2. A audiência de custódia sob a ótica dos atos normativos e dos tribunais internacionais

2.1. Noções preliminares

A atenção doutrinária à audiência de custódia tem-se voltado mais à afirmação de sua necessária implantação em âmbito interno, do que, propriamente, à realização de uma análise detida sobre o instituto, em especial, abordando o que por ele é admitido e/ou não admitido.[90] Com isso, a quase totalidade dos pontos controvertidos dos projetos de lei existentes acabou por ser apresentada justamente na discussão travada no Senado Federal (quando da tramitação do PLS nº 554, de 2011, hoje convertido no PL 6.620, de 2016, em trâmite junto à Câmara dos Deputados), em especial, por aquelas instituições que se manifestaram contrariamente aos seus termos.

Em vista disso, e por se tratar de um instituto previsto há décadas em textos internacionais protetivos dos direitos humanos, há toda uma cultura já formada em torno da audiência de custódia, não só proveniente dos próprios organismos internacionais emissores daqueles textos, mas também, das Cortes Internacionais responsáveis pela interpretação e aplicabilidade dos tratados e convenções, quando firmados pelos países que se propuseram a deles serem signatários.

Essa realidade internacional nos faz abordar um aspecto pouco louvável de nossa (anti)cultura jurídica: não há como negar a existên-

---

[90] Na atualidade, os textos que se destacam pelo conteúdo na abordagem sobre o tema são: WEIS, Carlos; JUNQUEIRA, Gustavo Octaviano Diniz. *A Obrigatoriedade da Apresentação Imediata da Pessoa Presa ao Juiz.* Revista dos Tribunais. São Paulo, vol. 921, p. 331-355, 2012. MELO, Raphael. *Audiência de Custódia no Processo Penal.* Belo Horizonte: D'Plácido, 2016. PAIVA, Caio. *Audiência de Custódia e Processo Penal Brasileiro.* 2ª ed. Florianópolis: Empório do Direito, 2017. ANDRADE, Mauro Fonseca; ALFLEN, Pablo Rodrigo (orgs.). *Audiência de Custódia*: Comentários à Resolução 213 do Conselho Nacional de Justiça. 2ª ed. Porto Alegre: Livraria do Advogado, 2017. ANDRADE, Mauro Fonseca; ALFLEN, Pablo Rodrigo. *Audiência de Custódia no processo penal brasileiro.* 2ª ed., Porto Alegre: Livraria do Advogado, 2016.

cia de um verdadeiro descaso dos Tribunais brasileiros em relação, principalmente, à jurisprudência firmada pela CIDH. Isso bem se observa nos julgados proferidos até o momento, que vêm negando a necessidade de realização da audiência de custódia, invocando argumentos reiteradamente rechaçados por aquela Corte.

Poder-se-ia perguntar, como, de fato, já ouvimos: qual a importância dessa jurisprudência internacional para os fins de nosso estudo? Muito simples: no ano de 2002, o Brasil reconheceu a competência da CIDH, relativa à interpretação ou aplicação da CADH, envolvendo fatos posteriores a 10 de dezembro de 1988.[91] Com isso, os Tribunais nacionais deixaram de ser emissores da última palavra sobre a interpretação atinente à respeitabilidade dos direitos e garantias previstos na CADH, mais precisamente, sobre a acolhida, ou não, dos argumentos apresentados pelo Poder Público para não cumprir as disposições que se comprometeu a respeitar.

É por essa razão que se faz necessária a compreensão de como a audiência de custódia é tratada em âmbito internacional, de modo a dirimir grande parte das dúvidas e refutações apresentadas para sua escorreita incorporação à rotina processual penal brasileira.

Para tanto, realizaremos a análise da jurisprudência da CIDH e do próprio TEDH, por ele ser a fonte onde aquela Corte busca subsídios para bem julgar, dada sua *jovialidade*, se comparada à sua equivalente europeia.[92-93]

2.2. Quem deve ser apresentado

A audiência de custódia parte de uma premissa básica, que é a preocupação com a pessoa que teve sua liberdade restringida de alguma maneira. Daí surge, então, a pergunta óbvia: quem seria esta pessoa?

---

[91] Decreto nº 4.463/2002, artigo 1º. É reconhecida como obrigatória, de pleno direito e por prazo indeterminado, a competência da Corte Interamericana de Direitos Humanos em todos os casos relativos à interpretação ou aplicação da Convenção Americana de Direitos Humanos (Pacto de San José), de 22 de novembro de 1969, de acordo com art. 62 da citada Convenção, sob reserva de reciprocidade e para os fatos posteriores a 10 de dezembro de 1998.

[92] A primeira referência à obrigatoriedade de apresentação judicial de toda pessoa presa ou detida feita pela CIDH, ainda que realizada de modo superficial, ocorreu em: Caso Velásquez Rodríguez vs. Honduras, § 155, Sentença de 29 de setembro de 1988.

[93] Interessante observar que já se nota uma alteração nessa lógica, em razão de o TEDH começar a buscar subsídios na CIDH para a resolução de temas que lhe são submetidos a julgamento. Nesse sentido, ver: DÍAZ CREGO, María. El impacto de la jurisprudencia de la Corte Interamericana sobre el Tribunal Europeo de Derechos Humanos. *Derecho PUCP – Revista de la Facultad de Derecho*, Lima/Peru, nº 75, p. 31-56, 2015.

Os projetos de lei em tramitação junto ao Congresso Nacional e os atos administrativos emitidos pelos Tribunais que aderiram ao projeto-piloto do CNJ restringiram a audiência de custódia somente ao indivíduo preso em flagrante. Entretanto, a restrição neles presente se aparta do entendimento internacional sobre qual deveria ser seu público-alvo, embora se deva reconhecer, tal como já decidiu a CIDH, que "*La inmediata revisión judicial de la detención tiene particular relevancia cuando se aplica a capturas infraganti*"[94] ou "*sin orden judicial*".[95]

Se observarmos os textos internacionais que estabeleceram a audiência de custódia como um direito a ser observado pelo Estado, veremos que eles direcionam essa garantia a pessoas que tiveram sua liberdade restringida por haverem sido *presas* ou *detidas*, daí advindo, portanto, uma necessária diferenciação entre estas duas situações jurídicas.

Assim aparece na CEDH (artigo 5.1, "c", e 5.3), na qual a pessoa *presa* ou *detida* diz respeito àquela: a) que tem sua liberdade restringida para ser levada à presença do juiz competente que estiver conduzindo a investigação ou o processo criminal, o que se assemelha à nossa *condução coercitiva*; b) contra quem existam indícios suficientes de ser a autora da infração criminal investigada, remetendo-nos, então, não só à prisão em flagrante, mas também àquelas prisões sem ordem judicial prévia e que não se enquadrem às hipóteses de flagrância, que alguns países admitem como possíveis de serem realizadas por autoridades não judiciais que se encarregam da investigação criminal; e c) que se enquadra em hipóteses que, no direito brasileiro, justificam o decreto de prisão preventiva.[96]

A jurisprudência do TEDH, em sua tarefa de melhor interpretar as disposições da CEDH, ampliou sobremaneira as hipóteses em que uma pessoa poderia ser considerada *presa* ou *detida*, sendo que ambas as situações jurídicas corresponderiam a privações ao direito de ir e vir, mas de breve e limitada duração no tempo. Em levantamento

---

[94] CIDH, Caso J. vs. Peru, § 143, Sentença de 27 de novembro de 2013.

[95] CIDH, Caso López Álvarez vs. Honduras, § 88, Sentença de 01 de fevereiro de 2006. CIDH, Caso J. vs. Peru, § 143, Sentença de 27 de novembro de 2013.

[96] Hipóteses estas previstas, por exemplo, no Direito Processual Penal alemão. Compare a respeito: KÜHNE, Hans-Heiner. *Strafprozessrecht. Eine systematische Darstellung des deutschen und europäischen Strafverfahrensrechts*. 8. Aufl., Heidelberg: C.F.Müller, 2010, p. 262 e ss., 282 e ss.; bem como, KLESCZEWSKI, Diethelm. *Strafprozessrecht*. 2. Aufl., München: Vahlen, 2013, p. 59 e ss., o qual refere expressamente que o StPO prevê, além da prisão investigatória (correlata à prisão preventiva), também a detenção e a apresentação. Compare, ainda, ROXIN, Claus; SCHÜNEMANN, Bernd. *Strafverfahrensrecht*. Ob. cit., p. 237 e ss.; p. 252 e ss. Importante ressaltar que a distinção entre *prisão* e *detenção* já é realizada há muito tempo pelo Direito Processual Penal alemão. Compare, nesse sentido: BINDING, Karl. *Grundriß des Deutschen Strafprocessrechts*. Leipzig: Duncker & Humblot, 1900, p. 117 e ss.

feito pela doutrina europeia, a jurisprudência daquela Corte identificou nada menos do que 6 situações que se enquadrariam na obrigação da pronta apresentação daquelas pessoas ao juiz ou a outra autoridade.[97]

Por sua vez, o PIDCP também faz a distinção entre pessoas *presas* e *detidas*. Posteriormente, a mesma ONU, ao emitir a Resolução 43/173 de sua Assembleia Geral, em 8 de dezembro de 1988, estabeleceu o *Conjunto de Princípios para a Proteção de Todas as Pessoas Submetidas a Qualquer Forma de Detenção ou Prisão*, não só ratificando essa distinção, como também, procurando deixar claro o que cada uma dessas pessoas representaria.

Segundo suas disposições, a *pessoa presa* seria aquela que sofre privação de liberdade decorrente de condenação criminal, o que nos remete à figura do sujeito que dá início ao cumprimento de pena privativa de liberdade a ele imposta. Por outro lado, a *pessoa detida* aparece definida como toda aquela que sofre privação de liberdade que não seja consequência da imposição de uma pena; ou seja, o conceito de *pessoa detida* é apresentado a título de exclusão, em lugar de haver uma definição mais fechada em relação a ela. Com isso, além de abarcar todas as hipóteses presentes na CEDH, a ONU também inseriu a figura do apenado como detentora do direito à audiência de custódia.

A mesma diferenciação entre *pessoa presa* e *pessoa detida* foi feita pela CADH, embora não haja especificado quem seria uma e quem seria outra. Uma distinção clara também não foi feita pela CIDH.[98] Coube à sua jurisprudência, de modo fragmentário, ajudar-nos a compreender quem seria o público-alvo da audiência de custódia, ao exigir sua realização quando alguém for privado de sua liberdade, a

---

[97] De acordo com o levantamento feito por De Hoyo Sancho, essas situações seriam: "a) la detención cuya finalidad es hacer efectiva una pena legalmente impuesta por sentencia dictada por un tribunal competente; b) la detención cuya finalidad es lograr el acatamiento de una orden judicial que se ha desobedecido o asegurar el cumplimiento de una obligación establecida por ley; c) la detención cuya finalidad es hacer comparecer a alguien ante la audiencia judicial competente, cuando existan indicios racionales de que ha cometido una infracción o cuando se estime necesario para impedirle que cometa una infracción o que huya después de haberla cometido; d) la detención cuya finalidad es posibilitar el internamiento de un menor en virtud de una orden legalmente acordada con el fin de vigilar su educación, o bien hacerle comparecer ante la autoridad competente; e) la detención cuya finalidad es posibilitar el internamiento, conforme a derecho, de una persona susceptible de propagar una enfermedad contagiosa, de un enajenado, de un alcohólico, de un toxicómano o de un vagabundo; f) la detención cuya finalidad es impedir que una persona entre ilegalmente en el territorio, o bien posibilitar la ejecución de la resolución que ponga fin a un procedimiento de expulsión o extradición en curso" (DE HOYOS SANCHO, Montserrat. El Detenido y sus Derechos en el Convenio Europeo de Derechos Humanos. Aplicaciones al Derecho Procesal Nicaragüense. PEDRAZ PENALVA, Ernesto *et alli* (Directores). *Documentos Penales y Criminológicos*. Managua: Hispamer, 2004. Vol. 2, p. 261-284).

[98] CIDH, Caso López Álvarez vs. Honduras, § 87, Sentença de 1 de fevereiro de 2006.

título de exemplo, por ordem do Ministério Público[99] ou decorrente de prisões em flagrante realizadas pela polícia.[100]

Tudo isso nos leva a concluir que o PLS nº 554, de 2011 – agora convertido no PL 6.620, de 2016 –, disse menos do que deveria dizer, pois o fato de restringir a audiência de custódia à figura do indivíduo preso em flagrante faz com que dela permaneçam excluídas todas aquelas outras pessoas igualmente protegidas pelos textos internacionais já citados.

É preciso, portanto, que o legislador nacional amplie o leque da audiência de custódia para também albergar aquelas pessoas presas em caráter preventivo ou temporário, bem como, aquelas pessoas presas a título de início de cumprimento de pena. Em lugar dessa assertiva causar espanto, lembremos que nossa legislação já previu a possibilidade de contato do juiz com o preso temporário, embora de forma facultativa, mas visando aos mesmos fins.[101] De modo semelhante, há o artigo 287 do CPP, mas igualmente restrito à hipótese nele prevista ("se e a infração for inafiançável, a falta de exibição do mandado não obstará à prisão, e o preso, em tal caso, será imediatamente apresentado ao juiz que tiver expedido o mandado").

Em âmbito internacional, lembremo-nos também da experiência do processo penal alemão – posto ser um exemplo paradigmático de Ordenamento Processual Penal de um Estado de Direito –, uma vez que há muito prevê a apresentação da pessoa presa à autoridade judicial, tanto nos casos de prisão preventiva, quanto de detenção.[102]

Do contrário, a forma como a audiência de custódia está sendo apresentada pelo Poder Legislativo será usada para mascarar o fato de o país seguir desrespeitando os tratados e convenções que ele próprio ratificou, ao menos no que diz respeito às outras formas de privação de liberdade neles mencionadas.

Um passo importante rumo à correção deste mau caminho foi dado pelo CNJ, em sua Resolução nº 213. Embora não apresente uma redação tecnicamente perfeita, seu artigo 1º já faz referência à apre-

---

[99] CIDH, Caso Palamara Iribarne vs. Chile, §§ 154, 204 e 223, Sentença de 23 de novembro de 2005. CIDH, Caso Cabrera García e Montiel Flores vs. México, § 69, Sentença de 26 de novembro de 2010.

[100] CIDH, Caso Acosta Calderón vs. Equador, Sentença de 24 de junho de 2005. CIDH, Caso López Álvarez vs. Honduras, § 64, Sentença de 1 de fevereiro de 2006.

[101] Artigo 2º, § 3º, da Lei nº 7.960/89.

[102] Cfe. KLESCZEWSKI, Diethelm. *Strafprozessrecht*. Ob. cit., p. 63 e 68; SCHROEDER, Friedrich-Christian. *Strafprozessrecht*. 4. Aufl., München: Beck, 2007, p. 101; ROXIN, Claus; SCHÜNEMANN, Bernd. *Strafverfahrensrecht*. Ob. cit., p. 244 e 256; VOLK, Klaus. *Strafprozessrecht*. München: Beck, 2001, p. 48 e 69 e s.; KÜHNE, Hans-Heiner. *Strafprozessrecht*. Ob. cit., p. 272 e 285.

sentação da pessoa presa em flagrante ou apreendida,[103] – ainda que detentora de prerrogativa de foro[104-105] – dando a entender que não só da prisão em flagrante trata aquela resolução. Posteriormente, tal situação fica mais clara, em razão de seu artigo 13, por referir que aquela apresentação também deverá ser assegurada "às pessoas presas em decorrência de cumprimento de mandados de prisão cautelar ou definitiva". Estamos diante, portanto, da necessidade de igualmente os presos preventivos, temporários e que irão dar início ao cumprimento de pena ser apresentados judicialmente.

Mesmo assim, essa resolução deixa em aberto certas peculiaridades atinentes à pessoa a ser apresentada, tais como, a apresentação de adolescentes apreendidos, militares presos, pessoas presas por dívidas de alimentos, em situação migratória e para extradição.

Quanto a tais temas, a CIDH já endereçou suas atenções para tais hipóteses. Assim, por exemplo, em casos envolvendo adolescentes, a Corte entendeu, no caso dos irmãos Landaeta Mejías, que um deles esteve detido aproximadamente durante 38 horas sem ter sido apresentado a um juiz ou autoridade competente em relação a menores de idade, o qual, "à critério da Corte, excede o padrão de colocação à disposição da autoridade competente 'sem demora' aplicável a menores de idade".[106-107] No mesmo sentido, no que diz respeito a pessoas em

---

[103] Art. 1º. Determinar que toda pessoa presa em flagrante delito, independentemente da motivação ou natureza do ato, seja obrigatoriamente apresentada, em até 24 horas da comunicação do flagrante, à autoridade judicial competente, e ouvida sobre as circunstâncias em que se realizou sua prisão ou apreensão.

[104] Art. 1º, § 3º. No caso de prisão em flagrante delito da competência originária de Tribunal, a apresentação do preso poderá ser feita ao Juiz que o Presidente do Tribunal ou relator designar para esse fim.

[105] Apontando a inconstitucionalidade da designação de um juiz para presidir a audiência de custódia nos casos de prisão de pessoa com prerrogativa de foro, encontramos: MELO, Raphael. Audiência de Custódia no Processo Penal. Ob. cit., p. 183. Em sentido contrário, apontando o atendimento "aos ideais de celeridade e economia", encontramos: MARCÃO, Renato. Audiência de Apresentação/Custódia (Resolução CNJ nº 213/2015). *Revista Síntese Direito Penal e Processual Penal*, São Paulo, a. XVIII, nº 103, abr./mai. 2017, p. 197. Por fim, apontando a necessidade de essa designação "ser vista com muitas ressalvas", encontramos: VASCONCELOS, Eneas Romero de. Comentários ao artigo 1º. In: ANDRADE, Mauro Fonseca; ALFLEN, Pablo Rodrigo (orgs.). *Audiência de Custódia*: Comentários à Resolução 213 do Conselho Nacional de Justiça. Porto Alegre: Livraria do Advogado, 2017, p. 36.

[106] CIDH, Caso Hermanos Landaeta Mejías y otros vs. Venezuela, § 178, Sentença de 27 de agosto de 2014.

[107] Certa controvérsia se verifica quanto à manutenção, ou não, da audiência de apresentação do adolescente apreendido em flagrante junto ao Ministério Público. Quanto a essa discussão, indica-se: PAIVA, Caio. *Audiência de Custódia e Processo Penal Brasileiro*. 2ª ed. Ob. cit., p. 96-100. PRIEBE. *Audiência de Custódia no Âmbito da Criança e do Adolescente*. Florianópolis: Habitus, 2017, p. 51-56. MELO, Raphael. *Audiência de Custódia no Processo Penal*. Ob. cit., p. 206-207. DIGIÁCOMO, Murillo José. Breves ponderações sobre a proposta de extensão da "audiência de custódia"

situação migratória[108] e, ainda que não diretamente, a pessoas presas para efeito de extradição.[109]

Por sua vez, em relação aos militares, ninguém menos que o STF determinou sua realização, ante a negativa da Auditoria da 12ª Circunscrição Judiciária Militar de Manaus, Amazonas.[110] Resta uma melhor definição quanto à aplicabilidade da audiência de custódia às pessoas privadas em sua liberdade por conta de dívidas de ordem alimentar, que conta com sua admissibilidade em âmbito doutrinário.[111]

2.3. Objetivos

Quando da proposição do PLS nº 554, de 2011, a justificativa apresentada pelo Senador Antônio Carlos Valadares foi de que a audiência de custódia tem, como finalidade ou objetivo, o resguardo da integridade física e psíquica do indivíduo preso, bem como, "prevenir atos de tortura de qualquer natureza possibilitando o controle efetivo da legalidade da prisão pelo Poder Judiciário" (sic).

Embora a lógica legislativa haja sido pensada apenas para as prisões decorrentes de flagrância, ela guarda consonância com os fundamentos para a criação da Resolução nº 213, do CNJ (ou seja, com os seus *Considerandos*), e com a jurisprudência da CIDH, ao apresentar,

---

para adolescentes acusados da prática de atos infracionais. *Revista Jurídica do Ministério Público do Estado do Paraná*, Curitiba, ano 3, nº 4, p. 133-147, agosto/2016.

[108] CIDH, Caso Vélez Loor vs. Panamá, § 108, Sentença de 23 de novembro de 2010, *in verbis*: "Segundo surge dos fatos e das provas do caso, o senhor Vélez Loor, após sua prisão em Tupiza, foi remetido ou colocado à disposição da Direção de Migração & Naturalização de Darién pela Polícia Nacional [...] A Corte entende que colocar à disposição não necessariamente equivale a levar à presença do Diretor de Migração. Certamente, como ja foi estabelecido, para satisfazer a exigência do artigo 7.5 de ser levado sem demora a um juiz ou outro funcionário autorizado pela lei para exercer funções judiciais, o detido deve comparecer pessoalmente perante a autoridade competente, a qual deve ouvir pessoalmente o detido e valorar todas as explicações que este lhe proporcionar, para decidir se procede à liberação ou à manutenção da privação de liberdade". CIDH, Caso Nadege Dorzema e outros vs. República Dominicana, §§ 137 e 138, Sentença de 24 de outubro de 2012, in verbis: "a Corte nota que a Constituição dominicana de 1994, vigente no momento da detenção analisada, dispunha em seu artigo 8.2.d. que: "[t]oda pessoa privada de sua liberdade será submetida à autoridade judicial competente dentro das quarenta e oito horas de sua detenção ou colocada em liberdade".

[109] CIDH, Caso Wong Ho Wing v. Perú, § 269, Sentença de 20 de junho de 2015. No âmbito europeu, essa questão já foi resolvida pelo TEDH, que se posicionou pela aplicabilidade da audiência de custódia para as prisões destinadas à extradição. Nesse sentido, ver: DE HOYOS SANCHO, Montserrat. *El Detenido y sus Derechos en el Convenio europeo de Derechos Humanos. Aplicaciones al Derecho Nicaraguense*. Ob. cit., p. 261-284.

[110] STF, Reclamação nº 24.536, decisão monocrática, Min. Edson Fachin, j. em 30 de junho de 2016.

[111] PAIVA, Caio. *Audiência de Custódia e Processo Penal Brasileiro*. 2ª ed. Ob. cit., p. 104-105. MELO, Raphael. *Audiência de Custódia no Processo Penal*. Ob. cit., p. 206.

como objetivos da audiência de custódia – embora aplicáveis a todas as formas de privação de liberdade –, prevenir ameaças e maus-tratos (leia-se tortura),[112] bem como, detectar e prevenir prisões e detenções ilegais e arbitrárias.[113] Por essa razão, é extremamente preocupante o viés ideológico dado à audiência de custódia por alguns autores e instituições que vêm-se manifestando favoravelmente à sua pronta implantação.

Em ofício encaminhado à Presidência do Senado Federal, a Associação dos Juízes para a Democracia deixou patente que, na sua visão, esse ato judicial se prestaria à diminuição do uso abusivo das prisões cautelares em nosso país. Isso ocorreria em razão do contato direto do juiz com o preso em flagrante, permitindo-lhe "um melhor conhecimento das circunstâncias da prisão e da real necessidade de mantê-la ou não".[114] Na mesma linha, em parecer apresentado pela Defensoria Pública da União na ação civil pública por ela ajuizada para a implantação da audiência de custódia, chegou-se a equiparar esse ato a um interrogatório *pro libertate*,[115] linha igualmente adotada por quem vê nesse ato uma oportunidade para se reduzir o número de presos provisórios no país, como se ele fizesse parte de um movimento de descarcerização em massa no país.[116]

Como se pode observar, a um só tempo, vem-se tentando pautar a forma de atuação do juiz que venha atuar naquela audiência, como também, redefinir seu papel na fase de investigação. Expliquemos melhor.

Se abusos no decreto de prisões cautelares há em nosso país, não será com a audiência de custódia que eles irão diminuir. Basta lembrar

---

[112] CIDH, Caso "Niños de la Calle" (Villagrán Morales e outros) vs. Guatemala, § 135, Sentença de 19 de novembro de 1999.

[113] CIDH, Caso Bulacio vs. Argentina, § 129, Sentença de 18 de setembro de 2003. CIDH, Caso Tibi vs. Equador, § 114, Sentença de 0 de setembro de 2004. CIDH, Caso Acosta Calderón vs. Equador, § 76, Sentença de 24 de junho de 2005. CIDH, Caso García Asto e Ramírez Rojas vs. Peru, § 19, Sentença de 25 de novembro de 2005. CIDH, Caso López Álvarez vs. Honduras, § 87, Sentença de 01 de fevereiro de 2006. CIDH, Caso Bayarri vs. Argentina, § 63, Sentença de 30 de outubro de 2008. CIDH, Caso Fleury e outros vs. Haiti, § 61, Sentença de 23 de novembro de 2011. CIDH, Caso J. vs. Peru, § 143, Sentença de 27 de novembro de 2013.

[114] ASSOCIAÇÃO DOS JUÍZES PARA A DEMOCRACIA. Ofício. São Paulo, 21 de agosto de 2014.

[115] BADARÓ, Gustavo Henrique Righi Ivahy. *Parecer*. Processo nº 8837-91.2014.4.01.3200. 3ª Vara da Justiça Federal da Seção Judiciária do Amazonas. 2014.

[116] AMARAL, Cláudio do Prado. *Da audiência de custódia em São Paulo*. Ob. cit., p. 5. PRUDENTE, Neemias Moretti. *Lições Preliminares acerca da Audiência de Custódia no Brasil*. Ob. cit., p. 13 e 27. COUTINHO, Jacinto Teles. Audiência de Custódia: Garantia do Direito Internacional Público. *Revista Síntese Direito Penal e Processo Penal*, Porto Alegre, a. XVI, nº 93, ago.-set. 2015, p. 103. LEWANDOWSKI, Ricardo. Audiência de Custódia e o Direito de Defesa. *Revista Magister de Direito Penal e Processo Penal*, Porto Alegre, v. 67, ago./set. 2015, p. 114-115.

que os requisitos permanecem os mesmos para as prisões provisórias, o que nos remete à convicção que cada magistrado possui quanto à necessidade, ou não, de seu decreto. Logo, a audiência de custódia não se presta a abrandar a forma como cada juiz interpreta os requisitos legais para aqueles tipos de prisão cautelar, muito menos, diminuir o contingente de presos provisórios que temos no país.[117] Em suma, há um intento de distorção ideológica do juiz com atuação nesse ato, a exemplo do que já foi alertado em relação a outro projeto de lei – o projeto de novo CPP –, com a proposição do nome *juiz das garantias* ao magistrado com atuação exclusiva na fase de investigação.[118]

Por outro lado, o "melhor conhecimento das circunstâncias da prisão e da real necessidade de mantê-la ou não", tal como afirmado

---

[117] Em âmbito doutrinário, ninguém melhor que Gustavo Noronha de Ávila e Alexis Andreus Gama abordou os verdadeiros motivos de se invocar a redução da massa carcerária para justificar a implantação da audiência de custódia, sob o falso argumento de proteção aos direitos humanos. Nas exatas palavras daqueles autores, "Apesar dos objetivos claramente humanitários declarados no Pacto de São José da Costa Rica, é possível afirmar que o sistema penal brasileiro não vira motivos econômicos ou políticos para a materialização das audiências de custódia até o momento. Não surpreende, assim pensando, que o objetivo principal dos atuais projetos de regulamentação da audiência de custódia nos Estados seja a redução da superlotação carcerária brasileira, bem como a diminuição da ocorrência de prisões provisórias. Dito de outra forma: ao invés de fundamentar as audiências de custódia na inalienável defesa do direito ambulatorial do indivíduo frente ao Estado, vê-se nelas uma alternativa para dois fenômenos política e economicamente custosos: a superlotação dos presídios e o absurdo número de presos provisórios no País. (...) É nesse contexto que o sistema judiciário agora volta os olhos para as audiências de custódia. Sua implantação é uma medida adaptativa para controlar os custos político-econômicos de um ilegalismo estatal ainda maior que o desrespeito ao Pacto de São José da Costa Rica: a superlotação carcerária. De todo modo, evidencia-se que os reais motivos e objetivos que movem os projetos do sistema penal continuam distantes dos princípios humanitários declarados oficialmente. A resistência a sua implantação, em que pesem qualificadas vozes favoráveis à imediata efetivação a sua implantação, é a prova inequívoca disto" (GAMA, Alexis Andreus; ÁVILA, Gustavo Noronha de. A Resistência à Audiência de Custódia no Brasil: Sintoma de Ilegalismo. *Revista Síntese Direito Penal e Processo Penal*, Porto Alegre, a. XVI, nº 93, ago.-set. 2015, p. 64-65).

[118] Em relação a essa situação, já se esclareceu que: "Partindo do pressuposto de que todas as palavras são símbolos, Robert J. Sternberg esclarece que pode haver o que chama de arbitrariedade simbólica, ou seja, a própria linguagem se encarrega de estabelecer uma relação arbitrária entre determinado símbolo e seu referente. A palavra-símbolo é vista como algo que representa, indica ou sugere alguma outra coisa. Trazendo esse referencial teórico para nossa realidade, o nome juiz das garantias poderia criar uma representação mental – seja nele próprio, seja nos demais operadores do direito – de que a atuação desse magistrado estaria voltada à proteção exclusiva dos interesses do investigado. Com isso, o juiz da fase de investigação não estaria sendo moldado para cingir-se à estrita observação dos requisitos legais para a concessão de alguma medida cautelar. O Estado-juiz passaria, fruto de um discurso subliminar pelo simbolismo, a encarar o Estado-perseguidor como violador por excelência das normas constitucionais, pois somente este pode ser o violador das garantias que são objeto da proteção por parte daquele magistrado. Pronto! O discurso da fragilidade está feito, difundido e legislado, e o juiz se vê induzido a superproteger os interesses de um dos lados da relação que surge na fase de investigação criminal. É por isso que Gomes, corretamente, afirma que 'a impressão que se colhe é que se pretende arrancar desse juiz o compromisso de garantir com preferência o interesse individual do investigado, em qualquer circunstância'. E arremata: 'a conjugação dos termos 'juiz das garantias' no contexto exposto se apresenta como pura ideologia" (ANDRADE, Mauro Fonseca. *Juiz das Garantias*. Ob. cit., p. 122-123).

pela Associação dos Juízes para a Democracia, somente poderá ocorrer com uma mudança radical no papel a ser exercido pelo juiz na fase de investigação. Se a real necessidade do decreto de prisão cautelar passar, como se disse, pelo "melhor conhecimento das circunstâncias da prisão", obrigatoriamente o juiz terá que se envolver na perquirição do fato praticado, o que o transformaria em *juiz investigador*, ou, numa linguagem mais técnica, em um *juiz-instrutor*.

Com isso, o que aquela associação está a propor – muito provavelmente, sem saber – é um giro sistêmico, já que a figura do juiz-instrutor é incompatível com o sistema acusatório, visto que ela só se faz presente no sistema misto, do qual, na atualidade, um dos últimos seguidores é o direito espanhol.[119]

Ao fim e ao cabo, é preciso não perder de vista os reais objetivos da audiência de custódia – muito bem apresentados no PLS nº 554, de 2011, e pela Resolução nº 213, do CNJ –, por mais que *terceiros interessados* busquem dar a ela um viés ideológico, de forma a limitar a atuação judicial e transformar o juiz brasileiro em uma figura em franco declínio no direito continental.

O que se poderia questionar é a finalidade a ser atingida com a apresentação judicial dos presos cautelares e que iniciariam o cumprimento da pena transitada em julgado, uma vez que, contra eles, já existe uma decisão judicial determinando a privação de sua liberdade, seja a título precário ou definitivo.

No que diz respeito à apresentação dos sujeitos presos cautelarmente, a apresentação deverá ser realizada, segundo a Resolução nº 213, do CNJ, "à autoridade judicial que determinou a expedição da ordem de custódia ou, nos casos em que forem cumpridos fora da jurisdição do juiz processante, à autoridade judicial competente, conforme lei de organização judiciária local" (parágrafo único do artigo 13). Assim o é para que a autoridade judicial emissora da decisão de cunho cautelar possa averiguar a necessidade da manutenção do decreto prisional já emitido,[120] pois, entre a data da decisão e a data de seu efetivo cumprimento, as situações fáticas determinantes do decreto prisional poderão haver mudado. Nada mais seria, portanto, que dar efetividade ao § 5º do artigo 282 do CPP.[121] Além disso, também se poderá

---

[119] Ainda assim, discute-se na Espanha os termos do projeto de novo CPP, apresentado em 2013, onde o Ministério Público passaria a ser o encarregado da investigação criminal, extinguindo-se, dessa forma, a figura do *juez instructor*.

[120] PAIVA, Caio. *Audiência de Custódia e Processo Penal Brasileiro*, p. 92.

[121] Artigo 282, § 2º, CPP. O juiz poderá revogar a medida cautelar ou substituí-la quando verificar a falta de motivo para que subsista, bem como voltar a decretá-la, se sobrevierem razões que a justifiquem.

averiguar: a) a ocorrência de algum tipo de violência por ventura praticada contra o sujeito apresentado, durante a efetivação de sua prisão cautelar por parte das autoridades públicas encarregadas do ato; b) a correta identidade do sujeito apresentado, de modo a confirmar que ele é realmente a pessoa contra quem foi expedida a ordem de prisão; e c) se não se encontra extinta a punibilidade daquele sujeito.

Em sentido semelhante vai a apresentação de quem teve, contra si, a expedição de mandado de prisão definitiva. Como bem destacado pela doutrina chilena, a audiência de custódia prestar-se-á, entre outros objetivos: a) a que o sujeito apresentado informe como foi efetuada sua prisão pelas autoridades públicas; b) a averiguar a incidência da prescrição da pena, nas hipóteses em que a prisão veio a se concretizar após longo tempo da condenação; e c) para que o juízo confira a plena correspondência entre a identidade da pessoa apresentada com a identidade da pessoa que deverá dar início ao cumprimento da pena já imposta.[122]

Seja a que título houver ocorrido a privação da liberdade do sujeito a ser apresentado ao juiz, bem se vê que a audiência de custódia sempre apresentará uma razão mais que justificada para sua realização, e com a urgência que os textos internacionais exigem.

2.4. Forma da apresentação

2.4.1. Apresentação pessoal

Uma das características da audiência de custódia – em razão da forma como aparece disciplinada nos textos internacionais que lhe dão suporte – é o fato de o indivíduo preso ou detido dever ter contato direto e pessoal com a figura de um juiz ou outra autoridade. No mesmo sentido seguiram os projetos de lei existentes, os atos administrativos emitidos pelas Cortes estaduais e a própria Resolução nº 213, do CNJ, abrindo-se, assim, o debate legislativo sobre a real necessidade de os fins por ela perseguidos só se concretizarem com a apresentação pessoal do preso ou detido a uma daquelas autoridades.

Forte crítica à necessidade dessa apresentação pessoal, no entanto, é encabeçada pelas entidades representativas da polícia judiciária. Segundo elas, os órgãos de segurança pública não dispõem de recursos financeiros, humanos e estruturais para dar conta da nova

---

[122] ARIAS VICENCIO, Cristián. El Control Jurisdiccional de la Detención. *REJ – Revista de Estudios de la Justicia*, Santiago de Chile, nº 6, 2005, p. 245-246.

demanda. Mais claramente, sustenta-se a ausência de pessoal, viaturas e até combustível para dar conta dos constantes deslocamentos a serem realizados em cidades de médio e grande porte, que ocorrerão pela manhã, tarde, noite e madrugada, a fim de que seja oportunizado tal contato pessoal.

Em rebate a essa posição, Choukr é franco ao reconhecer que grandes centros necessitarão incorporar uma estrutura que hoje não existe. Entretanto, este mesmo autor igualmente aponta a falta de estrutura como uma escusa que vem acompanhando o processo penal brasileiro desde a entrada em vigor do atual CPP. Segundo ele, o problema reside na falta ou incapacidade de gestão do Poder Público, que sequer se mostraria interessado "com a montagem de uma estrutura – obviamente necessária ao menos nos grandes centros – para dar cumprimento ao quanto vier a ser legislado".[123] A título de exemplo, Choukr cita a Lei 7.960/1989, que, em seu artigo 2º, § 3º, traz a facultatividade da apresentação do preso temporário ao juiz, o que nunca se verificou na prática, justamente sob a invocação da falta de estrutura para tanto.

Se nos detivermos à forma como a CIDH vem interpretando essa apresentação pessoal, dar-nos-emos conta de que o argumento da falta de estrutura deve ser superado em nosso país, sob pena de o Brasil passar a figurar constantemente nos acórdãos daquela Corte, ao menos quando o tema em discussão disser respeito à audiência de custódia.

Dentre os motivos invocados pela CIDH para que o juiz ou outra autoridade ouça pessoalmente o preso ou detido, temos o fato de que, só com a apresentação pessoal, poderão ser valoradas *"todas las explicaciones que éste le proporcione, para decidir si procede la liberación o el mantenimiento de la privación de libertad"*. E arremata, afirmando que *"lo contrario equivaldría a despojar de toda efectividad el control judicial dispuesto en el artículo 7.5 de la Convención"*.[124] Não por outro motivo, a audiência de custódia vem, corretamente, sendo considerada como "uma relevantíssima hipótese de acesso à *jurisdição penal*".[125] ou de acesso à justiça.[126]

---

[123] CHOUKR, Fauzi Hassan. PL 554/2011 e a necessária (e lenta) adaptação do processo penal brasileiro à convenção americana dos direitos do homem. *Boletim IBCCrim*. São Paulo, nº 254, jan./2014, p. 2.

[124] CIDH, Caso Bayarri vs. Argentina, § 65, Sentença de 30 de outubro de 2008. No mesmo sentido: CIDH, Caso Chaparro Álvarez y Lapo Iñiguez vs. Equador, § 85, Sentença de 21 de novembro de 2007.

[125] PAIVA, Caio. *Audiência de Custódia e Processo Penal Brasileiro*. 2ª ed. Ob. cit., p. 41.

[126] LEWANDOWSKI, Ricardo. *Audiência de Custódia e o Direito de Defesa*. Ob. cit., p. 115.

Esse entendimento faz com que alguns mecanismos de controle já existentes em nosso país, sobre os quais a parca estrutura policial foi assentada, não sirvam de justificativa para a refutação da plena incorporação da audiência de custódia no Brasil. É o caso da comunicação imediata da prisão ao juiz (conforme determina o artigo 5°, inciso LXII, da CF) e da própria remessa do auto de prisão em flagrante para que um juiz possa averiguar a legalidade da prisão efetuada e do procedimento realizado, mecanismos que, até a publicação da Resolução n° 213, do CNJ, constantemente vinham sendo invocados pelos Tribunais nacionais para rechaçarem a aplicabilidade da audiência de custódia nas hipóteses que lhes chegavam ao conhecimento.

Refutando ambas as hipóteses como exceções à necessidade da apresentação pessoal, a CIDH já deixou patente que *"el hecho de que un juez tenga conocimiento de la causa o le sea remitido el informe policial correspondiente, como alegó el Estado, no satisface esa garantia, ya que el detenido debe comparecer personalmente ante el juez o autoridad competente"*.[127] Com isso, o que fez a CIDH foi consagrar – inclusive, de forma expressa[128] – o princípio da imediação para a audiência de custódia.

Ora, como bem se sabe, o princípio da imediação é um dos componentes do princípio da oralidade, que também é formado pelos princípios da identidade física do juiz, celeridade e concentração de atos.[129] [130] Com isso, o que diz a CIDH é que a decisão sobre os focos de

---

[127] CIDH, Caso Tibi vs. Equador, § 118, Sentença de 07 de setembro de 2004. No mesmo sentido: CIDH, Caso Acosta Calderón vs. Equador, § 77, Sentença de 24 de julho de 2005. CIDH, Caso Palamara Iribarne vs. Chile, § 221, Sentença de 22 de novembro de 2005.

[128] CIDH, Caso Tibi vs. Equador, § 118, Sentença de 07 de setembro de 2004. CIDH, Caso Acosta Calderón vs. Equador, § 78, Sentença de 24 de junho de 2005.

[129] ANDRADE, Mauro Fonseca. *Sistemas Processuais Penais e seus Princípios Reitores*. 2ª ed. Curitiba: Juruá, 2013, p. 151.

[130] Nesse sentido, compare: VALE, Ionilton Pereira do. *Princípios Constitucionais do Processo Penal, na visão do Supremo Tribunal Federal*. São Paulo: Gen | Método, 2009, p. 272 e ss. Mais recentemente, neste mesmo sentido e, sobretudo, ressaltando as máximas da concentração, identidade física e celeridade, compare: KÜHNE, Hans-Heiner. *Strafprozessrecht. Eine systematische Darstellung des deutschen und europäischen Strafverfahrensrechts*. Ob. cit., p. 427. Por muito tempo, discutiu-se na doutrina alemã se o princípio da oralidade era típica expressão do processo acusatório ou se também era aplicado no processo inquisitivo. No primeiro sentido, compare: MITTERMAIER, Carl Joseph Anton. *Die Mündlichkeit, das Anklageprinzip, die Oeffentlichkeit und das Geschwornengericht*. Tübingen: Gotta'scher Verlag, 1845, p. 245: "de acordo com o espírito do processo acusatório, que tem por fundamento o processo penal romano e germânico, na audiência realizada entre o acusador e o acusado estava a alma do juiz sentenciante, por assim dizer, o campo de batalha, no qual ambas as partes travavam a sua disputa, na medida em que procuravam convencer o juiz por meio das provas por eles apresentadas e das explanações acerca da verdade de suas afirmações". No segundo sentido, referindo ser o princípio empregado também no processo inquisitivo, compare: SCHMIDT, Eberhard. *Lehrkommentar zur Strafprozessordnung. Teil I: Die rechtstheoretischen und die rechtspolitischen Grundlagen des Strafverfahrensrechts*, Göttingen: Vandenhoeck & Ruprecht, 1952, p. 184 e ss., inclusive, citando Zachariä, o qual referia que "o fato de tanto o princípio inquisitivo quanto o acusatório estabelecerem

atenção (ou seja, os objetivos) da audiência de custódia deverá se dar a partir do material oral (princípio da oralidade) apresentado pessoalmente ao juiz (princípio da imediação), pois se pretende que o magistrado tenha todas as condições de ser o melhor julgador possível em relação aos temas a serem discutidos naquele momento (princípio da identidade física do juiz). Do contrário, o que teremos será a incidência do princípio da escritura sobre a decisão judicial, em franco declínio no direito processual penal desde o século passado.

2.4.2. Apresentação por videoconferência

Fixados os motivos pelos quais se optou pela incidência, como regra, do princípio da imediação, abriu-se uma segunda linha crítica, especialmente, às primeiras redações dadas ao, então, PLS n° 554, de 2011, a partir de proposta apresentada ao Senado Federal, pelo Gabinete da Presidência do Tribunal de Justiça do Estado do Rio de Janeiro, de realização da audiência de custódia por meio de videoconferência. Ou seja, deveria o princípio da imediação ser somente entendido em caráter absoluto ou haveria a possibilidade de ser relativizado em determinadas situações?

Os críticos de plantão poderiam dizer que essa discussão não passa de um preciosismo, já que poucos seriam os casos em que se verificaria a necessidade de realização de videoconferência, como forma de dar plena execução à audiência de custódia. No entanto, ao tempo em que ainda vigoravam as regulamentações dos Tribunais locais, a resolução emitida pelo Tribunal de Justiça do Maranhão esteve em desacordo com outras, em especial, àquela emitida pelo Poder Judiciário de São Paulo.

Isso porque, a resolução do Poder Judiciário do Maranhão autorizava a realização do que chamou de *teleaudiência* (artigo 3°, § 2°), ao passo que a resolução paulista – ainda que não a tivesse vedado expressamente – previu a dispensa de apresentação do preso, "quando circunstâncias pessoais, descritas pela autoridade policial no auto de prisão em flagrante, assim justificarem" (artigo 3°, § 2°). Quanto à Resolução n° 213, do CNJ, sua redação atual é completamente omissa na abordagem a esta questão.

É bem verdade que a jurisprudência da CIDH se estabeleceu no sentido de que a apresentação do preso ou detido deve ser pessoal. No

---

a exigência de oralidade ou imediação, é em todo caso de grande significância". Compare: ZACHARIÄ, Heinrich Albert. *Die Gebrechen und die Reform des deutschen Strafverfahrens*. Göttingen: Dieterichschen Buchhandlung, 1846, p. 61.

entanto, também é verdade que, dentre as decisões existentes, nenhuma delas examinou a realização da audiência de custódia por meio de videoconferência, de modo a permitir que aquela Corte se posicionasse pela flexibilização, ou não, do princípio da imediação.

Paralelamente, o TEDH teve a oportunidade de se manifestar favoravelmente ao comparecimento do juiz em um hospital onde a pessoa presa ou detida se encontrava – situação em nada rara nos autos de prisão em flagrante envolvendo crimes violentos –, como forma de reforçar a importância do princípio da imediação para aquele ato, e que o contato pessoal do sujeito preso com o juiz deve ser levado a sério e buscado de forma incansável.[131]

No mesmo sentido foi a Resolução nº 213, do CNJ, ao prever a necessidade de este contato ocorrer, mesmo que o sujeito preso esteja hospitalizado ou houver alguma circunstância que impeça o deslocamento deste à presença do juiz competente.[132] Com isso, aquela Corte e o CNJ reconheceram a possibilidade de inversão da lógica da audiência de custódia em casos excepcionais, onde a apresentação é do juiz ao sujeito preso, de modo a preservar a necessidade de imediação para aquele ato e de um direito assegurado por diversos textos internacionais.[133]

Dito isso, os argumentos apresentados pelo Gabinete da Presidência do Tribunal de Justiça do Estado do Rio de Janeiro são por demais respeitáveis: a) diminuição da circulação de presos nas ruas e nas dependências do Poder Judiciário; b) preservação da segurança

---

[131] TEDH, Caso Egmez vs. Chipre, § 90, Sentença de 21 de dezembro de 2000.

[132] Artigo 1º, § 4º. Estando a pessoa presa acometida de grave enfermidade, ou havendo circunstância comprovadamente excepcional que a impossibilite de ser apresentada ao juiz no prazo do *caput*, deverá ser assegurada a realização da audiência no local em que ela se encontre e, nos casos em que o deslocamento se mostre inviável, deverá ser providenciada a condução para a audiência de custódia imediatamente após restabelecida sua condição de saúde ou de apresentação.

[133] Caso realmente venha a ser respeitada tal previsão pelos juízes encarregados das audiências de custódia, passará a ser possível ouvir os sujeitos que se envolveram em confronto armado com as forças de segurança pública ou, então, que foram alvo de agressão por parte de populares ou das suas próprias vítimas. Entretanto, para que isso ocorra, é necessário que seja construído um novo perfil de magistrados, realmente preocupados de dar efetividade ao conteúdo dos textos internacionais voltados à proteção dos direitos humanos, deixando de lado o comodismo de seguir atuando somente em gabinete. Neste sentido, colacionamos a primeira decisão judicial de 1º grau que negou vigência ao § 4º do artigo 1º da Resolução nº 213, do CNJ, em postulação apresentada conjuntamente pelo Ministério Público e Defensoria Pública, e que envolveu sujeito que estava hospitalizado por haver sofrido agressões por parte de populares quando de sua prisão em flagrante. Diz o trecho da decisão: "Por outra parte, quando receber alta médica, pode-se determinar oportunamente a realização da audiência de custódia. Não há porque a autoridade judiciária deslocar-se ao nosocômio para esse fim, em irreal aplicação da lei processual penal" (Poder Judiciário do Rio Grande do Sul. Comarca de Porto Alegre. Auto de Prisão em Flagrante. Expediente nº 001/2.16.011072-8. Juiz de Direito Luciano André Losekann, decisão proferida em gabinete em 09 de fevereiro de 2016).

pública, dos juízes e do preso; e c) com a adoção da videoconferência já regulada pela legislação brasileira, houve uma redução na ordem de 40% de circulação de presos pela cidade do Rio de Janeiro. Embora apresentados nas primeiras versões dadas ao PLS nº 554, de 2011, tais argumentos foram acolhidos pelo PL nº 470, de 2015, que previu a facultatividade da videoconferência, ainda que sem fazer referência às situações em que ela seria admissível.

Partindo-se de uma análise meramente histórica, não há como negar que a CADH foi criada em uma época muito distinta da verificada hoje, onde a criminalidade apresenta um perfil completamente diferente daquele existente no final da década de sessenta do século passado. Naquela época, não tínhamos notícia de juízes e membros do Ministério Público sendo mortos pelo crime organizado, tampouco notícia de resgate de presos, seja no trajeto até os locais onde deveriam comparecer, seja no interior dos próprios fóruns de nosso país. Por isso, a uma certeza é possível chegar: a CADH e todos os demais textos internacionais que tratam da audiência de custódia foram gestados a partir de uma realidade focada na criminalidade comum, e não na criminalidade a que as sociedades de praticamente todo o mundo estão sujeitas na atualidade.

Se a vida nos grandes centros brasileiros aponta para essa dura realidade, outro fator, menos focado em questões de ordem prática, faz-nos ver não só a necessidade de adoção da videoconferência para a audiência de custódia, senão também, o equívoco cometido em ser refutada pelos Tribunais que aderiram ao projeto-piloto e pela própria resolução publicada pelo CNJ.

Como se sabe, a videoconferência foi incorporada ao nosso CPP no ano de 2009, de modo a criar uma exceção à incidência do princípio da imediação. Assim, diante das hipóteses elencadas no § 2º do artigo 185 daquele Código, abriu-se a possibilidade de o interrogatório do réu ser realizado por videoconferência "ou outro recurso tecnológico de transmissão de sons e imagens em tempo real", sempre que houver risco à segurança pública, relevante dificuldade de comparecimento do réu à audiência, possibilidade de influência de um réu sobre o outro ou gravíssima questão de ordem pública.

Em outra leitura, partindo-se do pressuposto de que a audiência de custódia nada mais é do que um ato voltado ao atendimento dos objetivos já mencionados, chegaremos a duas conclusões constrangedoras, obtidas em razão do rechaço à possibilidade de utilização de videoconferência para aquela oportunidade.

A primeira nos levaria a considerar que, no Brasil, o legislador admite a relativização do princípio da imediação somente para um momento mais gravoso aos interesses do sujeito passivo da persecução penal, inadmitindo-a para um momento destinado a avaliar sua situação prisional cautelar. Noutros termos, autorizada está a relativização desse princípio somente em ato que pode levar à condenação ou absolvição do réu (audiência de interrogatório), mas, no que diz respeito ao ato que se restringe a simplesmente averiguar a legalidade de sua prisão e incidência, ou não, de alguma cautelar pessoal (audiência de custódia), aquele mesmo princípio deve ser interpretado de forma absoluta.

A segunda diria respeito às hipóteses autorizadoras da videoconferência somente passarem a existir após a instauração do processo de conhecimento, pois questões relacionadas à preservação da segurança e ordem públicas estariam ausentes do foco de interesses a se preservar quando da realização da audiência de custódia. Olvida-se, claramente, o fato de o momento mais tenso da persecução penal primária (fase de investigação) ser, justamente, aquele em que alguém é preso em situação de flagrância, sobretudo, quando o crime flagrado tem relação com a criminalidade organizada, o que torna o deslocamento do preso ainda mais perigoso.

Por razões como estas, não vemos motivo algum para que a audiência de custódia não possa ser realizada mediante videoconferência. Ao contrário, a manutenção da própria lógica e coerência do processo penal brasileiro passa pela necessidade de criar uma hipótese de exceção à incidência absoluta do princípio da imediação naquele ato processual.[134] Para que seja mantida a coerência com a legislação já

---

[134] Aqui, cabe uma observação necessária à crítica feita por Caio Paiva aos argumentos acima apresentados, que fizeram parte da edição anterior de nossa obra, novamente mantidos na presente edição. O jovem autor reputou "equivocado o raciocínio" por nós desenvolvido, afirmando que "O constrangimento a que se referem os autores é apenas aparente" (PAIVA, Caio. *Audiência de Custódia e Processo Penal Brasileiro*. 2ª ed. Ob. cit., p. 109). Segundo sua visão, nossa posição haveria desconsiderado "por completo o principal fator que inviabiliza a realização da audiência de custódia por videoconferência: a prevenção de maus tratos, violência ou tortura eventualmente praticados por policiais contra a pessoa presa no momento da prisão ou imediatamente após a sua efetivação" (PAIVA, Caio. *Audiência de Custódia e Processo Penal Brasileiro*. 2ª ed. Ob. cit., p. 110). Acrescenta ele, inclusive, que nossa segunda conclusão "contradiz a primeira", na medida em que, se a prisão em flagrante é considerada, como dissemos, o momento mais tenso da persecução penal primária, "esta constatação deve justamente ensejar a que se envide todos os esforços para realizar a audiência de custódia presencialmente, pois esta tensão da fase investigativa pode criar um ambiente de vulnerabilidade acentuada da pessoa presa" (PAIVA, Caio. *Audiência de Custódia e Processo Penal Brasileiro*. 2ª ed. Ob. cit., p. 110). Feito esse registro, o que bem se vê da crítica feita é que ela foi fruto de uma leitura recortada do que foi por nós exposto na edição anterior. De modo mais claro, tal crítica se ateve, basicamente, à nossa proposição de admissibilidade da videoconferência na audiência de custódia, não repassando ao leitor toda a argumentação apresentada anteriormente, que justifica a posição por nós assumida. Aparentemente, o que se fez foi a *crítica pela crítica*, pois nunca defendemos a generalização da videoconferência para a audiência de custódia, senão àquelas hipóteses excepcionais já elencadas em nossa legislação, e que albergam absolutamente todas as situações que invocamos para justificá-la. Essa crítica *desnecessária* se faz notar na própria conclusão apresentada por aquele autor, quando afirma, a título conclusivo,

existente, tal exceção poderia ocorrer sempre que incidentes os mesmos requisitos hoje presentes para a realização do interrogatório do acusado no processo de conhecimento já instaurado.[135]

Quiçá por haver se convencido da plausibilidade dos argumentos acima invocados, a versão última do PLS nº 554, de 2011, previu a possibilidade de realização da audiência de custódia por videoconferência, sem referir-se, contudo, às hipóteses autorizadoras já existentes em nossa legislação. O que fez aquele projeto foi deixar à livre avaliação judicial quanto à realização do ato por videoconferência, desde que se verifique a impossibilidade da apresentação pessoal da pessoa privada em sua liberdade ao juiz.[136]

2.5. Prazo da apresentação

Para que os objetivos da audiência de custódia possam ser atingidos, a apresentação da pessoa presa ou detida não pode levar muito tempo. Só assim poder-se-ia evitar a incidência ou agravamento de possíveis agressões a quem for preso ou detido,[137] ou, então, que as marcas deixadas por elas se apaguem com o transcurso de um lapso temporal mais dilatado, o que proporcionaria a impunidade dos eventuais agressores. Da mesma forma, evitar-se-ia o prolongamento de uma prisão que, já na origem ou ao longo de sua formalização, configurou-se ilegal.

---

que a videoconferência seria admitida "em hipóteses excepcionais e justificadas, notadamente quando a condução do preso implicar em risco para a segurança", desde que haja uma "justificativa concreta e fundamentada" (PAIVA, Caio. *Audiência de Custódia e Processo Penal Brasileiro*. 2ª ed. Ob. cit., p. 110), olvidando-se que o "risco à segurança" foi justamente o fundamento por nós apresentado, e que a *fundamentação*, a partir de uma situação em concreto, é o que exige não só o § 2º do artigo 185 do CPP, senão a própria Constituição Federal.

[135] Em idêntico sentido, encontramos: LIMA, Renato Brasileiro de. *Manual de Processo Penal*. 4ª ed. Salvador: JusPodium, 2016, p. 928. OLIVEIRA, Eugênio Pacelli de; FISCHER, Douglas. *Comentários ao Código de Processo Penal e sua Jurisprudência*. 8ª ed. São Paulo: Atlas, 2016, p. 678. MELO, Raphael. *Audiência de Custódia no Processo Penal*. Ob. cit., p. 221.

[136] Art. 306, § 11 (redação proposta). Excepcionalmente, por decisão fundamentada do juiz e ante a impossibilidade de apresentação pessoal do preso, a audiência de custódia poderá ser realizada por meio de sistema de videoconferência ou de outro recurso tecnológico de transmissão de som e imagem em tempo real, respeitado o prazo estipulado no § 10.

[137] Descrevendo o impacto positivo que a apresentação judicial do sujeito teve sobre a realidade chilena, Cristián Arias Vincencio afirma que "En el *Informe Anual sobre Derechos Humanos en Chile 2005, Hechos de 2004*, elaborado y publicado por la Facultad de Derecho de la Universidad Diego Portales, se señala que *la mayoría de los actores del sistema penal entrevistados coinciden en que uno de los factores principales que ha impactado en la disminución de los abusos a imputados por parte de los agentes de la policía radica en la audiencia de control de la detención* (p. 196)" (ob. cit., p. 225, nota de pé 1). Embora ainda estejamos em um estágio inicial da aplicação da audiência de custódia no Brasil, nenhuma pesquisa foi apresentada sobre essa situação até o momento.

Ainda que esta seja a lógica dos textos internacionais que a instituíram, nenhum deles estabeleceu um prazo certo e determinado para que tal apresentação se concretizasse. Ao contrário, todos eles usaram expressões de significado vago, à hora de delimitarem o tempo em que essa apresentação deveria ocorrer. No que diz respeito à nossa realidade, a tradução que o Estado brasileiro empregou para expressar o limite temporal referido tanto no artigo 9,3 do PIDCP como no artigo 7,5 da CADH e no artigo XI da CIDFP foi "sem demora".

A ausência de um prazo estabelecido *a priori* pelos textos internacionais fez com que cada país em particular, se assim julgasse pertinente, especificasse o tempo em que a apresentação deveria ocorrer. A título de exemplo, a Constituição da Guatemala (artigo 6º) prevê essa apresentação em prazo não superior a 6 horas, ao passo que o CPP do Chile (artigos 131 a 132) prevê o prazo de 24h. Por sua vez, a Constituição do Haiti (artigo 26), a Constituição da Nicarágua (artigo 33.2), a Constituição do México (artigo 16), a Constituição da África do Sul (artigo 35.1, letra *d*) e a Constituição de Portugal (artigo 28.1) estabelecem o prazo máximo de 48 horas, mesmo lapso presente no CPP do Equador (artigo 173). Estabelecendo um prazo mais dilatado, a Constituição da Espanha fixa um prazo de 72 horas para essa apresentação, mesmo prazo fixado pelo CPP da Suécia (Capítulo 24, Seção 12, 1º parágrafo).

Por outro lado, quanto aos países sujeitos à jurisdição da CIDH e que não estabeleceram tal prazo[138] ou que vieram a descumpri-lo, esta Corte seguiu a mesma lógica adotada pelo TEDH[139] e pelo Comitê de Direitos Humanos da ONU, em parecer adotado a partir de 24 de março de 2000.[140] Especificamente, definiu-se que a rapidez na apresentação do preso ou detido deveria ser interpretada "conforme las características especiales de cada caso", mas também advertiu que, por mais grave que seja o fato praticado pelo indivíduo preso, nenhuma situação "otorga a las autoridades la potestad de prolongar indebidamente el período de detención".[141]

---

[138] Este é o caso da Argentina, que, seu atual *CPP de La Nación* (promulgado no final do ano de 2014), deixou de fixar expressamente esse prazo (artigo 60, *a*). Com isso, houve uma alteração no entendimento de que haveria necessidade de fixação de um prazo certo para a apresentação do preso a um juiz, tal como adotado em seu anterior *CPP de la Nación*, que estabelecia um prazo não superior a 06 horas (artigo 286).

[139] CASAL, Jesús María. In: *Convención Americana sobre Derechos Humanos – Comentario*. Fundación Bogotá / Colômbia: Konrad Adenauer, 2014, p. 198. Por todos os julgados, citamos: TEDH, Caso Brogan and Others vs. Inglaterra, §§ 58-59 e 61-62, Sentença de 23 de março de 1988.

[140] ONU. M. Freemantle vs. Jamaica. Comunicación nº 625/1995, U.N. Doc. CCPR/C/68/D/625/1995 (2000).

[141] CIDH, Caso Tibi vs. Equador, § 115, Sentença de 07 de setembro de 2004. No mesmo sentido, CIDH, Caso Maritza Urrutia vs. Guatemala, § 73, Sentença de 27 de novembro de 2003. CIDH,

De forma peculiar, a Lei Fundamental alemã não estabelece um prazo fixo em horas, mas sim, determina que o preso seja apresentado ao juiz, "o mais tardar no dia seguinte após a sua captura" (artigo 104, alíneas 2 e 3).[142] Ademais, o ordenamento processual penal alemão impõe a apresentação, em qualquer caso, da pessoa capturada, seja ela presa (prisão preventiva) ou detida (detenção provisória), à autoridade judiciária.[143]

Assim, em unissonância com a determinação constitucional, o StPO dispõe, no § 115a, 1,[144] que, se a *prisão* foi determinada por ordem judicial (prisão preventiva) e a pessoa presa não puder ser levada sem demora [*unverzüglich*] ao *tribunal* competente (que emitiu a ordem de prisão), ela deve ser apresentada o mais tardar no dia seguinte à captura, *ao juiz* de primeira instância mais próximo. Em se tratando de *detenção*, ou seja, supressão da liberdade em caráter provisório sem ordem judicial (flagrante delito), dispõe o § 128 do StPO que a pessoa detida deve ser apresentada sem demora [*unverzüglich*], o mais tardar no dia seguinte à detenção, ao juiz de primeira instância (*Amtsgericht*) da região na qual a pessoa foi detida.[145] A doutrina alemã esclarece, no entanto, que a expressão "'sem demora' [*unverzüglich*] não deve ser equiparada a 'imediatamente' [*sofort*], senão significa somente sem atrasos injustificados".[146] Logo, a pessoa detida deve ser apresentada

---

Caso Acosta Calderón vs. Equador, § 77, Sentença de 24 de junho de 2005. Caso Juan Humberto Sánchez vs. Honduras, § 84, Sentença de 23 de novembro de 2003. CIDH, Caso J. vs. Peru, § 144, Sentença de 27 de novembro de 2013.

[142] Assim dispõe o citado artigo da GG: art. 104 [...] "(2) Somente o juiz pode decidir sobre a admissibilidade e a duração de uma privação da liberdade. Em qualquer caso de privação da liberdade não baseada em ordem judicial, deve-se proferir imediatamente uma decisão judicial. Por iniciativa própria a polícia não pode manter ninguém sob sua custódia por período maior do que até o final do dia posterior à captura. (3) Toda pessoa detida provisoriamente sob suspeita da prática de uma conduta punível deve ser apresentada, o mais tardar no dia seguinte após ser detida, ao juiz, o qual deve comunicá-la das razões da detenção, ouvi-la e dar-lhe oportunidade de fazer objeções".

[143] ROXIN, Claus; SCHÜNEMANN, Bernd. *Strafverfahrensrecht*. Ob. cit., p. 244. Expressamente, também BEULKE, Werner. *Strafprozessrecht*. 12. Aufl., München: C.F.Müller Verlag, 2012, p. 145. No mesmo sentido, KINDHÄUSER, Urs. *Strafprozessrecht*. 3. Aufl., Baden-Baden: Nomos, 2013, p. 159.

[144] Expressamente: § 115a, (1), do StPO dispõe que "Se o acusado não puder ser apresentado ao tribunal competente (*zuständigen Gericht*) o mais tardar no dia seguinte à sua captura, então ele deve ser apresentado sem demora, o mais tardar no dia seguinte à sua captura, ao julgador de primeira instância mais próximo (*Amtsgericht*)".

[145] ROXIN, Claus; SCHÜNEMANN, Bernd. *Strafverfahrensrecht*. Ob. cit., p. 256. Ademais, KRAMER, Bernhard. *Grundbegriffe des Strafverfahrensrechts. Ermittlung und Verfahren*. 7. Aufl., Stuttgart: Kohlhammer, 2009, p. 64; BEULKE, Werner. *Strafprozessrecht*, Ob. cit., p. 145. No mesmo sentido, KINDHÄUSER, Urs. *Strafprozessrecht*, Ob. cit., p. 159.

[146] KRAMER, Bernhard. *Grundbegriffe des Strafverfahrensrechts. Ermittlung und Verfahren*. Ob. cit., p. 64. Quanto a isso, já decidiu o Tribunal Constitucional Federal alemão (BVerfG) que: "Por 'sem demora' deve-se compreender que a decisão judicial deve ser proferida sem qualquer atraso que não possa ser justificado por razões práticas. São inevitáveis, por exemplo, os atrasos que estão

ao juiz competente o mais tardar no dia seguinte após a sua captura, sem atrasos injustificados, e sem possibilidade de ampliação desse prazo.[147]

Quanto ao Brasil, bem sabemos que não existe um prazo e, muito menos, um procedimento estabelecidos em lei para que ocorra a audiência de custódia. Por essa razão, os projetos de lei até hoje apresentados singelamente trataram de *encaixar* a audiência de custódia ao momento já destinado por nossa legislação à análise da legalidade da prisão em flagrante e da incidência, ou não, de alguma medida cautelar pessoal diversa da prisão, qual seja, o momento da análise do auto de prisão em flagrante. O que se está fazendo, portanto, é estabelecer o prazo de 24 horas, contado a partir da prisão em flagrante, para que ocorra a apresentação do preso em flagrante ao juiz competente.

No mesmo caminho foi a Resolução nº 213, do CNJ (que simplesmente refletiu a decisão liminar do Supremo Tribunal Federal, proferida na ADPF 347), ainda que apresente certas peculiaridades quanto ao momento inicial daquele prazo.[148] E, para tornar ainda mais atrativa a abordagem desse tema, houve julgados que, mediante provocação da Defensoria Pública da União, adotaram aquele mesmo lapso para que ocorresse a apresentação do preso ao juiz.[149]

O que salta aos olhos – no estabelecimento do prazo previsto nos projetos de lei apresentados, bem como, nas mais diversas formas

---

condicionados pela distância do trajeto, dificuldades no transporte, registro necessário e lavratura, por uma conduta renitente do preso ou circunstâncias equivalentes" (BVerfG 2 BvR 2292/00, de 15.05.2002). O Supremo Tribunal Federal alemão (BGH), decidiu a respeito que: "O § 115 do StPO diz respeito ao caso de prisão com base em uma ordem de um funcionário público que não tem conhecimento do fato e não tem competência para a decisão. Ele deve apresentar o preso 'sem demora' ao juiz." [...] "Somente o juiz é competente para decidir sobre a manutenção ou a revogação da ordem de prisão, e ele tem o prazo (máximo) de até um dia após a prisão para proferir esta decisão." [...] "As disposições do § 127, al. 2 e § 128, 1 do StPO regulam em primeira linha o procedimento da autoridade incumbida do esclarecimento dos fatos". [...] "De acordo com isso, o § 128, al. 1 do StPO concede ao Ministério Público e aos funcionários do serviço de Polícia o prazo (máximo) correspondente ao decurso do dia seguinte à detenção para apresentação da pessoa detida ao juiz" (BGH 2 StR 418/89, de 17.11.1989; no mesmo sentido, BGH 5 StR 547/94, de 09.02.1995; veja, ainda, mais recentemente BGH 5 StR 176/14, de 20.10.2014). Tal decisão, inclusive, apoia-se, em parte, na clássica doutrina de Eberhard Schmidt, o qual refere que "é, ao mesmo tempo, jurídica e psicologicamente importante que a pessoa presa obtenha o mais rapidamente possível a oportunidade de ser ouvida por um juiz, para expor tudo o que possa dizer contra os pressupostos da prisão e inclusive contra a acusação nela presente ('forte suspeita')" (SCHMIDT, Eberhard. *Deutsches Strafprozessrecht*. Göttingen: Vandenhoeck & Ruprecht, 1967, p. 121).

[147] KÜHNE, Hans-Heiner. *Strafprozessrecht*. Ob. cit., p. 285.

[148] De acordo com aquela resolução, o prazo para a apresentação da pessoa presa em flagrante seria contado a partir da comunicação da prisão em flagrante, que é – equivocadamente, no nosso entender – equiparada à distribuição do auto de prisão em flagrante ao Poder Judiciário (artigo 1º, *caput*, e § 1º).

[149] TRF 2ª Região, HC nº 2014.02.01.003188-7 (CNJ nº 0003188-18.2014.4.02.0000), 2ª Turma Especializada, Rel. Des. Fed. Messod Azulay Neto, j. em 20 de maio de 2014.

de manifestação do Poder Judiciário em torno do lapso em que deve ocorrer tal apresentação – é a total falta de discussão sobre qual seria o mais adequado para que a audiência de custódia pudesse ocorrer com plenas condições de haver sua respeitabilidade do Oiapoque ao Chuí. Noutros termos, grande parte das manifestações judiciais e legislativas até agora verificadas nada mais foram que utilitaristas e simplificadoras no trato de um tema que afetará realidades diversas em nível nacional, sobretudo, em um país que possui dimensões continentais.

Nenhuma discussão houve para saber se o prazo de 24 horas será suficiente para a realidade dos Estados do norte e nordeste do país. Lembremos que, quando dos debates doutrinários em torno da figura do *juiz das garantias*, veio à tona o reclame dos operadores do direito da região norte do país, onde o acesso à sede da comarca pode levar em torno de 24 horas de barco, decorrente da ausência ou demora do meio viário terrestre.[150]

Sabe-se que a melhor solução para a resolução dos problemas apontados para a pronta incorporação do juiz das garantias em nosso país é a adoção do processo eletrônico em todo território nacional, já que, à época, o que se discutia eram as dificuldades em se levar algum pedido ou documento ao juiz com funções exclusivas para a fase de investigação. No entanto, não é preciso grandes luzes para entender que esse incremento tecnológico em nada ajudará a polícia judiciária à hora de apresentar pessoalmente o sujeito preso ao juiz competente, já que o princípio da imediação é a regra, e a videoconferência deve incidir – como já sustentamos – somente nas situações previstas na legislação em vigor.

Não por outro motivo, os Tribunais locais restringiram a implantação da audiência de custódia, de início, somente às capitais de seus Estados, evitando fazer referência expressa ao momento em que ela chegaria também às Comarcas de seu interior, pois esta expansão ocorreria de modo gradual. Essa foi uma forma realística de antever os problemas operacionais e de estrutura que seriam enfrentados para que aqueles atos pudessem ser realizados de modo uniforme em todo o Estado. Entretanto, a Resolução nº 213, do CNJ, não se ocupou deste *detalhe*, e fixou o prazo de 90 dias – a partir de sua entrada em vigor – para que a audiência de custódia se tornasse realidade em todas as circunscrições judiciais brasileiras (artigo 15).

É inegável que há boa vontade por parte das autoridades e instituições envolvidas na plena e pronta incorporação da audiência de custódia em nosso país, sobretudo, em razão do atraso constrange-

---

[150] ANDRADE, Mauro Fonseca. *Juiz das Garantias*. Ob. cit., p. 69.

dor em que nos encontramos, desde o momento em que ratificamos o Pacto de San José da Costa Rica. E lá se vão mais de vinte anos! Todavia, essa verdadeira ânsia em dar uma satisfação à comunidade internacional, no sentido de que o Brasil é cumpridor dos compromissos por ele firmados em tema de direitos humanos, está obscurecendo a necessidade de se avaliar uma questão basilar para a plena e efetiva inserção daquele instituto em todo o país, de modo a ser aplicado de maneira uniforme: definir, conscientemente, qual o prazo adequado para a realização da audiência de custódia.

Por certo que nossa tradição é de haver uma avaliação da legalidade da prisão em flagrante no prazo de 24 horas, contados a partir da privação da liberdade. Nossos juízes e legisladores estão acostumados a esse prazo há décadas. Contudo, as proposições legislativas, o CNJ e o próprio Supremo Tribunal Federal não estão levando em consideração que um novo componente foi inserido no momento da análise do auto de prisão em flagrante, que é a presença física do próprio sujeito preso, nas hipóteses em que, na nossa forma de ver, não se fizer necessária a videoconferência. Logo, é preciso saber se o prazo de 24 horas para a apresentação de um preso a um juiz criminal da Comarca de São Paulo também é suficiente para a apresentação de um preso ao juiz criminal das Comarcas de Altamira, Almeirin, Jacareacanga ou Oriximiná, todas situadas no Pará, e que, sozinhas, possuem uma extensão territorial similar a alguns Estados de nossa Federação.

Uma *visita* às posições já assumidas pelas Cortes internacionais e pela própria ONU permite concluir que não há nenhum absurdo em se efetivar a apresentação de toda pessoa presa ou detida ao juiz ou outra autoridade em um prazo superior a 24 horas.[151] A jurisprudência da CIDH vê com tranquilidade o fato de esse prazo ser fixado em até 48 horas, ao passo que o TEDH[152] e o Comitê de Direitos Humanos da ONU consideram que tal prazo estará *dentro do razoável*.[153] Porém, a questão não é simples, e merece uma ponderação.

No âmbito do TEDH, por exemplo, a discussão parte do que se deve entender por "promptly", visto que o artigo 5, 3 da CEDH dis-

---

[151] No Caso Castillo-Páez v. Peru, a CIDH manifestou expressamente o prazo de 24 horas como em unissonância com a regra do artigo 7, 5, dispondo: "Não se afigura dos autos do processo que o detido tenha sido levado perante um juiz competente no prazo de 24 horas ou, caso contrário, se a distância foi um fato, nem dentro do prazo de 15 dias no caso de suspeita de terrorismo, conforme o Artigo 7, parágrafo 5, da Convenção, e Artigo 2, parágrafo 20 (c), da Constituição do Perú" (CIDH, Caso Castillo-Páez v. Peru, §§ 56-58, Sentença de 3 de novembro de 1997).

[152] TEDH, Caso Brogan and Others vs. Inglaterra, §§ 58-59 e 61-62, Sentença de 23 de março de 1988.

[153] ONU. M. Freemantle vs. Jamaica. Comunication n° 625/1995, U.N. Doc. CCPR/C/68/D/625/1995 (2000).

põe que "toda pessoa presa ou detida, de acordo com o disposto no parágrafo 1 (c) deste artigo deve ser apresentada prontamente a um juiz ou outra autoridade habilitada por lei a exercer poder judicial" ("everyone arrested or detained in accordance with the provision of paragraph 1(c) of this Article shall be brought *promptly* before a judge or other officer authorised by law to exercise judicial power"). No caso *Brogan and Others v. the United Kingdom*, questionou-se o conteúdo da expressão "promptly" (prontamente), no sentido de não ser o mesmo que "immediately" (imediatamente), mas no sentido de ser "as short as possible" (o mais breve possível).

Embora neste caso o TEDH tenha essencialmente se limitado a dizer que o período superior a 4 dias é absolutamente excessivo para a apresentação da pessoa presa ou detida,[154] certo é que, no exame do sentido que se pretende dar à expressão, o TEDH já apresentou um entendimento firme a respeito.

Nos casos *Kerr v. the United Kingdom* e *Fox, Campbell and Hartley v. the United Kingdom*,[155] ao tratar do prazo para informar a pessoa presa ou detida das razões da prisão/detenção (em atenção ao artigo 5, 2 da CEDH), o TEDH firmou o entendimento no sentido de que "as restrições de tempo impostas pela noção de *prontidão [promptness]* serão preenchidas quando a pessoa detida for informada das razões de sua detenção *em poucas horas*" ("The constraints of time imposed by the notion of promptness will be satisfied where the arrested person is informed of the reasons for their arrest within a few hours").

Vê-se bem que, por um lado, ao tratar da informação das razões da prisão ou detenção à pessoa presa ou detida, conforme o artigo 5, 2, da CEDH, "promptly" tem sentido de "poucas horas". Já, por outro lado, como referido, o período de 4 dias para apresentação do preso à autoridade judiciária é absolutamente excessivo, de modo que até 48 horas seria um *prazo razoável*. Todavia, "razoável" compreende *fundamentação* a partir da ponderação segundo critérios de necessidade e suficiência, e jamais uma regra legal deve se constituir ou ser elaborada a partir da exceção. A exceção deve compreender a permissibilidade em face da regra em virtude de fatores que orientem a necessidade

---

[154] Fator reconhecido também por ocasião do julgamento dos casos Oral and Atabay v. Turkey; McKay v. the United Kingdom; bem como Nastase-Silivestru v. Romania. Compare EUROPEAN COURT OF HUMAN RIGHTS, Guide on Article 5. Right to Liberty and Security. Article 5 of the Convention. Research Division, 2014, p. 21. Disponível em <http://www.echr.coe.int/Documents/Guide_Art_5_ENG.pdf>.

[155] EUROPEAN COURT OF HUMAN RIGHTS, Guide on Article 5. Right to Liberty and Security. p. 20. Compare, ainda: TEDH, Caso Kerr v. the United Kingdom, Sentença de 7 de dezembro de 1999; bem como, TEDH, Caso Fox, Campbell and Hartley v. the United Kingdom, § 42, Sentença de 30 de agosto de 1990.

e a suficiência. Ademais, o TEDH já estabeleceu um parâmetro de razoabilidade ao decidir, nos casos *Gutsanovi v. Bulgaria, Ipek and Others v. Turkey* e *Kandzhov v. Bulgaria*, que "períodos mais curtos do que 4 dias também podem violar o requisito 'prontamente' *se não houver dificuldades especiais ou circunstâncias excepcionais que impeçam de levar a pessoa presa ou detida perante um juiz mais cedo*".[156] E o que seriam "períodos mais curtos do que 4 dias"? Evidentemente, 2 (48 horas) ou 3 dias. Portanto, para que não haja violação à regra do artigo 5 nestes 2 ou 3 dias, é imprescindível uma fundamentação que justifique, com base em *dificuldades especiais ou circunstâncias excepcionais*, a impossibilidade de *levar a pessoa presa ou detida perante um juiz mais cedo*.

Para além destes aspectos, há que considerar outros dois muito importantes, referidos pelo TEDH na própria decisão do caso *Brogan and Others v. the United Kingdom*. Em primeiro lugar, a Corte decidiu que "a obrigação expressa em inglês pela palavra *'promptly'* e em francês pela palavra *'aussitôt'* se distingue claramente da *exigência menos rigorosa* da segunda parte do parágrafo 4 do art. 5 (art. 5-4) ('speedly', *'à bref délai'* [rapidamente])". Em segundo lugar, "se a pessoa detida não é liberada imediatamente ela tem direito à imediata apresentação perante um juiz ou órgão judicial. A análise da 'imediaticidade' tem que ser feita à luz do objeto e da finalidade do artigo 5 (art. 5)".

Com isso, "O Tribunal deve ter em conta a importância deste artigo (art. 5) no sistema da Convenção: ele consagra um direito humano fundamental, ou seja, a proteção do indivíduo contra intervenções arbitrárias por parte do Estado em seu direito de liberdade". Ademais, "o uso na versão francesa da expressão *'aussitôt'*, com a sua conotação restritiva de 'imediaticidade', confirma que o grau de flexibilidade inerente à noção de 'prontidão' é limitado, mesmo com circunstâncias concomitantes nunca pode ser ignorado para fins de avaliação do parágrafo 3 (art. 5-3). Considerando que a imediaticidade deve ser avaliada em cada caso, de acordo com suas características especiais, a importância que deve ser dada a tais aspectos nunca pode ser levada ao ponto de prejudicar a própria essência do direito garantido pelo art. 5, par. 3 (art. 5-3), isto é, a ponto de negar efetivamente a obrigação do Estado de garantir a liberdade imediata ou uma imediata apresentação à autoridade judicial".[157]

---

[156] EUROPEAN COURT OF HUMAN RIGHTS, *Guide on Article 5. Right to Liberty and Security*. p. 21-22. Compare recentemente: TEDH, Caso Gutsanovi v. Bulgaria, §§ 154-59, Sentença de 15 de outubro de 2013; também TEDH, Caso Ipek and Others v. Turkey, §§ 36-37, Sentença de 03 de maio de 2009; ademais TEDH, Caso Kandzhov v. Bulgaria, § 66, Sentença de 06 de fevereiro de 2009.

[157] TEDH, Caso Brogan and Others vs. United Kingdom, § 59, Sentença de 29 de novembro de 1988.

Logo, em se tratando de audiência de custódia e, sobretudo, dos fins para os quais se pretende a sua realização, não se pode conceber, como *regra*, um prazo de 48 horas. Caso contrário, argumentos práticos de conveniência, assim como, os tradicionalmente utilizados, conduziriam ao prolongamento de um prazo que sairia da órbita do *promptly* (prontamente/imediatamente), transmutando-se em *speedly* (rapidamente), e isso, por certo, vai contra o propósito da CEDH, assim como, da CADH (sobretudo, porque, da mesma forma que no artigo 5, 3 da CEDH, no artigo 7, 5 CIDH faz-se referência à *promptly*).

Nesse sentido, argumentos fáticos somente podem servir como elementos de ponderação e, portanto, quanto a isso, o exemplo alemão fornece um importante aporte. Ao estabelecer "o mais tardar no dia seguinte após a sua captura", no artigo 104, alíneas 2 e 3, a Lei Fundamental alemã estabelece uma diretriz que não representa um parâmetro rígido de prazo, mas sim, um referencial máximo, sendo que o Supremo Tribunal Federal e o Tribunal Constitucional Federal ressaltam ser "o prazo (máximo) correspondente ao decurso do dia seguinte à detenção para apresentação da pessoa detida ao juiz".[158] Ademais, o Tribunal Constitucional Federal adverte que a apresentação deve ser efetuada sem demora, e "por 'sem demora' deve-se compreender que a decisão judicial deve ser proferida sem qualquer atraso que não possa ser justificado por razões práticas". Inclusive, esclarece que "são inevitáveis, por exemplo, os atrasos que estão condicionados pela distância do trajeto, dificuldades no transporte, registro necessário e lavratura, por uma conduta renitente do preso ou circunstâncias equivalentes".[159] Trata-se, portanto, de um prazo obrigatoriamente *inferior* a 48 horas.

No que diz respeito à Resolução nº 213, do CNJ – que estabeleceu o prazo de até 24 horas para a apresentação judicial do preso ao juiz competente, contadas a partir da comunicação em flagrante –, já afirmamos acima que ela apresenta *certas peculiaridades quanto ao momento inicial daquele prazo*.

A primeira delas diz respeito ao não cumprimento, *ipsis literis*, da decisão liminar emitida pelo Supremo Tribunal Federal nos autos da ADPF 347. De acordo com aquela decisão, o prazo de 24 horas para a apresentação judicial do sujeito preso deve ser contado *a partir da prisão*. No entanto, a resolução emitida pelo CNJ é clara ao estabelecer

---

[158] BGH 2 StR 418/89, de 17.11.1989; também BGH 5 StR 547/94, de 09.02.1995; mais recentemente, BGH 5 StR 176/14, de 20.10.2014.

[159] Cfe. BVerfG 2 BvR 2292/00, decisão de 15.05.2002. Na doutrina, compare: KRAMER, Bernhard. *Grundbegriffe des Strafverfahrensrechts. Ermittlung und Verfahren*. Ob. cit., p. 64.

que este mesmo prazo seja contado da *comunicação do flagrante*, situação que, em absoluto, pode ser considerada equivalente ao *momento da prisão*.

Para quem atua na esfera criminal – em específico, com autos de prisão em flagrante –, bem sabe que, entre a ocorrência da prisão em flagrante (contenção física) e da sua comunicação, podem se passar, como mínimo, 3 horas, havendo a possibilidade, em determinadas situações, de alcançar 6 ou mais horas. Basta lembrar as Delegacias de Polícia que não possuem servidores em número suficiente para a realização rápida de todos os atos que a formalização da prisão exige. Ou, então, daquelas Delegacias de Polícia especializadas na lavratura de autos de prisão em flagrante, que, por vezes, apresentam fila de espera para o início da lavratura do auto. Como se não fosse suficiente, também é preciso lembrar que a *prisão* pode ser feita por qualquer pessoa (daí iniciando, segundo o Supremo Tribunal Federal, o aludido prazo), ao passo que a comunicação somente poderá ser feita por autoridade policial; e que o tempo de deslocamento do preso até a Delegacia de Polícia poderá levar algumas horas, em razão de o ambiente, onde ocorreu a prisão em flagrante, ainda não apresentar as condições necessárias para o deslocamento policial.

A segunda peculiaridade diz respeito ao momento em que o CNJ entendeu como caracterizador da comunicação da prisão em flagrante. Nos seus termos, a comunicação dessa prisão foi equiparada à remessa de cópia do auto à autoridade judicial.[160] Em outras palavras, o momento em que o juiz deveria tomar contato com a existência de uma prisão é o mesmo momento em que ele virá a tomar contato com a formalização policial dessa prisão. Em que pese haver a tendência jurisprudencial de equivaler *comunicação imediata da prisão* com a *remessa do auto de prisão em flagrante ao juízo*, para efeito dos valores que se buscam preservar com a audiência de custódia, a diferença de tempo entre ambas é abissal.

Quando a Constituição Federal exige que a comunicação da prisão em flagrante seja efetuada imediatamente ao juiz e à família do sujeito preso (artigo 5ª, inciso LXII), isso não importa dizer que ela venha a ocorrer só com a distribuição do auto de prisão em flagrante ao Poder Judiciário. Pensar neste sentido seria permitir que a comunicação, que deveria ser *imediata*, pudesse vir a se concretizar mais de 24 horas após a apreensão física do sujeito flagrado.

---

[160] Artigo 1º, § 1º. A comunicação da prisão em flagrante à autoridade judicial, que se dará por meio do encaminhamento do auto de prisão em flagrante, de acordo com as rotinas previstas em cada Estado da Federação, não supre a apresentação pessoa determinada no *caput*.

Para chegar a este cálculo, basta computarmos o momento da prisão em flagrante, o tempo de deslocamento até a apresentação do preso à autoridade policial, o tempo para ser iniciada a confecção do auto de prisão em flagrante e as 24 horas que a autoridade policial tem para encaminhar este auto ao juiz competente (artigo 306, § 1º, do CPP). Em suma, a interpretação dada pelo CNJ é de que *imediatamente* equivale a *24 horas* ou mais, algo totalmente desvinculado dos interesses que aquela norma constitucional procura preservar, e da própria possibilidade fática de a autoridade policial poder efetuar, tão logo haja se convencido da necessidade de confecção do auto, ao afastar possível atipicidade da conduta ou inexistência de situação de flagrância no caso concreto.

Ora, sem grandes esforços, é possível visualizar que a finalidade da norma constitucional, ao estabelecer o caráter imediato da comunicação ao juiz e familiares, é que se saiba, o mais rápido possível, o paradeiro do sujeito que teve sua liberdade de locomoção privada por um particular ou por um agente do Estado. Assim o é por um duplo motivo: a) para que a família possa lhe disponibilizar um defensor; e b) para que a ciência da localização do preso, por parte do juiz e familiares, possa servir de freio a possíveis agressões físicas ou psicológicas contra aquele. Aliás, ninguém menos que a nossa própria legislação faz, ainda que de forma indireta, a diferença entre o atraso na remessa do auto de prisão em flagrante e a inexistência de comunicação imediata da prisão.

Lembremo-nos de que o atraso na remessa do auto de prisão em flagrante poderá levar à sua não homologação pelo juízo competente. No entanto, o atraso ou não comunicação imediata da prisão em flagrante vai além dessa mera desconstituição da legalidade da prisão. Em verdade, o desrespeito à norma constitucional caracteriza crime de abuso de autoridade,[161] levando à responsabilização criminal da autoridade policial que coloca em risco uma garantia que procura proteger o sujeito preso contra eventuais abusos praticados na esfera policial.

É por isso que, por *comunicação imediata*, deve-se entender, nas palavras de Antônio César Lima da Fonseca, como sendo o *primeiro ato* a ser adotado pela autoridade policial, tão logo ela se decida pela lavratura do auto de prisão em flagrante, podendo a comunicação ser

---

[161] Lei nº 4.898/1965, artigo 1º. Constitui também abuso de autoridade: (...) c) deixar de comunicar, imediatamente, ao juiz competente a prisão ou detenção de qualquer pessoa.

feita, a título de exemplo, por ofício, telegrama ou meios eletrônicos mais rápidos.[162]

A terceira peculiaridade está em o CNJ haver feito a diferenciação entre o momento de distribuição do auto de prisão em flagrante ao juiz competente e o momento em que deverá ocorrer a apresentação do sujeito preso.

Como bem se lê no *caput* do artigo 1º da Resolução nº 213, a apresentação do sujeito privado em sua liberdade se dará "em até 24 horas da comunicação do flagrante". Ou seja, primeiro haverá a comunicação da prisão em fragrante, para, ao depois, haver a apresentação do sujeito preso. Por sua vez, o § 1º daquele mesmo artigo esclarece que essa comunicação da prisão em flagrante se dará com o "encaminhamento do auto de prisão em flagrante". Ou seja, primeiro a autoridade policial deverá finalizar todo o auto de prisão em flagrante (que ocorrerá, segundo nossa legislação, em, até, 24 horas), e, depois de finalizado, quando não há mais motivo para que o sujeito preso continue à sua disposição, aquela autoridade ainda poderá permanecer com ele nas dependências da Delegacia de Polícia por, até, outras 24 horas antes de apresentá-lo ao juiz competente.

Colocando-se em prática a lógica adotada pelo CNJ, o que se vê é que, além de estabelecer um prazo fixo para que ocorra a audiência de custódia – algo não realizado pelos textos internacionais ratificados pelo Brasil, e cujo lapso inicial está em descompasso com a determinação do Supremo Tribunal Federal –, a apresentação judicial do preso poderá se realizar em prazo superior, inclusive, a 48 horas de sua prisão. O cálculo é simples, feito a partir do somatório dos seguintes passos: a) momento da prisão em flagrante e tempo que se leva para a apresentação à autoridade policial, o que equivale, como mínimo a 3 horas; b) até 24 horas, inclusive, para a autoridade policial iniciar a lavratura e encaminhar o auto de prisão em flagrante ao juiz competente (§ 1º do artigo 306 do CPP); e c) até 24 horas, inclusive, para que seja realizada a apresentação judicial do sujeito preso.[163]

---

[162] Textualmente, diz o autor: "Pensamos que o primeiro ato que a autoridade deve adotar, concomitante aos atos formais do flagrante, é comunicar, por ofício, ao juiz competente, acerca da prisão de um cidadão. Ocorre que no mais das vezes, a lavratura de um auto de flagrante é demorada, ou postergada, ficando o magistrado sem ciência da prisão. (...) à falta de contornos visíveis, mensuráveis, temos que *imediatamente* significa o primeiro ato que deve a autoridade proceder, ou seja, de imediato, logo após a prisão do cidadão deve ser enviado um ofício ou telegrama, ou telex, ao magistrado competente, dando-lhe ciência da detenção, bem como dos fatos que a motivam, buscando o juiz aonde quer que se encontre" (*Abuso de Autoridade. Comentários e Jurisprudência*. Porto Alegre: Livraria do Advogado, 1997, p. 99-100).

Por essa soma de fatores é que se entende pela necessária revisão da posição adotada pelo CNJ, para que, primeiramente, siga o lapso inicial demarcado pelo Supremo Tribunal Federal como configurador do momento, a partir do qual, deve a autoridade policial realizar a apresentação do sujeito preso. Ao depois, que não haja a equiparação da comunicação da prisão em flagrante com a remessa do auto de prisão em flagrante, pois tal equiparação vai contra os interesses do sujeito preso, permitindo que sua localização somente seja de conhecimento do juiz e familiares após a conclusão do trabalho policial.

Apesar da crítica feita, é preciso também reconhecer que a Resolução nº 213, do CNJ, em muito avançou na abordagem de situações que vinham sendo utilizadas pelos juízes como justificativas para a não realização da audiência de custódia.[164] Referimo-nos a hipóteses que levavam à não apresentação judicial do sujeito preso.

A primeira diz respeito à hipótese de ele se encontrar hospitalizado ou, na linguagem daquela resolução, estar acometido de grave enfermidade. Seguindo o caminho já definido em caso julgado pelo TEDH,[165] o CNJ inverteu a lógica da apresentação e estabeleceu ser direito do sujeito preso que o juiz competente se desloque até o local onde aquele se encontra hospitalizado ou acamado, desde que, por certo, o sujeito preso apresente condições de receber pessoas e se manifestar durante aquele ato. Por seu turno, a segunda diz respeito a situações que, comprovadamente excepcionais, impeçam o sujeito preso de ser apresentado ao juiz, como, *v.g.*, o risco concreto de resgate do sujeito preso ou detido, com troca de tiros em via pública.

Em ambas as situações, a *apresentação do juiz ao preso* deverá ocorrer no mesmo prazo em que, de acordo com a Resolução nº 213, do CNJ, o sujeito privado em sua liberdade deveria ser apresentado ao juiz. No entanto, o próprio § 4º do artigo 1º se encarrega de ampliar tal prazo, sempre que for inviável o deslocamento do juiz, não estabe-

---

[163] De acordo com o § 3º do artigo 8º da Resolução nº 213, do CNJ, a decisão quanto à legalidade da prisão e definição do *status libertatis* do sujeito preso deverá ser proferida na própria audiência de custódia. Caso se entenda que, neste ponto, aquela resolução não guarda consonância constitucional, por haver criado verdadeiro procedimento não contemplado em legislação processual penal, teríamos, então, uma ampliação ainda mais significativa do tempo de privação de liberdade do sujeito preso em flagrante. Isso porque, o entendimento, até aqui existente em âmbito jurisprudencial e doutrinário, vai no sentido de que o juiz teria o prazo de 24 horas para decidir sobre aqueles mesmos pontos constantes na norma referida.

[164] Artigo 1º, § 4º. Estando a pessoa presa acometida de grave enfermidade, ou havendo circunstância comprovadamente excepcional que a impossibilite de ser apresentada ao juiz no prazo do *caput*, deverá ser assegurada a realização da audiência no local em que ela se encontre e, nos casos em que o deslocamento se mostre inviável, deverá ser providenciada a condução para a audiência de custódia imediatamente após restabelecida sua condição de saúde ou de apresentação.

[165] TEDH, Caso Egmez vs. Chipre, § 90, Sentença de 21 de dezembro de 2000.

lecendo um tempo máximo em que, nestas circunstâncias, a audiência de custódia deverá ocorrer.

O que o CNJ procurou preservar foi o contato pessoal do sujeito preso com o juiz, independentemente de quando este contato venha a ocorrer, desde que, por certo, a demora não seja imputada aos agentes estatais encarregados da prisão. Primou-se, assim, pela adequação do prazo de apresentação à orientação jurisprudencial internacional, no sentido de que a definição de *sem demora* deva ser analisada caso a caso.

Uma última observação, atinente ao prazo de apresentação da pessoa privada em sua liberdade, merece ser feita, dizendo ela respeito a uma disposição constante na versão final do PLS nº 554, de 2011, hoje convertido no PL nº 6.620, de 2016. Referimo-nos, pois, a uma diferenciação de prazo que leva unicamente em consideração a modalidade delitiva objeto do auto de prisão em flagrante.

De acordo com a redação proposta ao § 12 do artigo 306 do CPP, o prazo para a apresentação da pessoa flagrada pelo cometimento de modalidade delitiva vinculada à Lei nº 12.850/2013 poderá se estendido até 05 dias, desde que a autoridade policial ajuste tal prazo com a autoridade judicial.[166] Ora, não há absolutamente nenhum fundamento plausível para que haja a ampliação proposta para o prazo de apresentação de pessoas presas naquelas condições.

O que se está a pretender, em verdade, é a ressurreição da famigerada prisão para averiguação, de larga utilização em período anterior à atual Constituição Federal.[167] Ou seja, quando a pessoa for presa em flagrante nas condições mencionadas naquele parágrafo, o que se pretende é que ela permaneça à disposição da autoridade policial por 04 dias além do que prevê a regra geral proposta naqueles projetos de lei, a fim de que possam ser executados atos investigatórios que aproveitem a sua presença.

A lógica da audiência de custódia segue no sentido diametralmente oposto a tal proposição legislativa, bastando lembrar que, se a autoridade policial vislumbrar necessária a prisão cautelar da pessoa investigada para que ela possa, de alguma maneira, auxiliar na investigação criminal, tal possibilidade deverá se concretizar mediante

---

[166] Artigo 306, § 12 (redação proposta). Quando se tratar de organização criminosa, nos termos definidos pela Lei nº 12.850, de 2 de agosto de 2013, a autoridade policial poderá deixar de cumprir os prazos estabelecidos nos §§ 4º e 10, desde que, dentro daqueles prazos, designe, em acordo com o juiz competente, data para a apresentação do preso em no máximo 5 (cinco) dias.

[167] Sobre o tema, ver: COSTA, Milton Lopes da. *Detenções para Averiguações*. Rio de janeiro: Ioneli, 1980.

o decreto de prisão temporária. Em termos práticos, o que teremos – caso aprovada tal proposição legislativa – é a existência de uma prisão cautelar diversa das existentes em nossa legislação processual, unicamente justificada pela modalidade delitiva objeto do auto de prisão em flagrante. Como mínimo, poder-se-á, desde agora, colocar em dúvida a própria constitucionalidade da dilação do prazo de apresentação, ante o tratamento diferenciado e desarrazoado dado aos presos em flagrante por crimes vinculados à Lei nº 12.850/2013 e aos presos em flagrante por outras modalidades delitivas.

Não desconhecemos o fato de que, como bem refere Thiago André Pierobom de Ávila, o direito francês autoriza uma diferenciação no prazo de detenção, realizado a partir da criminalidade ordinária e criminalidade organizada.[168] No entanto, como já alertado acima, ninguém menos que a CIDH não avalia essa diferenciação no prazo de realização da audiência de custódia, quando fundada na gravidade da infração penal objeto de atenção pelo Estado.[169]

Isso nos permite concluir que aquela proposição legislativa colocará o Brasil em rota de colisão com a jurisprudência consolidada daquela Corte, apesar de ele haver se comprometido a acatar obrigatoriamente suas decisões, com a publicação do Decreto nº 4.463/2002.[170]

2.6. A quem deve ser feita a apresentação

2.6.1. Juiz ou outra Autoridade

Definidos quem seria o sujeito detentor do direito à audiência de custódia, o objetivo da apresentação, a sua forma e o prazo para sua realização, uma outra questão merece ser esclarecida, dizendo ela respeito *a quem* deve o preso ou detido ser apresentado.

---

[168] ÁVILA, Thiago André Pierobom de. Audiência de custódia: avanços e desafios. Revista de informação legislativa: RIL, v. 53, n. 211, jul./set. 2016. Disponível em: <http://www12.senado.leg.br/ril/edicoes/53/211/ril_v53_n211_p301>, p. 309.

[169] CIDH, Caso Tibi vs. Equador, § 115, Sentença de 07 de setembro de 2004. No mesmo sentido, CIDH, Caso Maritza Urrutia vs. Guatemala, § 73, Sentença de 27 de novembro de 2003. CIDH, Caso Acosta Calderón vs. Equador, § 77, Sentença de 24 de junho de 2005. Caso Juan Humberto Sánchez vs. Honduras, § 84, Sentença de 23 de novembro de 2003. CIDH, Caso J. vs. Peru, § 144, Sentença de 27 de novembro de 2013.

[170] Decreto nº 4.463/2002, artigo 1º. É reconhecida como obrigatória, de pleno direito e por prazo indeterminado, a competência da Corte Interamericana de Direitos Humanos em todos os casos relativos à interpretação ou aplicação da Convenção Americana de Direitos Humanos (Pacto de San José), de 22 de novembro de 1969, de acordo com art. 62 da citada Convenção, sob reserva de reciprocidade e para os fatos posteriores a 10 de dezembro de 1998.

A CIDFP, incorporada ao nosso direito somente em 2016, prevê que essa apresentação deverá se dar unicamente "à autoridade judiciária competente",[171] o que, em muito, simplifica eventuais discussões voltadas ao alargamento na interpretação relativa a quem a pessoa privada em sua liberdade deverá ser levada. Ou seja, somente o juiz, em nossa realidade nacional, pode ser entendido como "autoridade judiciária competente". No entanto, outros textos internacionais indicam que essa apresentação deve ocorrer ao juiz ou outra autoridade habilitada por lei para exercer poderes judiciais, o que ainda motiva a existência dessa discussão no meio doutrinário nacional.

Em relação ao juiz, maiores dificuldades não há em saber de quem ele se trata. No entanto, o mesmo não se pode dizer em relação a quem seria essa "outra autoridade", o que dá margem a uma larga discussão dentro e fora do Brasil.

A CEDH faz menção a uma "outra pessoa habilitada por lei para exercer poderes judiciais". Por sua vez, o PIDCP prevê "outra autoridade habilitada por lei a exercer funções", ao passo que o *Conjunto de Princípios para a Proteção de Todas as Pessoas Submetidas a Qualquer Forma de Detenção ou Prisão*, também da ONU, restringe-se a mencionar "ou outra autoridade". Por fim, a CADH se refere a uma "outra autoridade autorizada pela lei a exercer funções judiciais".

Os países que inseriram expressamente a audiência de custódia em sua legislação interna, invariavelmente, optaram por manter somente o juiz como o destinatário da apresentação da pessoa presa ou detida. Com essa simples escolha, estes países simplificaram a questão, não dando margem a maiores controvérsias sobre o tema.

No mesmo caminho estão trilhando os projetos de lei existentes e a Resolução nº 213, do CNJ, ao erigirem a figura do juiz como a autoridade responsável pela presidência da audiência de custódia, contando, para isso, com apoio da doutrina[172] e de diversas instituições representativas da sociedade civil ou vinculadas ao próprio Estado. Entretanto, essa opção vem sendo combatida por instituições representativas da polícia judiciária brasileira e por um setor restrito da

---

[171] Na versão oficial apresentada pelo Governo brasileiro, constante no Decreto nº 8.766, de 11 de maio de 2016, vemos: "Artigo XI. Toda pessoa privada de liberdade deve ser mantida em lugares de detenção oficialmente reconhecidos e apresentada, sem demora e de acordo com a legislação interna respectiva, à autoridade judiciária competente".

[172] WEIS, Carlos; JUNQUEIRA, Gustavo Octaviano Diniz. *A Obrigatoriedade da Apresentação Imediata da Pessoa Presa ao Juiz*. Ob. cit., p. 349-350. PAIVA, Caio. *Audiência de Custódia e Processo Penal Brasileiro*. 2ª ed. Ob. cit., p. 59 e segs.

doutrina e jurisprudência,[173] que procuram ver, na figura do Delegado de Polícia, aquela *outra autoridade* referida pela CADH. Por isso, devemos responder a outra pergunta: afinal, quem é ou quem pode ser esta *autoridade*?

Aparentemente reconhecendo a generalidade empregada na expressão "outra autoridade", a ONU procurou, no próprio texto de seu *Conjunto de Princípios para a Proteção de Todas as Pessoas Submetidas a Qualquer Forma de Detenção ou Prisão*, esclarecer quais os atributos que ela deveria apresentar. No que poderíamos chamar de interpretação autêntica, esclarece aquela normativa que: "Por juiz ou outra autoridade se entende uma autoridade judicial ou outra autoridade estabelecida por lei, cuja condição e mandato ofereçam as maiores garantias possíveis de competência, imparcialidade e independência". Estes, portanto, deveriam ser seus atributos.

Frente à inexistência de algum texto normativo que houvesse se encarregado de interpretar ou esclarecer quem seria a outra autoridade mencionada na CEDH, coube à doutrina[174] e à jurisprudência do TEDH[175] realizar essa tarefa interpretativa. Como resultado, chegou-se às mesmas conclusões já apresentadas pela ONU, ao exigir que aquela autoridade, ainda que diversa do juiz, deveria ser independente e imparcial, em relação às autoridades governamentais envolvidas na persecução penal.

A mesma realidade atingiu a CADH, o que também levou à própria CIDH realizar essa tarefa interpretativa. Entretanto, o resultado dessa atividade vem trazendo mais incertezas que soluções.

---

[173] Neste sentido, unificando a visão restrita da doutrina e jurisprudência, encontramos o acórdão do Tribunal de Justiça de São Paulo, que teve Guilherme de Souza Nucci em sua relatoria, cuja ementa apresentou a seguinte redação: "*Habeas corpus*. Tráfico. Ausência de apresentação imediata ao Juiz de Direito. Alegada ofensa aos tratados internacionais de Direitos Humanos. Inocorrência. Tratado que autoriza a apresentação do preso a outra autoridade prevista em Lei". Em seu corpo, vê-se a seguinte passagem: "No cenário jurídico brasileiro, embora o Delegado de Polícia não integre o Poder Judiciário, é certo que a lei atribui a esta autoridade a função de receber e ratificar a ordem de prisão em flagrante. Assim, *in concreto*, os pacientes foram devidamente apresentados ao Delegado, não se havendo falar em relaxamento da prisão. Não bastasse, em 24 horas, o juiz analisa o auto de prisão em flagrante" (TJSP, HC n° 2016152-70.2015.8.26.0000, 16ª Câmara Criminal, rel. Des. Guilherme de Souza Nucci, j. em 12 de maio de 2015).

[174] DE SALVIA, Michele. *Lineamenti di Diritto Europeo dei Diritto dell'Uomo*. Padova: Cedam, 1991, p. 120. LIÑÁN NOGUERAS, Diego J. *El Detenido en el Convenio Europeo de Derechos Humanos*. Granada: Universidad de Granada, 1980, p. 43.

[175] TEDH, Caso Irlanda vs. Reino Unido, § 199, Sentença de 18 de janeiro de 1978. TEDH, Caso De Jong, Baljet e Van den Brink vs. Holanda, Sentença de 22 de maio de 1984. TEDH, Caso Assenov Assenov e outros vs. Bulgária, §§ 146-148, Sentença de 28 de outubro de 1998. TEDH, Caso Aquilina vs. Malta, §§ 47, Sentença de 29 de abril de 1999. TEDH, Caso Medvedyev e outros vs. França, § 124, Sentença de 29 de março de 2010.

Apesar de a Convenção fazer referência a "outra autoridade autorizada pela lei a exercer funções judiciais", a CIDH afirmou, em alguns de seus julgados, que a apresentação deveria ocorrer ante "un juez o autoridad judicial competente".[176] Com isso, aquela Corte buscou vincular essa autoridade ao próprio Poder Judiciário, embora ela não se confundisse com a figura de um juiz.

Quiçá procurando deixar mais claros os motivos dessa opção interpretativa, em outra oportunidade, a CIDH fez uso de uma expressão mais ampla. Agora, a apresentação da pessoa presa ou detida deveria ocorrer para uma *autoridade judicial* encarregada de revisar a privação da liberdade a que qualquer cidadão estiver sujeito,[177] expressão que abarcaria, então, as figuras do juiz e dessa outra autoridade. Para que essa equivalência pudesse ocorrer, dita *autoridade judicial* deveria estar revestida das garantias presentes no § 1º do artigo 8º da CADH, quais sejam, ser competente, independente e imparcial, e haver sido estabelecida por lei anterior ao cometimento do fato.[178] Ao que se vê, estamos diante dos mesmos critérios utilizados pela ONU e pelo TEDH, embora a CIDH haja buscado no próprio texto da Convenção os atributos que a autoridade encarregada da audiência de custódia deveria possuir.

Em nosso entender, essa equivalência entre o juiz e a outra autoridade, ou a inserção desta no Poder Judiciário, deve-se à forma como esse direito aparece redigido no idioma espanhol. Na versão hispânica – que, diga-se de passagem, é a utilizada pela quase totalidade dos países latino-americanos – essa *outra autoridade* é descrita pela CADH como sendo "otro funcionario *judicial* autorizado por ley para ejercer funciones judiciales"[179] (grifo nosso). É preciso, portanto, que haja uma adequação no trato de tema tão delicado, de modo a unificar a interpretação a ser dada ao conceito dessa autoridade, independentemente do idioma em que a Convenção venha a ser redigida.

---

[176] CIDH, Caso Acosta Calderón vs. Equador, § 78, Sentença de 24 de junho de 2005.

[177] CIDH, Caso Palamara Iribarne vs. Chile, § 218, Sentença de 22 de novembro de 2005. Em outro acórdão, fez-se referência ao "control judicial imediato", restringindo-se, aparentemente, a apresentação à figura do juiz (CIDH, Caso J. vs. Peru, § 143, Sentença de 27 de novembro de 2013).

[178] Artigo 8, 1. Toda pessoa terá o direito de ser ouvida, com as devidas garantias e dentro de um prazo razoável, por um juiz ou Tribunal competente, independente e imparcial, estabelecido anteriormente por lei, na apuração de qualquer acusação penal formulada contra ela, ou na determinação de seus direitos e obrigações de caráter civil, trabalhista, fiscal ou de qualquer outra natureza.

[179] Textualmente, diz o artigo 7.5: "Toda persona retenida o detenida debe ser llevada, sin demora, *ante un juez u otro funcionario judicial autorizado por la ley para ejercer funciones judiciales* y tendrá derecho a ser juzgada dentro de un plazo razonable o a ser puesta en libertad sin perjuicio de que continúe el proceso. Su libertad podrá estar condicionada a garantías que aseguren su comparecencia en el juicio". (grifo nosso)

Frente a isso, parece-nos mais adequado seguir os critérios que a ONU, o TEDH e a própria CIDH estabeleceram como de presença obrigatória na configuração dessa autoridade diversa do juiz. Mesmo assim, é preciso que entendamos qual o significado de cada um desses critérios, a fim de que possamos averiguar se há alguma autoridade brasileira que possa exercer aquelas funções na audiência de custódia, tal como alguns já se manifestaram em favor da figura do Delegado de Polícia.

2.6.2. Atributos a serem satisfeitos pelo condutor da audiência de custódia

Em uma rápida análise do panorama presente na discussão em torno de quem poderia ser a autoridade a presidir a audiência de custódia, três seriam os sujeitos da persecução penal que se apresentariam como aptos a exercer essa função, a saber, o próprio juiz, o Delegado de Polícia e o Ministério Público.

No que diz respeito ao juiz, maiores controvérsias não existem quanto à sua legitimidade, até porque todos os textos internacionais a ele se referem de forma expressa. Como veremos a seguir, os questionamentos que atingem o juiz são os mesmos que se verificam diuturnamente em nossa realidade nacional, ou seja, busca-se saber *qual juiz* deveria ser o responsável por determinado ato, e não *se o juiz* é o responsável por este mesmo ato. Ou seja, as discussões envolvendo o juiz dizem respeito à identificação do juiz competente.

Por sua vez, bem sabemos que nossa legislação autoriza o Delegado de Polícia a exercer certas funções jurisdicionais, como é o caso, a título de exemplo, do arbitramento de fiança, mesmo após ela haver sido, com a reforma do CPP operada em 2011, expressamente definida como uma medida cautelar diversa da prisão. Da mesma forma, pode ele conceder uma espécie de *liberdade provisória* aos adolescentes apreendidos em flagrante, desde que não incida a hipótese de apresentação ao Ministério Público. Neste último caso, sua atuação em muito se assemelharia a um dos objetivos da audiência de custódia, que é a concessão de liberdade aos sujeitos que sofreram privação em sua liberdade, desde que satisfeitos os requisitos que a lei estipula.

Quanto ao Ministério Público, embora não seja a realidade em nosso país, bem sabemos que o direito continental prevê situações em que ele pode determinar a quebra de direitos fundamentais, sob a condição de sua posterior ratificação judicial. Logo, há o reconhecimento de que o Ministério Público pode exercer parcela do poder judicial, o que leva um setor da doutrina estrangeira a defender a ideia de que também ele poderia ser o destinatário da apresentação de todo sujeito preso ou detido.[180]

Não desconhecemos o fato de parcela da doutrina nacional já haver refutado a hipótese de o Ministério Público poder ser essa *outra autoridade*, sob a invocação de precedentes da CIDH.[181] Contudo, esta mesma doutrina não refere que a impossibilidade de o Ministério Público presidir tal ato deveu-se, segundo os acórdãos citados por ela mesma,[182] em razão da não satisfação pontual daqueles requisitos elencados acima. Como dizem dois desses julgados, o motivo da exclusão daquela instituição foi o fato de que *"el agente fiscal que actuó en el caso no poseía facultades suficientes para garantizar el derecho a la libertad y la integridad personales de la presunta víctima"*.[183] Noutros termos, não há um rechaço, *ab initio*, da CIDH à figura do Ministério Público como condutor da audiência de custódia, mas a simples constatação de que, nos casos até agora examinados pela Corte, o agente daquela instituição de Estado, *individualmente considerado*, é que não satisfazia os requisitos presentes no artigo 8,1 da CADH.

Independentemente disso, todas essas autoridades devem passar pelo crivo dos requisitos acima já indicados, sobretudo, em razão da opção feita pelo CNJ, em sua Resolução nº 213, no sentido de apontar o juiz – integrante do Poder Judiciário – como sendo a *única* autoridade a presidir a audiência de custódia.

2.6.2.1. Independência

O desrespeito à ordem de exigências presentes nos acórdãos da CIDH e dos próprios textos da ONU é mais que proposital. Na verdade, a escolha do atributo *independência* – em lugar da competência – presta-se a deixar patente que, dentre as figuras que nos propuse-

---

[180] RUSSO, Carlo; QUAIN, Paolo. *La Convenzione Europea dei Diritto dell'Uomo e La Giurisprudenza della Corte di Strasburgo*. 2ª ed. Milano: Giuffrè, 2006, p. 136.

[181] WEIS, Carlos; JUNQUEIRA, Gustavo Octaviano Diniz. *A Obrigatoriedade da Apresentação Imediata da Pessoa Presa ao Juiz*. Ob. cit., p. 350; BADARÓ, Gustavo Henrique Righi Ivahy. *Parecer*. Ob. cit.; LOPES JÚNIOR, Aury. PAIVA, Caio. Audiência de custódia e a imediata apresentação do preso ao juiz: rumo à evolução civilizatória do processo penal. *Revista Liberdades*, São Paulo, nº 17, set./dez. 2014, p. 17.

[182] CIDH, Caso Tibi vs. Equador, § 117-119, Sentença de 07 de setembro de 2004. CIDH, Caso Acosta Calderón vs. Equador, § 80, Sentença de 24 de junho de 2005. CIDH, Caso Chaparro Álvarez e Lapo Iñiguez vs. Equador, § 84, Sentença de 21 de novembro de 2007.

[183] CIDH, Caso Tibi vs. Equador, § 119, Sentença de 07 de setembro de 2004. CIDH, Caso Acosta Calderón vs. Equador, § 80, Sentença de 24 de junho de 2005.

mos a examinar, o Delegado de Polícia é aquele que, de pronto, não pode ser entendido como a *outra autoridade* legitimada a presidir a audiência de custódia no Brasil, através da equiparação de tal ato ao momento da lavratura do auto de prisão em flagrante.

O requisito *independência* é compreendido pela CIDH como sendo o completo apartamento dessa autoridade, em relação aos demais poderes estatais, a fim de que ela possa exercer certas funções judiciais.[184] Em vista disso, por mais que o Delegado de Polícia haja sido prestigiado com o advento da Lei nº 12.830/2013, ele não teve reconhecida sua independência em relação ao Poder Executivo, permanecendo, assim, atrelado a um dos poderes de Estado, tal como rechaça o entendimento daquela Corte.[185]

Não se trata, aqui, de duvidar da honestidade dos integrantes da polícia judiciária brasileira, pois, toda vez que se levanta a questão envolvendo sua falta de independência, vozes surgem invocando a vinculação dos Delegados de Polícia ao princípio da legalidade. O que pretendem com isso dizer é que, mesmo dependentes do Poder Executivo, os responsáveis pela imensa maioria das investigações criminais em nosso país poderiam invocar esse princípio constitucional para, se for o caso, negarem-se a cumprir alguma determinação ilegal advinda do Poder de Estado ao qual estão atrelados.

A partir de 2013, mais do que nunca, este argumento se viu reforçado, em razão de a Lei nº 12.830 haver previsto uma série de medidas protetivas à atuação do Delegado de Polícia, tais como, as limitações e satisfação de certos requisitos para que o seu superior hierárquico possa determinar a avocação ou redistribuição da investigação conduzida por aquele, ou, ainda, a determinação de sua remoção da Delegacia de Polícia em que se encontra lotado (artigo 2º, §§ 4º e 5º). Entretanto, a CIDH encara a presença desse requisito de forma inflexível. Para que se tenha uma ideia, foi justamente a falta de independência que levou esta Corte a não reconhecer o Ministério Público do Chile como podendo ser aquela *outra autoridade*, diversa do juiz, apta

---

[184] CIDH, Caso Herrera Ulloa vs. Costa Rica, § 171, Sentença de 02 de julho de 2004. CIDH, Caso Palamara Iribarne vs. Chile, § 145, Sentença de 22 de novembro de 2005.

[185] De bom tom lembrar que aquela lei foi fruto da versão final do Projeto de Lei nº 7.193/2010, cujo § 3º do artigo 2º foi vetado pela Presidência da República (Veto. Mensagem nº 251, de 21 de junho de 2010, DOU de 21 de junho de 2010). Tal parágrafo previa que "O Delegado de Polícia conduzirá a investigação criminal de acordo com seu livre convencimento técnico-jurídico, isenção e imparcialidade". Embora as razões do veto tenham incursionado por outra seara, a tão almejada independência dos Delegados de Polícia poderia – caso não houvesse ocorrido o veto Presidencial – ser interpretada a partir da sua vinculação ao livre convencimento na condução da investigação criminal, cujos reflexos seriam diretos no (não)acatamento das requisições do Ministério Público ou das determinações advindas de seus superiores hierárquicos. No entanto, o veto realizado colocou por terra tal pretensão.

a exercer as funções exigidas para a audiência de custódia,[186] apesar de ele estar vinculado ao mesmo princípio da legalidade que alcança os Delegados de Polícia em nosso país.

Neste contexto, restam-nos as óbvias figuras do juiz e do Ministério Público nacional, pois ambos satisfazem esse pressuposto, visto que a instituição incumbida da acusação pública no Brasil é uma das poucas que, em âmbito global, sustentam o atributo da independência completa frente aos demais Poderes de Estado.

2.6.2.2. Imparcialidade

a) Imparcialidade aplicada ao Poder Judiciário e seus integrantes.

A imparcialidade é um atributo que naturalmente deve estar presente nos integrantes do Poder Judiciário, em razão do próprio papel de terceiro que lhe é característico. Mesmo assim, certas situações, verificadas dentro ou fora do *locus* em que o juiz exercerá sua atividade, podem ser motivadoras de sua quebra.

Visando a preservar esse predicado, a CIDH já manifestou o que entende por imparcialidade, ao menos no que diz respeito ao que se exige para o exercício das atividades a desempenhar na audiência de custódia. Assim, para que o juiz que vier a atuar naquele ato possa ser considerado imparcial, não pode ele demonstrar qualquer interesse direto na discussão ali travada; não deve haver tomado nenhuma posição anterior sobre o tema; não deve haver manifestado qualquer preferência por alguma das partes; e não deve estar envolvido no que se discutirá naquela audiência – ou seja, não pode ser vítima da infração penal que motivou a prisão do sujeito, muito menos, o responsável pela prisão, pela lavratura do auto de prisão em flagrante ou ser o próprio agressor do sujeito preso, caso se verifique a hipótese de maus--tratos ou tortura. Ao final, qualquer situação que coloque em dúvida a imparcialidade do juiz será considerada motivo suficiente para que ele não possa ser a autoridade judicial apta a presidir aquele ato.[187]

---

[186] CIDH, Caso Palamara Iribarne vs. Chile, § 157, Sentença de 22 de novembro de 2005.

[187] Textualmente: "146. La imparcialidad del tribunal implica que sus integrantes no tengan un interés directo, una posición tomada, una preferencia por alguna de las partes y que no se encuentren involucrados en la controversia. 147. El juez o tribunal debe separarse de una causa sometida a su conocimiento cuando exista algún motivo o duda que vaya en desmedro de la integridad del tribunal como un órgano imparcial. En aras de salvaguardar la administración de la justicia se debe asegurar que el juez se encuentre libre de todo prejuicio y que no exista temor alguno que ponga en duda el ejercicio de las funciones jurisdiccionales" (CIDH, Caso Palamara Iribarne vs. Chile, Sentença de 22 de novembro de 2005).

Sendo estes a definição e os limites dados ao requisito da imparcialidade, a primeira questão que nos surge diz respeito à possibilidade de o juiz que autorizou a quebra de algum direito fundamental ao longo da investigação criminal poder ser o mesmo a avaliar a legalidade da prisão em flagrante e eventual decreto de prisão preventiva do sujeito preso. No mesmo caminho, há de se questionar a possibilidade de o juiz que negou a quebra de algum direito fundamental ao longo da investigação – indeferindo, a título de exemplo, o decreto de uma prisão preventiva requerida pela polícia judiciária ou pelo Ministério Público –, ser o mesmo a presidir a audiência de custódia, onde este exame deverá novamente ocorrer.

Antes de mais nada, é bom que se diga que o questionamento feito não tem a ver com a invocação da base argumentativa utilizada para a proposição do *juiz das garantias*, presente no PLS nº 156, de 2009. Nunca é demais referir que a regra de impedimento lá prevista diz respeito à impossibilidade de o juiz da fase de investigação vir a atuar também no processo de conhecimento. Além disso, a separação entre os juízes das fases de investigação e julgamento nada tem a ver com a existência de manifestação prévia de um juiz na fase anterior ao ajuizamento da acusação. Conforme já decidiu à saciedade o TEDH, a impossibilidade de o juiz da fase de investigação vir a atuar na fase processual deve-se, única e exclusivamente, ao grau de aprofundamento por ele utilizado em suas decisões.[188] Ou seja, o juiz só não poderá atuar nessas duas fases da persecução penal quando o grau de cognição utilizado por ele na fase de investigação – à hora de decretar ou negar a quebra de algum direito fundamental – for muito próximo daquele utilizado no momento de condenar ou absolver o sujeito que vier a figurar como acusado no processo de conhecimento.[189] O que se abre à discussão, portanto, é a (im)possibilidade de o juiz da fase de investigação ser o mesmo a presidir a audiência de custódia, que também é realizada na fase de investigação.

Feito esse alerta, não raras vezes, o sucesso de uma investigação criminal passa pela necessidade de requerimento de quebra de algum direito fundamental, como, p. ex., a realização de interceptação telefônica, a expedição de mandado de busca e apreensão ou a decreta-

---

[188] TEDH, Caso Hauschild vs. Dinamarca, sentença de 24 de maio de 1989. TEDH, Caso Sainte-Marie vs. França, sentença de 16 de dezembro de 1992. TEDH, Caso Padovani vs. Itália, sentença de 24 de fevereiro de 1993. TEDH, Caso Northier vs. Países Baixos, sentença de 24 de agosto de 1993. TEDH, Caso Jasinski vs. Polônia, sentença de 20 de dezembro de 2005. Caso Gultyayeva vs. Rússiva, sentença de 1º de abril de 2010.

[189] MORETI Carola. L'Imparzialità del Giudice tra la Cautela e Il Merito. *Rivista di Diritto Processuale*, Padova, a. 51, nº 4, ott./dic. 1996, p. 1.104-1.108. ANDRADE, Mauro Fonseca. *Juiz das Garantias*. Ob. cit., p. 19-35.

ção de prisão preventiva do sujeito investigado. Todas estas hipóteses exigem prévia autorização judicial, razão pela qual o juiz deverá ser provocado para se manifestar favorável ou contrariamente ao pedido formulado pela autoridade policial ou pelo Ministério Público.

Seja deferindo ou indeferindo qualquer destes pedidos, é inegável que o juiz haverá se manifestado sobre o tema, decisão esta que poderá comprometer sua imparcialidade quando da análise dos temas objeto de atenção da audiência de custódia. Melhor explicando, já tivemos oportunidade de ver que a audiência de custódia se presta ao exame não só da existência de maus-tratos ou tortura ao sujeito preso, senão também, da legalidade da prisão e manutenção, ou não, da privação da liberdade daquele mesmo indivíduo. Assim posta a questão, a CIDH já deixou patente não ser imparcial o juiz que já tiver "una posición tomada",[190] posição esta que diz respeito, justamente, a um ou vários temas que serão objeto de sua atenção quando da audiência de custódia.

Logo, não nos parece estar revestido da necessária imparcialidade o juiz que houver autorizado uma interceptação telefônica na fase de investigação, e esta mesma interceptação telefônica vier a ter sua legalidade questionada na audiência de custódia por parte da defesa do investigado, à hora de sustentar que a prisão foi ilegal em razão de alguma mácula nela existente. A título de exemplo, lembremos o Caso *Escher e outros vs. Brasil*, em que o país foi condenado pela CIDH, em razão de interceptações telefônicas ilegais, autorizadas judicialmente, a pedido da Polícia Militar do Estado do Paraná, sendo que o juiz que as deferiu foi o mesmo a atuar no processo de conhecimento.[191] Na mesma situação entendemos estar presente o juiz que haja indeferido pedido de prisão preventiva requerido pela polícia judiciária, e, no curso da audiência de custódia, este mesmo pedido vier a ser realizado pelo Ministério Público.

Para bem ilustrar a inviabilidade desse cúmulo de funções por parte do juiz – haver se manifestado anteriormente e, ao depois, presidir a audiência de custódia –, certa feita, a CIDH não reconheceu o Ministério Público como podendo ser a autoridade a exercer tal função, justamente por haver sido o emissor da ordem de prisão do sujeito que, posteriormente, a ele foi apresentado. Nas palavras daquele próprio julgado, disse-se que: *"Al ser el Fiscal Naval la autoridad que ordenó las prisiones preventivas en contra del señor Palamara Iribarne no puede*

---

[190] CIDH, Caso Palamara Iribarne vs. Chile, Sentença de 22 de novembro de 2005.

[191] CIDH, Caso Escher e outros vs. Brasil, Sentença de 06 de julho de 2009.

controlar la legalidad de su propia orden".[192] Note-se que o critério utilizado para a exclusão do Ministério Público não foi outro, senão exclusivamente aquele que entendemos afetar o juiz em situação idêntica à verificada naquele acórdão.

Em suma, o que se faz necessária não é somente a presença de um juiz imparcial, segundo os conceitos que adotamos no Brasil. Para a CIDH, é necessária a presença de um juiz incumbido de *revisar a privação de liberdade*, e, para revisá-la adequadamente e com a satisfação do conceito de imparcialidade adotado por aquela Corte, é necessário que este juiz não haja tomado nenhuma posição sobre o que lhe incumbirá revisar, algo somente possível de ser feito por parte de um juiz que não haja emitido qualquer decisão, anteriormente à realização da audiência de custódia.[193]

b) Imparcialidade aplicada ao Ministério Público.

O debate em torno da vinculação, ou não, do Ministério Público ao princípio da imparcialidade – tal como o entendemos em relação aos integrantes do Poder Judiciário – remonta às primeiras décadas do século XX, quando aquela instituição passou a ser o foco de atenção, sobretudo, das doutrinas alemã e italiana.[194] Ainda hoje, esse debate segue em várias frentes da doutrina nacional e estrangeira,[195] impulsionado pelo fato de certos países, em sua própria legislação, preverem a imparcialidade como princípio regente do Ministério Público.[196]

---

[192] CIDH, Caso Palamara Iribarne vs. Chile, § 218. Sentença de 22 de novembro de 2005. CIDH, Caso García Asto y Ramirez Rojas vs. Peru, § 109, Sentença de 25 de novembro de 2005. CIDH, Caso Bayarri vs. Argentina, § 67, Sentença de 30 de outubro de 2008.

[193] CIDH, Caso Palamara Iribarne vs. Chile, § 223. Sentença de 22 de novembro de 2005.

[194] GOLDSCHMIDT, James. *Der Prozess als Rechtslage. Eine Kritik des prozessualen Denkens*. Berlin: Springer Verlag, 1925, p. 127, 300 e 337. GOLDSCHMIDT, James. *Problemas Jurídicos y Políticos del Proceso Penal*. Barcelona: Bosch, 1935, p. 29. CALAMANDREI, Piero. *Elogio de los Jueces Escrito por un Abogado*. Traduzido por Marcelo Bazán Lazcano. Buenos Aires: El Foro, 1997, p. 88. CARNELUTTI, Francesco. Poner en su Puesto al Ministerio Público. In: *Cuestiones sobre el Proceso Penal*. Traduzido por Santiago Sentís Melendo. Buenos Aires: Librería El Foro, 1994, p. 211. GOLDSCHMIDT, Werner. La imparcialidad como principio básico del proceso (la 'partialidad' y la parcialidad). *Revista de Derecho Procesal*, Barcelona, ano VI, nº 2, 1950, p. 193-194. GUARNERI, José. *Las Partes en el Proceso Penal*. Traduzido por Constancio Bernaldo de Quirós. Puebla (México): José M. Cajica Jr., 1952, 43.

[195] Em âmbito nacional, citamos: PACELLI, Eugenio. *Curso de Processo Penal*. 18ª ed. São Paulo: Atlas, 2014, p. 460. NICOLITT, André. *Manual de Processo Penal*. 5ª ed. São Paulo: RT, 2014, p. 421. MUCCIO, Hidejalma. *Curso de Processo Penal*. 2ª ed. São Paulo: Método, 2011, p. 578. Em âmbito internacional, citamos: NIEVA FENOLL, Jordi. *Fundamentos de Derecho Procesal Penal*. Madrid: Edisofer, 2012, p. 53-54. MENDES, Paulo de Sousa. *Lições de Direito Processual Penal*. Coimbra: Almedina, 2014, p. 119.

[196] Constituição da Espanha, artigo 124,4.

Em caráter supranacional, ninguém menos que a própria ONU agrega grande combustível para a preservação desse debate, ao recomendar aos seus Estados-Membros que os integrantes daquela instituição devem dar prova de sua imparcialidade, embora suas funções devam ser exercidas mediante separação estrita daquelas exercidas pelos juízes.[197] Além disso, fornece material de apoio para que os integrantes de carreiras jurídicas possam atuar com pleno respeito aos direitos humanos, ali estabelecendo uma série de direitos, de deveres e até como deverá se dar a forma de seleção dos operadores estatais da persecução penal, mas também reforçando aquela postura dúbia, por parte do Ministério Público, que deve estar postado entre a imparcialidade na atuação e a separação da atuação do juiz.[198] Bem por isso, não nos parece haver algum sentido entrar nessa discussão, pois, ao final, nossa proposição é averiguar qual o entendimento dos textos e Cortes internacionais sobre quem seria aquela autoridade diversa da judicial, em lugar de pretender sustentar uma opinião sobre os princípios regentes do Ministério Público.[199]

Feita essa necessária observação, mesmo que se siga a linha doutrinária que sustenta a vinculação do Ministério Público ao princípio da imparcialidade, nem assim poderia esta instituição ser admitida como responsável para presidir a audiência de custódia. Isto porque, dentro do conceito de imparcialidade apresentado pela CIDH, pelo TEDH e pela própria ONU, não se ajustam várias atividades exercidas pelo Ministério Público ao longo da fase de investigação.

De início, em nenhuma hipótese poderia ser ele o responsável pela audiência de custódia, nos países em que a investigação criminal estivesse ao seu encargo ou sob sua presidência. Essa exclusão abarcaria todas as oportunidades em que aquela instituição fosse a emissora da ordem de prisão do sujeito que, posteriormente, deveria ser-lhe apresentado[200] (obviamente, para os países que autorizam o exercício dessa parcela do poder judicial pelo Ministério Público). Também haveria essa exclusão em razão de ele ser o responsável pelo indiciamento e posterior acusação do sujeito investigado, de modo que àquela insti-

---

[197] Organização das Nações Unidas. Princípios Orientadores Relativos à Função dos Magistrados do Ministério Público. *8º Congresso das Nações Unidas para a Prevenção do Crime e o Tratamento de Delinquentes*, 1990.

[198] Direitos Humanos na Administração da Justiça. Manual de Direitos Humanos para Juízes, Magistrados do Ministério Público e Advogados. Alto Comissariado das Nações Unidas para os Direitos Humanos em cooperação com a International Bar Association. Série Formação Profissional nº 09. *Nações Unidas*, Nova Iorque e Genebra, 2003, p. 119.

[199] Esta análise pode ser encontrada em: ANDRADE, Mauro Fonseca. *Ministério Público e sua Investigação Criminal*. 2ª ed. Curitiba: Juruá, 2006, p. 127-135.

[200] CIDH, Caso Palamara Iribarne vs. Chile, § 223. Sentença de 22 de novembro de 2005.

tuição caberia valorar a necessidade e legalidade das medidas probatórias tomadas ao longo da fase de investigação. Em síntese, não poderia o Ministério Público ser o fiscal da legalidade dos seus próprios atos praticados ao longo da investigação criminal, pois essa valoração pode ser invocada no curso da audiência de custódia.[201]

No que diz respeito às investigações criminais que não são conduzidas pelo Ministério Público, sua atividade é obviamente muito menos invasiva sobre os direitos fundamentais do sujeito investigado. Tendo como exemplo a realidade nacional, qualquer quebra de direito fundamental, nessa fase da persecução criminal, somente se dá por provocação judicial advinda do Delegado de Polícia ou do Ministério Público, e nunca por ordem diretamente emanada por essa instituição.

Em realidades como essa, facilmente somos induzidos a pensar que, por não haver nenhuma decisão propriamente dita a ser tomada pelo Ministério Público na investigação criminal presidida por uma terceira autoridade estatal, bem poderia ele vir a assumir o encargo de presidir a audiência de custódia, sobretudo, em razão da ausência de um precedente específico da CIDH para esta hipótese, refutando tal possibilidade. No entanto, é no TEDH e na própria ONU onde encontramos o não acolhimento a esta possibilidade.

Ao tratar da independência e imparcialidade da autoridade judicial, a Corte europeia deixou patente não só a necessidade de sua completa desvinculação em relação ao Poder Executivo, mas também, e principalmente, em relação às partes que tenham seus interesses envolvidos, seja naquele momento da persecução penal, seja no futuro, a partir da instauração do processo de conhecimento. Com isso, afastou-se não só a possibilidade de a polícia judiciária vinculada ao Ministério Público ser reconhecida como aquela *outra autoridade judicial*, para os fins da audiência de custódia, senão também, refutou a possibilidade de o próprio Ministério Público ser reconhecido como essa autoridade, em virtude de ele poder vir a figurar como o autor da futura acusação, que se embasa, por óbvio, no resultado da investigação feita pela polícia judiciária.[202]

No mesmo sentido foi a Comunicação n° 521/1992, da Comissão de Direitos Humanos da ONU, ao analisar a situação de um ci-

---

[201] CIDH, Caso Palamara Iribarne vs. Chile, § 157. Sentença de 22 de novembro de 2005.

[202] TEDH, Caso Huber vs. Suíça, § 42-43, sentença de 23 de outubro de 1990. TEDH, Caso Brincat vs. Itália, § 20-21, sentença de 26 de novembro de 1992. TEDH, Caso Assenov e outros vs. Bulgária, § 146-149, Sentença de 28 de outubro de 1998. TEDH, Caso Hood vs. Reino Unido, § 57, Sentença de 18 de fevereiro de 1999.

dadão russo que vivia em Budapeste, Hungria, preso sob a acusação de homicídio. Na ocasião, embora houvesse ele sido apresentado a um membro do Ministério Público, afastou-se a possibilidade de essa apresentação ser equiparada àquela prevista no PIDCP. É bem verdade que, à época da prisão, o Ministério Público húngaro não possuía independência em relação ao Poder Executivo, motivo mais que suficiente para não ser reconhecida sua equiparação àquela outra autoridade apta a exercer poderes judiciais. No entanto, a posição da ONU foi no sentido de igualmente negar essa equiparação, por entender que faltavam ao Ministério Público daquele país a imparcialidade e a objetividade necessárias para configurá-lo como sendo aquele que pode exercer poderes judiciais.[203]

Como se vê, seja sob o fundamento de ser o condutor da investigação criminal, seja sob o fundamento de poder vir a ser o futuro oponente do sujeito preso em processo de conhecimento, tanto a CIDH como o TEDH e a ONU não vêm reconhecendo o Ministério Público como a autoridade adequada a presidir a audiência de custódia, em razão da ausência, ainda que potencial, da necessária imparcialidade para tanto.[204]

2.6.2.3. Autoridade competente

Até a Resolução nº 213, do CNJ, a audiência de custódia vinha sendo tratada no Brasil como aplicável somente aos casos de prisão em flagrante, em descompasso com os textos internacionais ratifica-

---

[203] ONU. Vladimir Kulomin vs. Hungary. Comunication nº 521/1992, U.N. Doc. CCPR/C/50/D/521/1992 (1996).

[204] Rompendo com essa lógica, merece destaque decisão do TEDH, onde se reconheceu poder o Ministério Público ser a autoridade legitimada a presidir a audiência de custódia. Trata-se o Caso Schiesser vs. Suíça (§ 38, sentença de 4 de dezembro de 1979), onde se admitiu que, se o órgão do Ministério Público intervier somente na fase de investigação, ele poderá ser o responsável pela presidência da audiência de custódia. Note-se que, nesse julgado, o que fez o TEDH foi realizar a distinção entre o Ministério Público e seus membros, para admitir que, isoladamente, nada impede que essa instituição presida a audiência de custódia, já que, a exemplo do Poder Judiciário, uma vez verificada a ocorrência de uma causa de impedimento ou suspeição, os efeitos são produzidos exclusivamente sobre os seus representantes, e não sobre o Ministério Público como um todo. Noutros termos, se o TEDH entendeu por criar uma causa de impedimento – o fato de alguém poder ser o futuro acusador faz com que ele não possa presidir a audiência de custódia –, então, nada impediria que, se o membro do Ministério Público não for o mesmo a ajuizar a ação penal, bem poderia ele vir a ser o presidente daquele ato. Posteriormente, o Plenário daquela mesma Corte, no Caso Huber vs. Suíça (sentença de 23 de outubro de 1990), reviu a conclusão a que chegou no julgamento do Caso Schiesser vs. Suíça. Mesmo assim, nova decisão, voltada a permitir que um investigador subordinado ao Ministério Público, foi objeto do Caso Assenov vs. Bulgária (sentença de 28 de outubro de 1998), autorizando, de certa forma, que essa instituição pudesse presidir a audiência de custódia.

dos pelo país, que fazem uma clara distinção entre pessoas presas e pessoas detidas.[205] Com a entrada em vigor daquela resolução, no entanto, esse equívoco foi corrigido, passando a audiência de custódia a ser realizada em relação aos sujeitos presos em flagrante, presos em decorrência de prisão cautelar e presos em decorrência de prisão definitiva.[206]

Partindo dessa realidade, outro tema que merece atenção diz respeito à identificação de qual será o juiz competente para a realização da audiência de custódia, para que seja satisfeita também essa exigência presente nos textos internacionais.

a) Princípio do juiz natural e a criação de competência por ato administrativo.

No que diz respeito à definição do juiz competente, seu princípio basilar é o do *juiz natural*, previsto na Constituição Federal (artigo 5º, inciso LIII) como forma de evitar tribunais ou juízos de exceção. Em sendo assim, o problema verificado com a implantação da audiência de custódia pelos Tribunais que aderiram ao projeto-piloto do CNJ foi justamente a colocação deste princípio em risco, para não dizer, em alguns casos, de seu explícito afastamento.

Concretamente, não há como negar que o tema *audiência de custódia* foi utilizado por setores do Poder Judiciário, ao tempo dos convênios voltados ao projeto-piloto do CNJ, como uma boa oportunidade para demonstrarem o quão vanguardista foi tal ou qual Tribunal. O problema é que, à hora de darem execução ao projeto-piloto, houve proposição ou efetivação de verdadeiros contornos a princípios constitucionais basilares para que aquele fim fosse atingido.

Invariavelmente, os Tribunais iniciaram o processo de implantação da audiência de custódia pela capital de seus Estados. Ao optarem por essa estratégia, acabam por se dar conta que os autos de prisão em flagrante e o sujeito preso nesta condição não poderiam simplesmente *aparecer, de uma hora para outra*, nas varas criminais onde aqueles autos deveriam ser distribuídos. Surgiu, em razão disso, o argumento de racionalizar a realização da audiência de custódia.

---

[205] Veja-se, por exemplo, o modelo alemão, que claramente ressalta ser imprescindível a audiência em qualquer caso de prisão. Compare: ALFLEN, Pablo Rodrigo. Apresentação (*Vorführung*) ou audiência de custódia no Processo Penal alemão. In: ANDRADE, Mauro Fonseca; ALFLEN, Pablo Rodrigo (orgs.). *Audiência de Custódia*: da boa intenção à boa técnica. Porto Alegre: FMP, 2016. p. 47 e ss.

[206] Art. 13. A apresentação à autoridade judicial no prazo de 24 horas também será assegurada às pessoas presas em decorrência de cumprimento de mandados de prisão cautelar ou definitiva, aplicando-se, no que couber, os procedimentos previstos nesta resolução.

O caminho encontrado para essa racionalização vem passando pela criação administrativa de serviços de plantão ou de análise de flagrantes, para onde aqueles autos e aqueles sujeitos presos deverão ser direcionados; ou, então, pela ampliação da competência de serviços de plantão já existentes. Noutras palavras, há cartórios sendo administrativamente criados ou tendo sua competência alargada, munidos de juízes administrativamente designados, com a retirada, por resolução ou provimento, de uma competência fixada previamente em lei. Em suma, os juízes, que atualmente seriam competentes para a realização da audiência de custódia, estão tendo sua competência subtraída pela cúpula dos Tribunais a que fazem parte, cúpula esta que vem fazendo uso de um ato administrativo interno para concedê-la aos juízes que são de sua confiança.

Um bom exemplo disso é a Resolução nº 13/2015, do Gabinete da Presidência do Tribunal de Justiça do Espírito Santo, que tratou de regulamentar a audiência de custódia, após as manchetes darem conta de que ele foi o segundo Estado do país a aderir ao projeto-piloto do CNJ. Lá se vê a criação do "Serviço de Plantão de Flagrantes", onde serão realizadas as audiências de custódia,[207] e a nomeação de juízes que passarão a nele atuar, após serem recrutados – isso mesmo, *recrutados*, diz a resolução – preferencialmente junto aos juízes criminais.[208]

Ora, não é preciso grandes esforços para saber que as regras a serem respeitadas pela audiência de custódia deverão ser as mesmas já constantes na nossa legislação, que fixam a competência em razão do lugar da infração, do domicílio ou residência do réu, da natureza da infração, da distribuição, da conexão ou continência, da prevenção e da prerrogativa de função (artigo 69 do CPP). Do mesmo modo, que a incidência do princípio do juiz natural se dá sob a forma de proibição de nomeação de juízes específicos para a realização da audiência de custódia, visto que, por se tratar de um acréscimo no procedimento de avaliação do auto de prisão em flagrante, não há nenhuma justificativa para que outro juiz, que não aquele que já era o competente

---

[207] Artigo 1º. Criar o Serviço de Plantão de Flagrantes no âmbito do Poder Judiciário do Espírito Santo, com competência exclusiva para a análise dos autos de prisão em flagrante gerados nas diversas Delegacias e Departamentos de Polícia Judiciária da Grande Vitória, em cumprimento ao disposto no art. 310 do Código de Processo Penal.
Artigo 2º. O Serviço de Plantão de Flagrantes realizará as audiências de custódia, nos termos das recomendações do Conselho Nacional de Justiça, em consonância com a realidade local.

[208] Artigo 4º. Na Comarca da Capital, exceto Guarapari, o serviço de plantão de flagrantes será executado por um grupo de juízes recrutados pela Presidência do Tribunal de Justiça, preferencialmente, dentre os Juízes Titulares das Varas Criminais dos Juízos de Cariacica, Serra, Viana, Vila Velha e Vitória, os quais atuarão em sistema de escala de rodízio.

para tal análise, venha a ser designado para o ato previsto na CADH e no PIDCP. Como também já teve oportunidade de decidir a CIDH, *"el detenido debe comparecer personalmente y rendir su declaración ante el juez o autoridad competente"*,[209] sendo que a definição do juiz competente, segundo a CADH, obrigatoriamente deve-se dar por lei.[210] Por essa razão, foi acertada a opção do CNJ, em deixar expresso, no próprio texto da Resolução nº 213, que o seu entendimento de juiz competente passa pela necessidade de uma definição presente em lei, somente aceitando situações excepcionais em caso de omissão legislativa.[211]

Em sendo assim, em absoluto poderá ser criada regra de competência – na verdade, de deslocamento de competência, e por ato administrativo – diversa daquela já estabelecida em nossa legislação processual penal e nos Códigos de Organização Judiciária Estaduais, sob pena de ferimento ao princípio do juiz natural e, por consequência, mácula ao texto constitucional e às disposições dos próprios textos internacionais invocados para a realização da audiência de custódia. A menos que o legislador entenda por criar varas especializadas e providas por juízes titulares para a análise dos autos de prisão em flagrante, o juiz competente para a audiência de custódia dos presos em flagrante deverá ser o mesmo que já analisava os autos de prisão em flagrante em dia útil e dentro do horário forense.

Como única exceção possível, vislumbramos as hipóteses em que há a designação de juízes para o exercício da atividade de plantão. Mesmo assim, há que se fazer uma ressalva necessária.

Em âmbito nacional, a atividade que abrange o plantão judicial está regulamentada – e bem regulamentada – pela Resolução nº 71, de 31 de março de 2009, do CNJ, que reconhece a competência do juiz plantonista "nos dias em que não houver expediente forense" e "nos dias úteis, antes ou após o expediente normal".[212] Até pela clareza como tais restrições à atividade do juiz plantonista aparecem naquela

---

[209] CIDH, Caso Acosta Calderón vs. Equador, § 78, Sentença de 24 de junho de 2005.

[210] Artigo 8, 1. Toda pessoa terá o direito de ser ouvida, com as devidas garantias e dentro de um prazo razoável, por um juiz ou Tribunal competente, independente e imparcial, estabelecido anteriormente por lei, na apuração de qualquer acusação penal formulada contra ela, ou na determinação de seus direitos e obrigações de caráter civil, trabalhista, fiscal ou de qualquer outra natureza.

[211] Artigo 1º, § 2º. Entende-se por autoridade judicial competente aquela assim disposta pelas leis de organização judiciária locais, ou, salvo omissão, definidas por ato normativo do Tribunal de Justiça ou Tribunal Federal local que instituir as audiências de apresentação, incluindo o juiz plantonista.

[212] Artigo 2º. O Plantão Judiciário realiza-se nas dependências do Tribunal ou fórum, em todas as sedes de comarca, circunscrição, seção ou subseção judiciária, conforme a organização judiciária local, e será mantido em todos os dias em que não houver expediente forense, e, nos dias úteis, antes ou após o expediente normal, nos termos disciplinados pelo Tribunal.

resolução, não cabe à administração do Poder Judiciário de cada Estado subverter as regras próprias do plantão judicial, pois singelamente foram definidas por norma administrativa a que todos os Tribunais do país estão vinculados.

A título de exemplo, temos a própria Resolução nº 13/2015, do Gabinete da Presidência do Tribunal de Justiça do Espírito Santo. Nela, vemos a designação de juízes para serem plantonistas, mas com a missão de realizarem as audiências de custódia "no período das 08:00 às 18:00", portanto, dentro do horário normal de expediente forense, e fora dos dias e horários de plantão.[213] O mesmo problema se encontra na Resolução nº 1143/2016, do Conselho da Magistratura do Tribunal de Justiça do Rio Grande do Sul.[214] [215]

Em uma crítica mais incisiva, este artifício não passaria de uma postura utilitarista, por parte dos órgãos internos dos Tribunais, que não reconhecem os défices estruturais e de pessoal de outras instituições envolvidas naquele ato, mas procuram superar seus próprios défices estruturais e de pessoal com a adoção de uma medida flagrantemente inconstitucional. Além disso, corre-se o risco de o *recrutamento* dos juízes – a serem designados para atuar como plantonistas – estar pautado por critérios voltados a flexibilizar ou enrijecer os requisitos para a decretação de medidas cautelares pessoais, dependendo do viés ideológico de quem detiver o *poder da caneta* para concretizar tais nomeações.

Se estes cuidados não forem tomados, resguardando de forma intransigente o princípio do juiz natural, o resultado final é que ele

---

[213] Artigo 4º, parágrafo único. As audiências de custódia serão realizadas no período de 08:00 às 18:00 horas e haverá, no mínimo, um juiz designado para cada dia, sem prejuízo do funcionamento regular da respectiva unidade judiciária, para a qual a Presidência poderá designar um Juiz colaborador.

[214] Artigo 9º Na Comarca de Porto Alegre, recebido o auto de prisão em flagrante pelo Serviço de Plantão, serão observados os termos da Resolução nº 689/2008-COMAG.
§ 1º As audiências de custódia serão realizadas diariamente, inclusive nos dias não úteis, a partir das 9h30min, no Posto Avançado da 2ª Vara de Execuções Criminais de Porto Alegre no Presídio Central de Porto Alegre e na Penitenciária Madre Pelletier.
§ 2º Todos os autos de prisão em flagrante, independentemente do horário de sua distribuição e do local do fato delitivo, serão distribuídos diretamente no Serviço de Plantão Judiciário do Foro Central de Porto Alegre.
§ 3º Após a realização da audiência de custódia, o Serviço de Plantão encaminhará o auto de prisão em flagrante ao cartório da distribuição e contadoria, para distribuição às varas criminais de Porto Alegre.

[215] Sobre as críticas feitas à forma como a audiência de custódia foi implantada e aplicada na Comarca de Porto Alegre, anterior à entrada em vigor da Resolução nº 213, do CNJ, ver: ANDRADE, Mauro Fonseca. A Audiência de Custódia na Concepção da Justiça Gaúcha: Análise da Resolução nº 1087/2015 e das Práticas Estabelecidas. In: ANDRADE, Mauro Fonseca; ALFLEN, Pablo Rodrigo (Orgs.). *Audiência de Custódia: da boa intenção à boa técnica*. Porto Alegre: FMP, 2016. p. 221-246.

estará sendo afastado sob o pressuposto de uma necessária obediência a tratados e convenções ratificados pelo país, mesmo que estes textos exijam que a audiência de custódia seja realizada por um juiz verdadeiramente competente para tanto.

b) Lavratura do auto de prisão em flagrante em comarca diversa de onde se encontra o Juiz competente.

No que diz respeito à competência em razão do lugar da infração, os critérios estabelecidos pelo CPP fixam, a um só tempo, o juízo competente para o julgamento do fato e o juízo competente para a análise do auto de prisão em flagrante, o que o torna igualmente o juízo competente para a realização da audiência de custódia. Em sendo assim, o fato de o juiz competente para a ação penal ser o que também deve presidir a audiência de custódia nos leva a fazer um alerta especial em relação às hipóteses em que a lavratura do auto de prisão em flagrante vier a se dar em comarca diversa daquela em que deveria ocorrer a audiência de custódia.

Conforme prevê o CPP, duas seriam as situações em que o auto de prisão em flagrante poderia ser lavrado em local distinto daquele em que houve a prática delitiva, quais sejam: a) quando a prisão do sujeito ocorrer em território de outro município ou comarca, como resultado de perseguição (artigo 290, *caput*); e b) quando não houver Delegado de Polícia na localidade onde houve a prisão em fragrante (artigo 308).

Rotineiramente, temos observado que, em relação a estas hipóteses, a polícia judiciária tem efetuado não só a comunicação obrigatória da prisão, mas também, a própria distribuição do auto de prisão em flagrante ao juiz da comarca onde ele fora lavrado. A justificativa apresentada para essa prática é a ausência de recursos materiais e humanos para o encaminhamento do auto ao juiz verdadeiramente competente para conhecê-lo, sobretudo, nas hipóteses em que a prisão em flagrante se deu após longa perseguição, o que levaria a polícia judiciária a se deslocar por horas até chegar à comarca onde o auto de prisão em flagrante deveria ser corretamente levado ao conhecimento do Poder Judiciário.

Em que pesem as deficiências históricas por que passa a polícia judiciária, não podem elas ser motivadoras de violação ao princípio do juiz natural, pois o juízo competente permanece aquele determinado por nossa legislação, independentemente de onde houver sido lavrado o auto de prisão em flagrante. Do contrário, o que teremos é a utilização – e admissão – de um critério de conveniência, por parte da polícia judiciária, em relação a qual juiz deverá realizar a fiscalização sobre o resultado final de sua atividade.

É claro que, em se procedendo à lavratura de auto de prisão em flagrante em comarca diversa daquela onde deverá se realizar a audiência de custódia, haverá um sério prejuízo à observância do prazo para sua apresentação à autoridade encarregada de tal ato.[216] Como o prazo estipulado pela Resolução nº 213, do CNJ, e pelos projetos de lei existentes está se consolidando em 24 horas, de antemão já se sabe que dificilmente ele será observado por parte da polícia judiciária em situações como essa.

Não se trata de qualquer desleixo por parte da polícia judiciária, muito menos em buscar apontar sua histórica falta de estrutura e de pessoal como responsáveis pelo eventual descumprimento do prazo estipulado para a apresentação do sujeito preso a quem deverá presidir a audiência de custódia. Estamos tratando, aqui, de situações que se verificam de forma rotineira na atividade policial, e que, mais que isso, mereceram atenção por parte do legislador, a fim de dar amparo legal aos atos cartorários que vierem a ser praticados fora do local onde o fato ilícito deverá futuramente ser julgado.

Dito de outra forma, parece-nos contraditório que o legislador autorize a lavratura de auto de prisão em flagrante em local diverso de onde deverá se dar a audiência de custódia, mas, em contrapartida, tanto ele como o CNJ fixem um prazo que pode se afigurar escasso – para não dizer inviável – para a apresentação do sujeito preso, em virtude das longas distâncias a serem percorridas. Também por essa razão, portanto, deveria ser revisto o prazo de 24 horas para o atendimento a essa apresentação, quiçá referindo-se a ele de forma vaga, a exemplo da redação constante nos próprios textos internacionais que versam sobre a audiência de custódia. Ou, então, criando-se uma regra de exceção – que parece ser o mais apropriado –, tal como presente na Resolução nº 213, do CNJ, ainda que ela não diga respeito diretamente ao problema ora abordado.

Referimo-nos à hipótese presente na última parte do § 4º do artigo 1º daquela resolução, ao não prever um prazo certo para a audiência de custódia, sempre que houver uma situação excepcional e comprovada que impeça o deslocamento do sujeito preso. De acordo com o referido dispositivo, a audiência de custódia deverá ocorrer "imediatamente após restabelecida sua condição de saúde ou de apresentação".

---

[216] CHOUKR, Fauzi Hassan. *PL 554/2011 e a necessária (e lenta) adaptação do processo penal brasileiro à convenção americana dos direitos do homem*. Ob. cit., p. 2.

Como aquela previsão se dedica aos casos em que há a impossibilidade de deslocamento do sujeito preso, e não à demora no seu deslocamento, dúvidas e críticas poderão ocorrer em relação à sua aplicação, por analogia, às hipóteses em que o auto de prisão em flagrante foi lavrado em comarca distante daquela onde se encontra o juiz competente para presidir a audiência de custódia. Por isso, é preciso que o legislador e o próprio CNJ se dediquem a melhorar os termos dos projetos de lei e da regulamentação que hoje temos sobre o tema, proporcionando-nos resposta a uma situação não pensada até o momento por aqueles que se dedicaram a disciplinar a forma como a audiência de custódia será realizada em nosso país.

c) Juiz competente nos casos de presos cautelares ou definitivos.

Como já referido acima, um grande passo dado pela Resolução nº 213, do CNJ, foi ampliar o leque de possibilidades de realização da audiência de custódia, para nela também inserir as hipóteses de presos decorrentes do cumprimento de mandados de prisão cautelar ou prisão definitiva. O que fez o CNJ, portanto, foi adequar a realização da audiência de custódia no Brasil ao que preveem expressamente os textos internacionais por ele ratificados e à jurisprudência dos Tribunais internacionais.

Ao assim proceder, o CNJ estabeleceu que o juiz competente para a realização da audiência de custódia deverá ser "a autoridade judicial que determinou a expedição da ordem de custódia". Ou seja, deverá ser o juízo em que tramita o processo de conhecimento de natureza condenatória ou o juízo em que tramita o processo de execução criminal.

Como se pode imaginar, o objetivo dessa audiência de apresentação poderá ser mais restrito do que aquela realizada quando da prisão em flagrante do sujeito. Rememorando, a doutrina aponta que, no caso da audiência para os sujeitos apresentados por decorrência do cumprimento de mandado de prisão cautelar, seu objetivo será averiguar a necessidade da manutenção da ordem de prisão e a ocorrência de alguma espécie de violência quando da prisão do sujeito. Já, no que diz respeito aos sujeitos apresentados em decorrência do cumprimento de mandado de prisão definitiva, seu objetivo será, além da averiguação de eventual violência, também analisar a impossibilidade jurídica do cumprimento da pena imposta (*v.g.*, incidência de causa de extinção da punibilidade, como a prescrição, ou prisão da pessoa errada).

Além da autoridade judicial emissora da ordem de prisão, a Resolução nº 213, do CNJ, não se descurou em prever uma situação muito comum quando do cumprimento de ordens de prisão cautelar ou de prisão definitiva, dizendo ela respeito ao fato de o sujeito ser preso em localidade diversa da jurisdição do juiz que firmou aqueles mandados. Em hipóteses como esta, entendeu-se que a apresentação do sujeito deverá ser realizada à "autoridade competente, conforme lei de organização judiciária local" (parágrafo único do artigo 13).

Assim, o sujeito que foi preso para dar início a cumprimento de pena deverá ser apresentado à autoridade judicial com competência para atuar nos processos de execução criminal, ao passo que o sujeito que foi detido em decorrência de prisão cautelar decretada em investigação criminal ou processo de conhecimento já instaurado, deverá ser apresentado à autoridade da comarca diversa com competência para atuar em relação a fatos similares.

O que deve ser ressalvado em situações como essa, no entanto, é que, diversamente do que ocorre nas audiências de custódia a serem feitas pelos próprios juízes emissores das ordens de prisão, as apresentações aos juízes de outras jurisdições poderão motivar questionamentos mais restritos do que aqueles realizados pelos primeiros.

Isso porque, mostra-se completamente inviável que, nos casos de cumprimento de mandado de prisão cautelar, o juiz da comarca diversa possa analisar a permanência da necessidade da prisão determinada pelo juízo de origem. Quando muito, poderá averiguar a validade do mandado de prisão, mas, mesmo assim, caso já esteja ele vencido, o juízo poderá entrar em contato previamente com o juízo emissor daquela ordem. A mesma limitação atingirá a autoridade judicial encarregada da audiência de custódia em caso de cumprimento de mandado de prisão definitiva, pois não vemos como viável a possibilidade de aquela ingressar na análise de incidência de eventual causa extintiva da punibilidade.

Assim, nas hipóteses em que a apresentação do sujeito se verificar fora da jurisdição da autoridade emissora da ordem de prisão, o objetivo da audiência de custódia irá se restringir a averiguar a ocorrência de eventuais agressões ao sujeito preso e a se certificar da correta identidade. Quanto àquelas outras possibilidades de questionamento, elas poderão ser feitas pelo próprio juiz emissor da ordem de prisão, após o deslocamento do sujeito preso ao juízo onde ele figura como sujeito passivo de investigação criminal ou processo judicial, sendo este de conhecimento ou de execução criminal.

d) Lavratura do auto de prisão em flagrante por Juiz.

Bem se sabe que a polícia judiciária é a responsável pela condução da imensa maioria das investigações criminais em nosso país. No entanto, além dela, outras autoridades também possuem legitimidade investigatória, que é admitida seja por norma legal expressa, seja por reconhecimento jurisprudencial.

Neste tema, o grande debate, que até pouco tempo se havia travado, esteve centrado no reconhecimento da legitimidade investigadora do Ministério Público além daquelas hipóteses em que a própria legislação já a reconhecia de forma expressa, como é o caso dos crimes praticados por membros daquela instituição.[217] Entretanto, também o Poder Judiciário detém parcela dessa legitimidade investigativa, algo pouco tratado pela doutrina nacional.

Entre as escassas situações previstas em nossa legislação, encontramos a possibilidade de o juiz vir a ser o responsável pela lavratura do auto de prisão em flagrante. De acordo com o CPP, isso é possível de ocorrer quando a infração penal for praticada na presença do juiz ou contra ele próprio, mas desde que seja no exercício de suas funções (artigo 307, *in fine*). Em se verificando uma situação como essa, quem seria o juiz encarregado da análise da legalidade do auto de prisão em flagrante e, por consequência, da audiência de custódia?

Embora o artigo citado faça referência à remessa do auto de prisão em flagrante ao juiz competente, Avena sustenta que, em sendo o próprio juiz a autoridade que se encarregou de sua lavratura, não haveria a necessidade dessa remessa a outro magistrado. Como justificativa, afirma o autor haver a presunção de legalidade do ato por ele presidido, ainda que reconheça que essa presunção seria *juris tantum*. Em sua opinião, eventual alegação de ilegalidade praticada, seja no ato da prisão em flagrante, seja no ato da lavratura do respectivo auto, poderá ser invocada mediante a impetração de *habeas corpus*.[218]

Ousando divergir, seja hoje em dia, seja com a implantação da audiência de custódia, entendemos ser necessária a remessa do auto de prisão em flagrante para que outro juiz possa exercer o papel de fiscalizador da legalidade da prisão em flagrante e do procedimento dela resultante.

Na atualidade, essa necessidade passa pela compreensão de que a lavratura do auto de prisão em flagrante nada mais é que uma in-

---

[217] Lei nº 8.625/1993, artigo 41, parágrafo único. Lei Complementar nº 75/1993, artigo 18, parágrafo único.

[218] AVENA, Norberto. *Processo Penal*. Teoria e Prática. 2ª ed. São Paulo: Método, 2013, p. 434.

vestigação de urgência, na qual depoimentos são tomados com a finalidade de justificar a correção da prisão efetuada, disso resultando a realização de questionamentos não só atinentes à satisfação dos requisitos da prisão em flagrante (artigo 302 do CPP), senão também, de perguntas e atos voltados à demonstração da autoria e materialidade da suposta infração. Em sendo o juiz a própria autoridade que preside essa investigação, por certo que não poderá ele ser o fiscal de seus próprios atos, por mais que se queira homenagear a magistratura com o reconhecimento de uma legalidade *a priori* de tudo o que ele venha a fazer. Isso é o que leva à inexistência de exceções à incidência do artigo 307 do CPP, também quando aquele auto for lavrado por um membro da magistratura.

Para reforçar essa separação de funções entre o juiz que houver lavrado o auto de prisão em flagrante e o juiz que será o responsável pela análise de sua legalidade, basta a lembrança a um dos princípios basilares aplicáveis ao juizado de instrução – nome dado à investigação criminal presidida pelo Poder Judiciário. Referimo-nos ao princípio *juiz que investiga não julga*, que grande impacto trouxe ao direito europeu no século passado, em razão de históricas decisões proferidas pelo TEDH.[219]

Este princípio, que nada mais é que uma regra de impedimento, é o responsável pela separação de funções nos processos em que a fase de instrução preliminar – que, para nós, corresponde à fase de investigação – esteja a cargo de um juiz. Em termos práticos, o juiz que se encarregou da investigação criminal não poderá ser o juiz da fase de julgamento, ou, dito de outra forma, o juiz da fase de julgamento não poderá haver exercido funções investigadoras na fase anterior ao ajuizamento da acusação.

Como nossa legislação menciona a prevenção como critério determinante para a fixação da competência do juízo, e essa mesma prevenção é estabelecida, entre outros fatores, pela prática de qualquer medida anterior ao oferecimento da acusação (artigo 83 do CPP), o que temos é que, via de regra, o juiz que analisar a legalidade do auto de prisão em flagrante acabará por se tornar o juiz competente para presidir eventual e futuro processo de conhecimento. Assim posta a questão, e em uma visão inversa à aplicabilidade do princípio do *juiz que investiga não julga*, bem podemos dizer que: a) se o juiz competente para o processo de conhecimento não será o juiz que lavrou o auto de prisão em flagrante; b) se o juízo do processo de conhecimento, no

---

[219] TEDH, Caso Piersack vs. Bélgica, sentença de 01 de outubro de 1982. TEDH, Caso De Cubber, vs. Bélgica, sentença de 26 de outubro de 1984.

caso das prisões em flagrante, é determinado por aquele que houver realizado a análise da legalidade do auto que destas prisões derivam; c) então, sabe-se, com antecedência, que não pode o juiz que vier a lavrar auto de prisão em flagrante deixar de remetê-lo a outro juiz, pois só este será o competente para "tomar conhecimento do fato delituoso", tal como prevê a parte final do artigo 307 do CPP. Se essa é uma lógica aplicável hoje em dia, com muito mais força ela incidirá para a ocorrência da audiência de custódia.

De início, lembremos que a CADH, em seu artigo 7, 5, faz referência a um *dever* de o agente estatal conduzir toda pessoa presa ou detida a um juiz que seja o competente para aquele ato. Portanto, resta afastada qualquer presunção de legalidade da prisão e de sua formalização, tenham ambas sido praticadas por uma autoridade judicial ou não, pois a lógica daquela Convenção é a submissão do Estado a todas as formas de controle possíveis, a fim de evitar eventuais ferimentos aos direitos humanos, partam eles de quem partir.

Definida a obrigatoriedade da análise da legalidade da prisão e de sua formalização, resta sua condução ao juiz competente. E quem seria ele? Novamente, seria o juiz do futuro processo de conhecimento, já que o juiz responsável pela lavratura do auto de prisão em flagrante não poderia sê-lo, em razão do já exposto acima.

Ao fim e ao cabo, jamais o juiz responsável pela lavratura do auto de prisão em flagrante poderá ficar isento de fiscalização em seu ato, muito menos, ser o responsável por essa fiscalização, que é um dos objetivos da audiência de custódia.

2.6.2.4. Previsão expressa em lei

Em tese, caso se optasse por escolher outra autoridade – que não a judicial – para presidir a audiência de custódia, haveria a necessidade de satisfação de um requisito de ordem meramente objetiva, qual seja, essa opção deveria se dar por meio de uma lei, já que a CADH refuta a possibilidade de essa escolha ocorrer em razão de um ato meramente administrativo. Isso decorre, essencialmente, do seu artigo 7, 5, ao fazer referência à possibilidade de a pessoa presa ou detida poder ser apresentada a um juiz ou, na versão inglesa, "other officer authorized by law to exercise judicial power [...]" ou, na versão espanhola, "otro funcionario autorizado por la ley para ejercer funciones judiciales".

Independentemente disso, a questão relativa ao "outro funcionário autorizado *por lei* para exercer funções judiciais" vai além da *mera autorização legal* para exercer funções judiciais, pois depende, primeiramente, do exame da sua viabilidade desde o ponto de vista constitucional. Assim, à luz da ordem jurídico-constitucional brasileira, deve-se observar que apenas o artigo 93, inciso XIV, da CF estabelece a possibilidade de o juiz delegar poderes aos servidores, porém, unicamente para a prática de atos de administração e atos de mero expediente sem caráter decisório.[220]

Nesse sentido, cumpre observar dois fatores: por um lado, a CADH – embora seja Pacto Internacional protetivo de direitos humanos, aprovado nos termos do artigo 5°, § 3°, da CF – assume o *status* de *norma supralegal e infraconstitucional* (conforme posição firme do Supremo Tribunal Federal[221]); por outro lado, a norma disposta no artigo 7, 5 da CADH não determina que a lei regule ou estabeleça poderes judiciais a outros agentes além daqueles já especificados de modo constitucional e infraconstitucional, mas sim, que aqueles que já os detêm possam realizar a audiência de custódia.

Com isso, embora, como visto, a CIDFP tenha mencionado unicamente a "autoridade judiciária competente" como aquela a quem a pessoa privada em sua liberdade deverá ser apresentada, nem mesmo a invocação de outros textos internacionais menos claros poderia viabilizar eventual tentativa de se reconhecer quaisquer outras autoridades, tais como, o Ministério Público e os Delegados de Polícia, como possíveis de presidirem a audiência de custódia em território nacional. Logo, essa apresentação somente deverá ocorrer ao juiz, cuja competência haja sido preestabelecida por lei.[222]

---

[220] A respeito disso, FEITOZA, Denilson. *Direito Processual Penal.* 6ª ed. Rio de Janeiro: Ímpetus, 2009, p. 941.

[221] Cfe. decidido pelo STF, por ocasião do julgamento do RE 349703: "Desde a adesão do Brasil, sem qualquer reserva, ao Pacto Internacional dos Direitos Civis e Políticos (art. 11) e à Convenção Americana sobre Direitos Humanos – Pacto de San José da Costa Rica (art. 7°, 7), ambos no ano de 1992, não há mais base legal para prisão civil do depositário infiel, pois o caráter especial desses diplomas internacionais sobre direitos humanos lhes reserva lugar específico no ordenamento jurídico, *estando abaixo da Constituição, porém acima da legislação interna.* O status normativo supralegal dos tratados internacionais de direitos humanos subscritos pelo Brasil torna inaplicável a legislação infraconstitucional com ele conflitante, seja ela anterior ou posterior ao ato de adesão" (STF, RE 349703/RS, Rel. Min. Carlos Britto, Tribunal Pleno, Julgado em 03/12/2008).

[222] Interessante questão é proposta por Ronaldo Batista Pinto, que invoca a figura do Pretor, ainda existente na Justiça gaúcha, como sendo a única situação, em todo o país, que autorizaria a audiência de custódia ser realizada por outra autoridade que não se confundisse com o juiz. De acordo com esse autor, "Em nosso país, mais precisamente no Estado do Rio Grande do Sul, há ainda a figura do pretor, embora a Lei Estadual n° 14.235/2013 preveja a extinção de tais cargos na medida em que forem se vagando. Tratava-se, antes da vigência da mencionada Lei gaúcha que os equiparou aos Juízes, de uma autoridade que, embora não sendo um Magistrado de car-

2.7. Consequências da não realização da audiência de custódia

O Brasil ratificou a CADH e o PIDCP no ano de 1992, mas, contraditoriamente, pouco ou nenhum esforço houve para que o conteúdo destes textos internacionais fosse, de fato, internalizado em nossa prática processual penal. Como resultado dessa omissão, diversos direitos e garantias deixaram de ser prontamente observados nos milhões de processos criminais que, desde então, foram instaurados no país, prejudicando, por óbvio, os interesses tanto da acusação como da defesa.

O exemplo mais recente dessa dura e triste realidade é a apresentação imediata de toda pessoa presa ou detida ao juiz, a fim de que se realize a *audiência de custódia*. E aí surge uma importante questão: como ficam os processos iniciados posteriormente à ratificação daquela Convenção, em que não houve a aludida audiência?

Longe de ser um questionamento de interesse meramente acadêmico, a abordagem a esse tema se reveste de imensa importância prática, frente a inúmeros mecanismos de inconformidade (recursos e ações constitucionais) que já vêm sendo manejados – em especial, pela Defensoria Pública – em diversos Estados de nossa federação. Diante disso, é importante que se saiba quais são as consequências da não realização daquele ato na quase totalidade dos juízos criminais de nosso país.

Para começar a encontrar alguma luz nessa discussão, é preciso que relembremos quais são os objetivos da audiência de custódia, referidos não só nas decisões dos tribunais internacionais, mas também, na própria justificativa dos projetos de lei já apresentados e nos *considerandos* da Resolução nº 213, do CNJ. Lá veremos que esta apresentação da pessoa presa ou detida se presta a resguardar sua integridade

---

reira, exercia funções equiparadas ao Juiz. Não tenho dúvida em afirmar, assim, a inexistência de qualquer impedimento no sentido de que, no Estado do Rio Grande do Sul, eventualmente implantada a audiência de custódia, seja o preso apresentado a um pretor" (PINTO, Ronaldo Batista. Audiência de Custódia – da Indevida Equiparação do Delegado de Polícia ao Juiz de Direito para Fins de Audiência de Custódia. *Revista Magister de Direito Penal e Processo Penal*, Porto Alegre, v. 67, ago./set. 2015, p. 117). No entanto, o Código de Organização Judiciária do Rio Grande do Sul (Lei Estadual nº 7.356, de 1º de fevereiro de 1980), confere competência muito reduzida aos Pretores. De acordo com o seu artigo 87, a competência dos Pretores está limitada, no âmbito criminal, a "processar e julgar as contravenções, bem como os crimes a que sejam cominadas penas de detenção e/ou multa" (inciso III), "processar, até o encerramento da instrução, os crimes a que seja cominada pena de reclusão, quando a comarca ou vara estiver em regime de substituição" (inciso IV), "executar as sentenças criminais que proferirem, salvo onde houver juízo privativo" (inciso V) e "arbitrar e conceder fianças, nos feitos de sua competência" (inciso VI). Assim, embora, objetivamente, possa o Pretor presidir audiências de custódia, ele somente possuirá competência nos estritos casos elencados acima, sob pena de nulidade absoluta dos atos e decisões produzidas naquela oportunidade.

física e psíquica, a analisar a legalidade da prisão e de sua formalização, bem como, a averiguar a (des)necessidade de decreto de alguma medida cautelar pessoal, ou mesmo a manutenção deste decreto, no caso dos sujeitos já presos preventiva ou temporariamente.

Como já visto acima, a CIDH vem se posicionando pela incidência do princípio da imediação nesse ato, com isso deixando claro que, para se alcançar o respeito àquele direito, não basta a simples comunicação da prisão ao juiz, relativa aos sujeitos presos em flagrante ou por ordem judicial já expedida ou a remessa do auto de prisão em flagrante ao Poder Judiciário (tal como ocorre no direito brasileiro). Assim sendo, a jurisprudência das Cortes internacionais é muito clara ao se posicionar sobre as implicações advindas da não realização da audiência de custódia.

Tanto para a CIDH como para o TEDH, a não apresentação do sujeito preso ou detido ao juiz acarretaria somente duas consequências: a) ou se procede à sua apresentação imediata ao juiz, esteja a investigação ou o processo na fase em que estiver; e b) ou se procede à pronta colocação em liberdade daquele sujeito.[223] Contudo, não nos parece acertada a *importação*, pura se simples, de ambas as consequências ao direito brasileiro, sem antes analisarmos cada caso em concreto.

Na nossa forma de ver, o ponto primeiro a ser observado diz respeito à identificação do momento em que se encontra a persecução penal: se na fase de investigação ou na fase processual.

Se ainda estiver na fase de investigação, a diretriz dada pelas Cortes internacionais deve ser aplicada de imediato, com a determinação de pronta apresentação do sujeito preso ao juiz *ou* sua rápida soltura. Em outros termos, a soltura não é a primeira nem a única medida a ser tomada, caso a discussão seja levada ao juízo *ad quem*, com a impetração de *habeas corpus*. Ao contrário, a prioridade é que se faça respeitar o conteúdo da CADH, dando o Tribunal preferência à imediata apresentação do sujeito preso ao juiz. Somente em não havendo essa possibilidade é que a soltura deverá ser a medida tomada em sequência. Há que se ponderar, no entanto, que, se a prisão perdurar por lapso temporal superior ao prazo determinado para a apresentação do preso e esta houver sido postulada pela defesa, e, mesmo

---

[223] CIDH, Caso Juan Humberto Sánchez vs. Honduras, § 84, Sentença de 07 de junho de 2003. CIDH, Caso Bulacio vs. Argentina, § 129, Sentença de 18 de setembro de 2003. CIDH, Caso Maritza Urrutia vs. Guatemala, § 73, Sentença de 27 de novembro de 2003. CIDH, Caso Los Hermanos Paquiyauri vs. Peru, § 95, Sentença de 07 de julho de 2004. CIDH, Caso Tibi vs. Equador, § 118, Sentença de 07 de setembro de 2004. CIDH, Caso Acosta Calderón vs.Equador, § 77, Sentença de 24 de junho de 2005. CIDH, Caso Palamara Iribarne vs. Chile, § 219, Sentença de 22 de novembro de 2005. TEDH, Caso Kurt vs. Turquia, § 122-124, Sentença de 25 de maio de 1988. TEDH, Caso Brogan e outros vs. Inglaterra, § 58-59, 61-62, Sentença de 29 de novembro de 1988.

assim, não se a fizer, sem motivo plausível, estará configurada hipótese em que se deverá fazer cessar a coação, concedendo-se a soltura.

Caso já se tenha ingressado na fase processual, nunca é demais lembrar que a validade dos atos praticados ao longo da persecução penal está atrelada à satisfação de um requisito básico da teoria geral das nulidades, qual seja, a existência de prejuízo (*pas de nullité sans grief*). Consequentemente, deve-se observar se o sujeito passivo da persecução penal já obteve sua liberdade sem o atrelamento a cautelares diversas da prisão.[224]

Se esta condição houver se verificado – obtenção da liberdade sem restrições –, nenhum prejuízo haverá atingido as pretensões defensivas, visto ter sido alcançado um dos objetivos da audiência de custódia, que é a análise da necessidade, ou não, de manutenção da prisão do sujeito passivo. Note-se que os reflexos da não realização da audiência de custódia estão todos direcionados ao *status libertatis* do sujeito, nenhuma mácula sendo apontada pelas Cortes internacionais quanto à validade dos atos praticados na fase de investigação ou na fase processual, em virtude da ausência daquela audiência.

Por outro lado, se houver sido decretada a prisão preventiva do sujeito flagrado, ou mesmo decretada alguma cautelar diversa da prisão, nova divisão deve ser feita nos processos criminais já instaurados onde for invocada a nulidade por não haver ocorrido a audiência de custódia, divisão esta que atinge, por certo, também aquelas situações em que o sujeito foi preso em decorrência do cumprimento de mandado de prisão cautelar ou definitiva.

Um caminho a se seguir, para todas as situações em que não restou realizada a audiência de custódia, seria uma aplicação mais ampla de preceito contido na Resolução nº 213, do CNJ. Ao regular situação que somente atingiria as pessoas presas em flagrante, essa resolução concedeu o prazo de noventa dias para que fossem designadas as audiências de custódia que, à época, não foram realizadas pelos juízos competentes. No entanto, a obrigatoriedade do ato somente se destinaria, de acordo com aquela resolução, àquelas pessoas que ainda não

---

[224] Outra via encontrada no meio doutrinário foi o reconhecimento de uma constitucionalidade provisória para as prisões realizadas sem a realização da apresentação judicial, o que, depois de certo tempo, levaria a uma inconstitucionalidade progressiva dos termos dos artigos 306 a 310 do CPP (OLIVEIRA, Gisele Souza de; SOUZA, Sérgio Ricardo de; BRASIL JÚNIOR, Samuel Meira; SILVA, Willan. *Audiência de Custódia: Dignidade Humana, controle de convencionalidade, prisão cautelar e outras alternativas* (Lei 12.403/2011). Ob. cit., p. 114-115). De certo modo, seguir-se-ia o exemplo já existente para se reconhecer a legitimidade ativa do Ministério Público, em ajuizar as ações civis *ex delicto* para os réus hipossuficientes economicamente, tal como ainda autorizado pelo artigo 68 do CPP. Sobre o tema, ver: STF, RE 135.328, Tribunal Pleno, Min. Marco Aurélio, DJ 20 de abril de 2001.

tiveram qualquer contato pessoal com a figura do juiz, o que pressupõe a não realização de qualquer audiência até o momento.[225]

Partindo-se de uma interpretação mais alargada, sem grandes problemas, poderíamos adotar o mesmo *ponto de corte* proposto pela resolução, qual seja, verificar se já houve, ou não, contato direto da pessoa presa ou detida com o juiz-presidente do processo já instaurado. Assim, a verificação de abertura da fase instrutória é de fundamental importância, pois a audiência de custódia presta-se, entre outras finalidades, a permitir o contato do sujeito preso ou detido com o juiz, para que, a partir do aludido contato pessoal (princípio da imediação), possa ser tomada a melhor decisão possível (princípio da identidade física do juiz) sobre a manutenção da privação da liberdade ou imediata colocação em liberdade daquele sujeito.

Se já houve este contato, não há que se falar em nulidade da medida cautelar pessoal em vigor, muito menos da investigação ou do próprio processo. No contato pessoal mantido com o juiz, o réu teve toda a oportunidade de manifestar não só sua versão sobre o fato pelo qual é acusado, senão também, sobre a desnecessidade de manutenção da cautelar pessoal em vigor e eventuais maus-tratos ou tortura que sofrera quando de sua prisão, seja ela na modalidade em flagrante ou decorrente de mandado de prisão cautelar ou definitiva.

Em via diversa, se o contato pessoal ainda não ocorreu, com toda sua força deverá incidir o prazo previsto naquela resolução, independentemente do grau de jurisdição em que o processo se encontre. Aliás, não esqueçamos que os julgadores de primeiro e segundo graus podem determinar a realização de novo interrogatório (artigos 196 e 616 do CPP), caso entendam que os objetivos da audiência de custódia não foram plenamente atingidos quando da oitiva do réu. Lembremos, também, que as Cortes internacionais não fazem qualquer restrição ao momento em que poderá ser suprida a ausência inicial da apresentação do preso ao juiz, bastando que essa apresentação ocorra antes do término do processo, em lugar de tomar uma medida mais radical,[226] que é a imediata determinação da soltura.[227]

---

[225] Artigo 15. Os Tribunais de Justiça e os Tribunais Regionais Federais terão o prazo de 90 dias, contados a partir da entrada em vigor desta Resolução, para implantar a audiência de custódia no âmbito de suas respectivas jurisdições.
Parágrafo único. No mesmo prazo será assegurado, às pessoas presas em flagrante antes da implantação da audiência de custódia que não tenham sido apresentadas em outra audiência no curso do processo de conhecimento, a apresentação à autoridade judicial, nos termos desta Resolução.

[226] TJRJ, *Habeas Corpus* nº 0064910-46.2014.8.19.0000, 6ª Câmara Criminal, rel. Des. Luiz Noronha Dantas, decisão liminar de 25-01-2015.

[227] Em âmbito doutrinário, a soltura do sujeito preso é defendida por: AMARAL, Cláudio do Prado. *Da audiência de custódia*. Ob. cit., p. 5. Defendendo que a não realização da audiência, nos

Enfim, essa soma de fatores não nos permite ver, como possível, o acolhimento imediato de eventual alegação de nulidade de uma prisão cautelar[228] e, muito menos, de uma investigação ou mesmo de um processo, sob a alegação da não realização da audiência de custódia. Em realidade, o que se deve priorizar é a colocação do sujeito passivo da persecução penal o mais rápido possível na presença de um juiz. Se, por ventura, esse contato pessoal já ocorreu em algum momento do processo, em pleno vazio cai a sustentação de ocorrência de nulidade, seja em razão da ausência de prejuízo, seja por observância da diretriz jurisprudencial traçada pelas Cortes internacionais que vêm construindo a aplicabilidade e respeito a este direito, e sobre as quais o Brasil reconheceu sua incidência em solo nacional.

O questionamento que se poderia fazer é: mas, então, quando é que se pode dar a imediata colocação em liberdade do sujeito passivo da persecução penal, tal como também autorizam as Cortes internacionais?

Uma primeira resposta parte da superação daquele prazo estipulado pela Resolução nº 213, do CNJ. Embora a obrigatoriedade da apresentação judicial da pessoa presa ou detida, em nosso país, date do ano de 1992 – ano em que o Brasil ratificou o Pacto de San José da Costa Rica e o Pacto Internacional dos Direitos Civis e Políticos –, entende-se perfeitamente a preocupação do CNJ em não fazer verdadeira terra arrasada, em relação a todos os casos em que essa apresentação não veio a ocorrer.

A partir do momento em que se consolidou o entendimento político-jurídico de obrigatoriedade daquela apresentação, era preciso que se criasse uma regra de transição, de modo a permitir que, em relação aos casos em que a audiência de custódia não foi realizada, fosse permitido ao Poder Judiciário nacional suprir a omissão verificada. Foi nesse contexto que se fixou o prazo de noventa dias previsto no parágrafo único do artigo 15 daquela resolução. No entanto, também superado este, alternativa não poderá restar ao Poder Judiciário, senão a nulidade da medida cautelar pessoal em vigor, com a consequente concessão de liberdade sem vínculos, em razão de a pessoa presa ou

---

casos de prisão em flagrante, levaria ao relaxamento dessa prisão, encontramos: PAIVA, Caio. *Audiência de Custódia e Processo Penal Brasileiro*. 2ª ed. Ob. cit., p. 122 e segs.

[228] Esta é a posição também assumida pelo direito norte-americano (RAMOS, João Gualberto Garcez. *Curso de Processo Penal Norte-Americano*. São Paulo: RT, 2006, p. 145). Em sentido contrário, posicionando-se pela imediata soltura do sujeito preso, encontramos a posição assumida pela doutrina italiana (IASELLI, Isabela. *Codice di Procedura Penale Ilustrato*. 6ª ed. Piacenza: Casa Editrice La Tribuna, 2012, p. 525 e 529).

detida não poder ficar, *ad eternum*, ao aguardo de uma providência que passaria a ser entendida como *sine die* a ser executada.

Se este é o caminho natural para o não aproveitamento, por parte de certos juízes, da *oportunidade regularizadora* concedida pelo CNJ, a dúvida que fica diz respeito às novas situações de desrespeito à obrigatoriedade da apresentação judicial da pessoa presa ou detida, verificáveis posteriormente ao prazo de noventa dias estabelecidos pela Resolução nº 213, de 2015.

Ainda que não se desconheça o intento dessa resolução em flexibilizar ao máximo possível o prazo nela mesmo estabelecido para a concretização da apresentação judicial da pessoa presa ou detida,[229] tal flexibilização não poderá superar o prazo máximo de 24 horas, contados a partir do término do prazo regular da apresentação, fixado no *caput* do artigo 1º da Resolução nº 213, de 2015. Com isso, a concessão de liberdade teria incidência sempre que verificada, de pronto, a inviabilidade da apresentação imediata ao juiz.

A título de exemplo, isso ocorreria naquelas situações em que a vara criminal onde tramita o processo ou a investigação criminal estiver desprovida de juiz titular, e o acesso à pessoa presa ou detida, por parte do juiz substituto, não puder ocorrer em prazo igual ou inferior a 24 horas. O mesmo ocorreria quando a pessoa presa preventivamente estiver em comarca distante daquela onde tramita seu processo – por já estar cumprindo pena em outro Estado da federação –, e não há como ele ser colocado à frente do juiz neste mesmo prazo.

A indicação deste prazo figura simplesmente a título sugestivo, e para a situação específica de não realização da audiência de custódia em seu momento próprio. Ou seja, em razão da concessão, como bem apontam as Cortes internacionais, e regulamenta o próprio CNJ, de um segundo momento para a apresentação do preso ao juiz, é que esse prazo complementário poderá ser mais reduzido – se comparado àquele primeiramente estabelecido –, justamente por se revestir de uma situação de urgência mais significativa, se comparada à primeira. Seja como for, é importante que, quando da análise da possibilidade de ampliação do prazo de apresentação de toda pessoa presa ou detida para além das 24 horas iniciais mencionadas pela Resolução nº 213, do CNJ, não haja uma banalização das hipóteses que vierem a ser objeto de atenção por parte do Poder Judiciário. Do contrário, haverá

---

[229] Artigo 1º, § 5º. O CNJ, ouvidos os órgãos jurisdicionais locais, editará ato complementar a esta Resolução, regulamentando, em caráter excepcional, os prazos para apresentação à autoridade judicial da pessoa presa em Municípios ou sedes regionais a serem especificados, em que o juiz competente ou plantonista esteja impossibilitado de cumprir o prazo estabelecido no *caput*.

uma verdadeira inversão de lógica na execução da audiência de custódia em nosso país, a ponto de o cumprimento do prazo de 24 horas, previsto no *caput* do artigo 1º daquela resolução passar a ser entendido como exceção, e a ampliação a ele se transformar como regra.

Em linhas finais, é possível afirmar que a audiência de custódia somente poderá ser considerada "uma etapa procedimental de observância obrigatória para a legalidade da prisão",[230] após a tomada de todas as providências possíveis para a sua realização, ainda que a destempo. Enquanto houver a viabilidade de sua concretização, essa apresentação judicial deve ser realizada, somente se alcançando a liberdade do sujeito preso em hipóteses, a título de exemplo, de negativa judicial em realizar aquele ato, desídia judicial em acelerar o ato de apresentação ou impossibilidade momentânea de apresentação até 24 horas após a superação do primeiro prazo fixado para sua realização.

---

[230] PAIVA, Caio. *Audiência de Custódia e Processo Penal Brasileiro*. 2ª ed. Ob. cit., p. 122.

3. Aspectos polêmicos ligados à implantação da audiência de custódia no Brasil

3.1. Noções preliminares

O estudo até aqui realizado nos permitiu ver que, até o ano de 2011, pouco ou nada se sabia sobre o instituto hoje conhecido como *audiência de custódia*. Embora o Brasil houvesse ratificado o Pacto de San José da Costa Rica e o Pacto Internacional de Direitos Civis e Políticos em 1992, e nossa legislação já contemplasse algo similar em leis de caráter especial anteriores àquele ano, a dedicação da doutrina e contribuição da jurisprudência era praticamente nula para um melhor conhecimento daquele instituto.

Quiçá por esse motivo, muitos desacertos passaram a ser cometidos pelos grupos favoráveis e contrários à implantação da audiência de custódia em nosso país, ora dando a ela um significado que não possui, ora invocando escusas inconsistentes para sua não realização. Bem por isso, foi necessário fazermos um estudo sobre como aquele instituto é tratado em âmbito internacional, especialmente, a partir das diretrizes adotadas pela ONU e do enorme acervo de decisões já proferidas pelas Cortes Internacionais de Direitos Humanos.

Superada essa fase – por assim dizer – de *apresentação* da audiência de custódia aos operadores do direito de nosso país, uma nova etapa nesse estudo se faz necessária. Agora, nossa atenção será direcionada à abordagem de alguns temas que a ela estão ligados de forma umbilical, mas que dizem respeito à forma como ela está sendo implantada no Brasil, aos reflexos que sua realização poderá produzir em outros institutos de natureza igualmente processual e o como poderá ser melhor aproveitada, de modo a proporcionar maior celeridade à persecução penal como um todo.

3.2. Regulamentação por provimento

Apesar de o PLS nº 554, de 2011 – convertido, em dezembro de 2016, no PL 6.620 –, não haver sido a primeira iniciativa voltada à implantação da audiência de custódia no Brasil, não há como negar que ele foi o propulsor de uma enorme discussão que tomou conta de nosso país. A tal ponto chegou essa discussão, que, embora o Tribunal de Justiça do Maranhão tenha sido o primeiro no país a institucionalizar aquele ato para todo um Estado, o CNJ, em parceria com o Tribunal de Justiça de São Paulo e o Ministério da Justiça, criou, em fevereiro de 2015, um projeto-piloto para sua progressiva expansão nacional.

Com esse projeto-piloto, duas instituições detentoras de enorme poder político – a dizer, o CNJ e o Ministério da Justiça – deixaram claro que o instituto da audiência de custódia seria uma realidade da qual nosso país não poderia continuar fugindo. Mais que isso, foi dado um recado muito claro às diversas instituições contrárias à sua plena incorporação à praxe processual nacional, qual seja, que a audiência de custódia seria, a curto ou médio espaço de tempo, integrada à rotina procedimental de nossa persecução penal, pois o projeto-piloto se destinava a observar os problemas operacionais que ela poderia apresentar nesse primeiro momento de implantação, e corrigi-los paulatinamente, visando à inserção definitiva daquele instituto em âmbito nacional. Noutras palavras, a criação daquele projeto-piloto provocou uma curiosa situação e um aparente mal-estar junto ao Poder Legislativo: o grande mérito do, então, PLS nº 554, de 2011, foi se tornar prescindível para o início da incorporação da audiência de custódia no Brasil.

Mesmo assim, era preciso que certas regras fossem estabelecidas para que houvesse um procedimento a ser obedecido, como forma de assegurar o respeito não só à realização da apresentação judicial de uma pessoa presa ou detida, senão também, a direitos e garantias individuais previstos constitucionalmente. Foi por essa razão que a Presidência do Tribunal de Justiça de São Paulo e a Corregedoria-Geral de Justiça daquele mesmo Estado emitiram o Provimento Conjunto nº 03/2015, em muito aproveitando várias disposições já presentes naquele projeto de lei.[231]

A regulamentação da audiência de custódia por meio de um ato administrativo foi a brecha encontrada para que algumas instituições atacassem aquele instituto, justamente por serem as que mais forte-

---

[231] CHOUKR, Fauzi Hassan. *PL 554/2011 e a necessária (e lenta) adaptação do processo penal brasileiro à convenção americana dos direitos do homem*. Ob. cit., p. 2

mente sentiriam o impacto de sua implantação em suas rotinas de trabalho e na falta de pessoal e de estrutura que lhes atinge há muito tempo. Um bom exemplo desse ataque foi a Ação Direta de Inconstitucionalidade ajuizada pela ADEPOL (ADI nº 5240), em fevereiro de 2015, na qual se apontou a afronta daquele ato administrativo à Constituição Federal, sob a invocação de quatro argumentos.

A um, teria a audiência de custódia sido *criada* pelo provimento atacado, o que feriria a Constituição Federal, pois cabe somente à União legislar sobre temas atinentes a direito processual (artigo 22, inciso I). Isso restaria claro, segundo a argumentação apresentada, em razão da ausência de lei interna a ser regulamentada por um provimento emitido pelo Poder Judiciário, o que qualificaria este ato administrativo como sendo de *caráter inovador*.[232]

A dois, em razão de a CADH possuir, segundo a ADEPOL, *status* constitucional, não poderia ela haver sido regulamentada por um ato administrativo, mas por uma lei ordinária, tal como o Congresso Nacional está a propor com os projetos de lei que nele estão a tramitar.

A três, a imposição de condutas aos sujeitos processuais envolvidos com a audiência de custódia – leia-se juízes, membros do Ministério Público, defensores, Delegados de Polícia e o próprio sujeito preso ou detido – somente poderia haver ocorrido por imposição legal, e nunca por ato administrativo, em virtude de a Constituição Federal assegurar que "ninguém será obrigado a fazer ou deixar de fazer alguma coisa senão em virtude de lei" (artigo 5º, inciso II).

A quatro, o ato administrativo impugnado haveria ofendido a separação de Poderes assegurada pelo texto constitucional, em razão de o Poder Judiciário do Estado de São Paulo haver criado norma de conduta e novas atribuições às Polícias Civil e Militar, sabidamente integrantes do Poder Executivo daquele mesmo Estado (artigo 144, § 6º).

Pois bem, o que, já de início, nos chamou a atenção foi a ocorrência de um erro estratégico praticado pelo Ministério da Justiça, em haver firmado um convênio com um Tribunal integrante da Justiça Estadual. Melhor explicando, se este Ministério estava engajado

---

[232] Este argumento, aliás, foi acolhido pela 5ª Câmara Criminal do Tribunal de Justiça de São Paulo, ao rechaçar a possibilidade de a regulamentação da audiência ser realizada por ato administrativo do CNJ ou do próprio Tribunal de Justiça daquele Estado. Textualmente, diz o acórdão: "Se o Código de Processo Penal não previu apresentação imediata do preso fisicamente ao juiz, referida apresentação não pode ser criada por ato do Conselho Nacional de Justiça ou do Tribunal de Justiça de São Paulo, já que se trata de matéria processual que só pode ser objeto de deliberação pelo Poder Legislativo Federal" (TJSP, HC nº 2056556-66.2015.8.26.0000, 5ª Câmara Criminal, rel. Des. José Damião Pinheiro Machado Cogan, j. em 14 de maio de 2015).

– como, de fato, estava – na plena incorporação da audiência de custódia à praxe de nossa persecução penal, bem poderia ele haver firmado o mesmo convênio com algum Tribunal integrante da Justiça Federal, pois ele – o Ministério da Justiça – seria o único responsável por arcar com todos os custos derivados da falta de estrutura que poderia atingir a Polícia Federal. Mais do que isso, com a simples edição de uma norma administrativa, facilmente o Ministério da Justiça afastaria o argumento do desrespeito à separação de Poderes, em razão de a Polícia Federal estar subordinada a essa pasta.[233] A impressão que se tem é que o Ministério da Justiça se uniu ao CNJ e ao Poder Judiciário de São Paulo simplesmente para *emprestar* seu peso político àquele projeto-piloto, pois grande parte do custo – financeiro, de pessoal e estrutural – que decorreria de sua execução seria arcado pelo Poder Executivo daquele Estado.

Demonstrando o grau de importância que a definição da constitucionalidade, ou não, da audiência de custódia no país representava para o Supremo Tribunal Federal, o julgamento da ADI 5.240 ocorreu cerca de seis meses após o seu ajuizamento, oportunidade em que foram rechaçados todos os argumentos apresentados naquela ação. Como consequência desse julgamento, até mesmo os Tribunais mais reticentes acabaram por aderir ao projeto-piloto do CNJ, e também emitiram suas regulamentações administrativas sobre como a audiência de custódia seria implantada em suas circunscrições territoriais.

Em meio à execução do projeto-piloto em todos os Estados da federação, o Supremo Tribunal Federal concedeu medida liminar na ADPF nº 347, ordenando a colocação em prática dos termos do artigo 7,5 da CADH e do artigo 9,3 do PIDCP, acelerando seu processo de implantação nacional. Foi então que surgiu a necessidade de uma regulamentação que, de modo uniforme para todo o território nacional, colocasse em prática aquela decisão judicial, daí surgindo a Resolução nº 213, de 15 de dezembro de 2015, do CNJ.

Em que pese a existência daquele primeiro julgamento por parte do Supremo Tribunal Federal, também a resolução emitida pelo CNJ foi alvo de questionamento quanto à sua constitucionalidade, por ofensa ao disposto no inciso I do artigo 22 da CF. A ANAMAGES foi a pioneira nesse ataque à Resolução nº 213, do, CNJ, mas não teve

---

[233] Neste sentido, foi prudente o Poder Judiciário do Estado do Espírito Santo, ao firmar Termo de Cooperação Técnica com a Secretaria de Justiça daquele mesmo Estado, a fim de lá possibilitar a execução de seu projeto-piloto. Esse termo de cooperação aparece expressamente mencionado do artigo 12 da Resolução nº 13/2015, do Gabinete da Presidência do Tribunal de Justiça do Estado do espírito Santo, que criou o "Projeto Plantão de Audiência de custódia, no âmbito do Poder Judiciário do Estado do Espírito Santo".

grande êxito, em razão de seu indeferimento por ausência de legitimidade ativa para sua proposição.²³⁴

Outras manifestações de repúdio à iniciativa administrativa do CNJ vêm se verificando nesse mesmo sentido, seja em âmbito doutrinário,²³⁵ seja em decisões pontuais do próprio Poder Judiciário,²³⁶ seja, por fim, decorrentes de iniciativa do Poder Legislativo, como é o caso do Projeto de Decreto Legislativo nº 317, de 2016, de iniciativa do Deputado Federal Eduardo Bolsonaro, que visa à sustação dos efeitos da Resolução nº 213, do CNJ.²³⁷⁻²³⁸

Embora a decisão daquela Corte Constitucional já fale por si própria, nunca é demais reforçar seus argumentos.

Dito isso, o ato administrativo emitido pelo CNJ, a exemplo daquele emitido pelo Tribunal de Justiça de São Paulo, não se prestou a criar nenhum instituto, muito menos, em importá-lo ao nosso país, a partir das previsões do CADH. Na verdade, ao ratificar o CADH e o PIDCP, o Brasil internalizou a audiência de custódia por meio de uma norma que, segundo a posição majoritária do Supremo Tribunal Federal, detém *status* de norma *supralegal*, significando isso dizer que aquele instituto está inserido em uma norma hierarquicamente inferior à Constituição Federal, mas superior ao CPP, em razão de ele possuir *status* de lei ordinária.²³⁹ Por este simples motivo, não há que

---

²³⁴ STF, ADI 5.448, Decisão Monocrática, Min. Dias Toffoli, j. em 05 de fevereiro de 2016.

²³⁵ LIMA, Marcellus Polastri. Questões que Envolvem a Denominada "Audiência de Custódia". *Revista do Ministério Público do Rio de Janeiro*, nº 60, p. abr./jun; 2016, p. 211-212.

²³⁶ Poder Judiciário do Rio Grande do Sul. Comarca de Porto Alegre. Auto de Prisão em Flagrante. Expediente nº 001/2.16.011072-8. Juiz de Direito Luciano André Losekann, decisão proferida em gabinete, em 09 de fevereiro de 2016.

²³⁷ Artigo 1º (redação proposta). Ficam sustados os efeitos do inteiro teor da Resolução nº 213, de 15 de dezembro de 2015, do Conselho Nacional de Justiça, que dispõe sobre a apresentação de toda pessoa presa à autoridade judicial no prazo de 24 horas.
Artigo 2º (redação proposta). Este Decreto Legislativo entra em vigor a partir de sua publicação.

²³⁸ Como justificativa, o legislador demonstrou extremo preconceito em relação à audiência de custódia, imputando a ela a "sensação de impunidade que estimula os criminosos", desprezando o fato de que nenhum dos critérios autorizadores da prisão preventiva foi alterado – e nem poderiam ... – pela Resolução nº 213, do CNJ. Além disso, também afirmou que os policiais passaram a ser os verdadeiros investigados, em lugar das pessoas presas em flagrante, bem como, haver ocorrido afronta ao inciso I do artigo 22 da Constituição Federal, por criar regra de procedimento (apresentação judicial da pessoa presa ou detida) e criar obrigações a órgãos do Poder Executivo, algo que estaria fora de sua alçada.

²³⁹ Defendendo o *status* constitucional dos tratados ratificados pelo Brasil, encontramos: GOMES, Luiz Flávio; MAZZUOLI, Valerio de Oliveira. *Comentários à Convenção Americana sobre Direitos Humanos*. Pacto de San José da Costa Rica. 4ª ed. São Paulo: RT, 2013, p. 36. MAZZUOLI, Valerio de Oliveira. *Curso de Direito Internacional Público*. 7ª ed. São Paulo: RT, 2013, p. 764. MAZZUOLI, Valerio de Oliveira. *Direitos Humanos, Constituição e os Tratados Internacionais*: estudo analítico da situação e aplicação do tratado na ordem jurídica brasileira. São Paulo: Juarez de Oliveira, 2002, p. 233-252. Especificamente defendendo a constitucionalização da audiência de custódia, em vir-

se falar em necessidade de alteração do CPP para que a audiência de custódia possa ser incorporada aos procedimentos a serem observados ao longo de nossa persecução penal.

Ademais, ninguém menos que a própria CADH deixa claro, em seu artigo 2º, que qualquer medida administrativa ou de outra natureza poderá ser utilizada para assegurar a observância dos direitos daquela Convenção.[240]

O que se poderia dizer é que estas *medidas de outra natureza* diriam respeito a atos do Poder Executivo, tais como, os decretos ou medidas provisórias, deixando de lado, assim, eventuais atos do Poder Judiciário, como, por exemplo, os próprios provimentos. No entanto, como bem apontado pela doutrina, o espírito daquela norma é legitimar o Poder Público como um todo a dar aplicabilidade à CADH, a partir do momento de sua ratificação por qualquer Estado-Membro.[241] Logo, a utilização de um ato administrativo – no caso, uma resolução – estaria inserida nessa situação. Isso a elevaria à condição de ser instrumento apto a regulamentar a audiência de custódia em âmbito nacional, independentemente da atuação do Poder Legislativo, sobretudo, por respeitar as leis locais de organização judiciária e os princípios e mandamentos constitucionais.[242]

Se, em termos gerais, não há que se falar em afronta da Resolução nº 213, do CNJ, à restrição imposta pelo artigo 22, inciso I, da CF, entendemos que, ao menos em situações pontuais, ela realmente não resiste a um teste de constitucionalidade.

---

tude de sua inserção dentre os elementos integrantes do que se compreende como *devido processo legal*, temos: GOMES, Luiz Flávio; MAZZUOLI, Valerio de Oliveira. *Comentários à Convenção Americana sobre Direitos Humanos*. Pacto de San José da Costa Rica. Ob. cit., p. 72.

[240] Artigo 2º. *Dever de adotar disposições de direito interno*. Se o exercício dos direitos e liberdades mencionados no artigo 1 ainda não estiver garantido por disposições legislativas ou de outra natureza, os Estados-partes comprometem-se a adotar, de acordo com as suas normas constitucionais e com as disposições desta Convenção, as medidas legislativas ou de outra natureza que forem necessárias para tornar efetivos tais direitos e liberdades.

[241] Nesse sentido, encontramos: "Não somente por disposições legislativas podem os direitos previstos na Convenção Americana restar protegidos, senão também por medidas 'de outra natureza'. Tal significa que o propósito da Convenção é a *proteção* da pessoa, não importando se por lei ou outra medida estatal qualquer (*v.g.*, um ato do Poder Executivo ou do Judiciário etc.). Os Estados têm o dever de tomar *todas as medidas necessárias* a fim de evitar que um direito não seja eficazmente protegido" (GOMES, Luiz Flávio; MAZZUOLI, Valerio de Oliveira. *Comentários à Convenção Americana sobre Direitos Humanos*. Pacto de San José da Costa Rica. 4ª ed. São Paulo: RT, 2013, p. 33). Em sentido similar, a CIDH já se posicionou no seguinte julgado: CIDH, Caso Almonacid Arellano e outros vs. Chile. §§ 117-118. Sentença de 26 de setembro de 2006.

[242] OLIVEIRA, Gisele Souza de; SOUZA, Sérgio Ricardo de; BRASIL JÚNIOR, Samuel Meira; SILVA, Willan. *Audiência de Custódia: Dignidade Humana, controle de convencionalidade, prisão cautelar e outras alternativas* (Lei 12.403/2011). 2ª ed. Rio de Janeiro: Lumen Juris, 2015, p. 118.

O primeiro ponto diz respeito à fixação de um prazo certo para que ocorra a apresentação da pessoa presa ao juiz.

De acordo com o texto da CADH, essa apresentação deverá – na tradução adotada pelo Estado brasileiro – ocorrer *sem demora*. Ao optar por fazer uso de uma expressão de conteúdo vago, aquela Convenção deixou clara sua intenção em não fixar um prazo certo e determinado, a fim de que os Estados-Membros assim o definissem. Independentemente disso, a CIDH passou a se ocupar da interpretação da expressão *sem demora*, mas também sem fixar um prazo certo para que aquela apresentação pudesse ocorrer. O que fez aquela Corte foi estabelecer um prazo máximo, dentro do qual, dadas as particularidades do caso em concreto, se poderia dizer que aquele prazo foi respeitado ou não.

Sendo essa a interpretação da CIDH, entendemos que a restrição a uma expressão de conteúdo vago, presente na CADH para referir o lapso em que deve se dar a apresentação do sujeito preso ao juiz ou a outra autoridade, somente poderia ocorrer por lei, e não por ato administrativo. O que houve, a nosso sentir, foi a adoção de um critério puramente discricionário na adoção do prazo de 24 horas para a realização da audiência de custódia, ainda que absorvendo o conteúdo do, então, PLS nº 554, de 2011, que também previa igual prazo para a apresentação do sujeito preso ou detido ao juiz. No entanto, não nos esqueçamos de que, por se tratar de um projeto de lei, estava ele sujeito a todo tipo de discussão – aliás, parte da doutrina ainda considera esse prazo exíguo[243] –, não sendo, portanto, uma questão acabada e irretocável no trâmite de seu processo legislativo.

Provavelmente, a melhor demonstração de que a opção pelo prazo de 24 horas tenha sido um ato de pura discricionariedade sejam os atos administrativos outrora emitidos pelas Cortes estaduais. Anteriormente à criação do projeto-piloto pelo CNJ, a Corregedoria-Geral da Justiça do Estado do Maranhão já havia emitido o Provimento nº 24, de 2014, em que fixou o prazo em até 48 horas para o mesmo ato, após a comunicação da prisão ao juiz.[244] Também afastando o exíguo prazo de 24 horas, o Gabinete da Presidência do Tribunal de Justiça

---

[243] A título de exemplo, encontramos Renato Brasileiro de Lima, para quem "No cenário do possível, do exequível, do realizável, enfim, por reconhecer que o prazo de 24 (vinte e quatro) horas não é factível, partilhamos do entendimento no sentido de que a audiência de custódia deve ser realizada num prazo mais compatível com a realidade brasileira, qual seja, em até 72 (setenta e duas) horas" (LIMA, Renato Brasileiro de. *Manual de Processo Penal*. 4ª ed. Salvador: JusPodium, 2016, p. 928).

[244] Artigo 3º. O juiz plantonista ou juiz da central de inquérito de São Luis realizará a audiência de custódia, em até 48 horas, após o recebimento da comunicação de prisão.

do Estado do Espírito Santo, em sua Resolução nº 13/2015, preferiu não fixar um prazo em concreto, estipulando, em seus *considerandos*, que a apresentação deveria ocorrer no menor prazo possível.[245]

Nem se diga que a possibilidade de fixação administrativa de prazo para a audiência de custódia decorreria do artigo 2º da CADH. Como já visto, aquele dispositivo visa a assegurar a concretização dos direitos previstos naquela Convenção, como forma de não haver a necessidade de uma atuação futura e incerta por parte do Poder Legislativo de um Estado-Membro. E essa concretização já haveria ocorrido com a simples regulamentação da audiência de custódia, independentemente da fixação de um prazo exíguo, como é o de 24 horas.

Por essa soma de fatores, entendemos que a Resolução nº 213, do CNJ, ao fixar o prazo de 24 horas para a apresentação da pessoa presa ao juiz, foi além do que comportaria o caráter regulamentador de um ato administrativo. A melhor opção seria, a nosso sentir, que aquela resolução houvesse feito uso da mesma expressão de caráter vago utilizada pelo CADH, qual seja, a de que a condução da pessoa presa devesse ocorrer *sem demora*, como acertadamente optou o Poder Judiciário do Estado do Espírito Santo. Ou, então, que houvesse seguido a posição prudente do Poder Judiciário do Maranhão, ao estabelecer um lapso temporal mais razoável, dentro do qual aquela audiência deveria ocorrer.

Outro ponto que merece reparo na Resolução nº 213, do CNJ, diz respeito à previsão de que, quando da imposição de medidas cautelares pessoais diversas da prisão, o juiz deverá consignar na ata da audiência o prazo para o seu cumprimento e para reavaliação de sua manutenção.[246]

Ora, não desconhecemos que parte da doutrina há muito defende a necessidade de o juiz, quando do decreto de qualquer medida cautelar pessoal, rever periodicamente a situação do sujeito contra quem expediu aquela ordem judicial. Com isso, a intenção é que ele comprove a manutenção ou alteração da situação fático-jurídica que motivou a determinação daquela cautelar, de modo a que a medida aplicada se ajuste constantemente aos critérios da necessidade e adequação

---

[245] CONSIDERANDO que a apresentação da pessoa presa em juízo no menor prazo possível é a maneira mais eficaz de garantir que a prisão ilegal será imediatamente relaxada e que ninguém será levado à prisão ou nela mantido se a lei admitir a liberdade (garantias constitucionais previstas no art. 5º, incisos LXV e LXVI).

[246] Artigo 9º. A aplicação de medidas cautelares diversas da prisão previstas no art. 319 do CPP deverá compreender a avaliação da real adequação e necessidade das medidas, com estipulação de prazos para o seu cumprimento e para a reavaliação de sua manutenção, observando-se o Protocolo I desta Resolução.

(artigo 282, *caput*, do CPP). Entretanto, nossa legislação processual penal em nenhum momento estipulou a necessidade de fixação de prazo para a revisão periódica da medida cautelar pessoal diversa da prisão, tal como exigido na Resolução n° 213, do CNJ. Quando muito, permitiu que essa revisão ocorresse por determinação do juiz, sempre que a entendesse pertinente, mas sem a fixação de qualquer prazo para isso.[247]

Nesse aspecto, portanto, não há como negar que o CNJ criou, de forma inconstitucional, regra de procedimento a ser observada pelos juízes criminais de todo o país. Pior que isso, uma regra cujo descumprimento por certo levará à arguição de nulidade daquela decisão, provocando uma verdadeira movimentação em massa – e desnecessária, diga-se de passagem – de todas as Cortes para a avaliação e correto rechaço voltado à invalidade daquela decisão.

Um terceiro ponto que igualmente deve ser revisto é o que procurou regulamentar a aplicação da medida cautelar pessoal da monitoração eletrônica.

De acordo com aquela resolução, a monitoração eletrônica é entendida como *ultima ratio* em termos de medidas cautelares pessoais diversas da prisão. Concretamente, sua utilização somente poderá ser determinada pelo juiz, segundo as previsões do CNJ, quando: a) não couber a concessão de liberdade provisória sem medida cautelar; b) quando não couber a aplicação de medida cautelar menos gravosa; c) somente destinada a pessoas que tenham sido flagradas na prática de crimes dolosos punidos com pena privativa de liberdade superior a 4 anos ou já condenadas pela prática de outro crime doloso, com sentença transitada em julgado; e d) pessoas que estejam cumprindo medidas protetivas de urgência acusadas por crimes relativos a violência doméstica e familiar contra a mulher, criança, adolescente, idoso, enfermo ou pessoa com deficiência, quando não couber outra medida menos gravosa. Além disso, quando aplicada a monitoração eletrônica, ela deverá se submeter a avalições periódicas, na mesma linha da inconstitucionalidade já apontada acima.[248]

---

[247] Artigo 282, § 5°. O juiz poderá revogar a medida cautelar ou substitui-la quando verificar a falha de motivo para que subsista, bem como voltar a decretá-la, se sobrevierem razões que a justifiquem.

[248] Artigo 10. A aplicação da medida cautelar diversa da prisão prevista no art. 319, inciso IX, do Código de Processo Penal, será excepcional e determinada apenas quando demonstrada a impossibilidade de concessão da liberdade provisória sem cautelar ou de aplicação de outra medida cautelar menos gravosa, sujeitando-se à reavaliação periódica quanto à necessidade e adequação de sua manutenção, sendo destinada exclusivamente a pessoas presas em flagrante delito por crimes dolosos puníveis com pena privativa de liberdade máxima superior a 4 (quatro) anos ou condenadas por outro crime doloso, em sentença transitada em julgado, ressalvado o disposto no inciso I do *caput* do art. 64 do Código Penal, bem como pessoas em cumprimento de medidas protetivas de urgência acusadas por crimes que envolvam violência doméstica e familiar contra a

Para que se tenha uma ideia, em uma análise dos tópicos acima indicados, a letra *a* é totalmente despicienda, pois, se é possível a concessão de liberdade provisória sem a imposição de medida, ausente estará o requisito *necessidade*. Quanto à letra *b*, a impossibilidade de imposição de monitoração eletrônica diante da possibilidade de medida cautelar menos gravosa também se mostra inútil diante da ausência do requisito *adequação*. A letra *c* se traduz em uma restrição ilegal, derivada de um critério de política criminal adotada pelo CNJ, a fim de destinar os aparelhos denominados *tornozeleiras eletrônicas*, por seu custo aos Estados, a sujeitos que demonstrem periculosidade concreta, seja em razão do apenamento máximo destinado ao crime flagrado, seja por já haver sido condenado criminalmente em feito anterior. Note-se que, não por acaso, os requisitos apresentados são os mesmos autorizadores para o decreto de prisão preventiva (incisos I e II do artigo 313 do CPP). Por fim, a letra *d* falha gravemente ao se referir ao destinatário da monitoração eletrônica como sendo o sujeito que já está em cumprimento de medidas protetivas de urgência, mas que igualmente está sendo *acusado* da prática de crimes ali mencionados. Ou seja, se a figura do *acusado* corresponde àquele sujeito objeto de uma *acusação*, e uma *acusação* somente tem seu lugar em *juízo* (*nulla accusatio sine judicio*),[249] logo, a pretensão do CNJ é que, para aquelas hipóteses, a monitoração eletrônica somente se destine a sujeitos que já estejam respondendo a processo criminal. Com isso, cria dois pesos e duas medidas para sujeitos que venham a cometer crimes contra aquela relação de pessoas objeto de atenção pelo inciso III do artigo 313 do CPP: quem não está ainda sendo acusado pode ter decretada sua prisão preventiva; quem já está sendo processado não poderá ter esta mesma prisão preventiva decretada. O que faz aquela letra, portanto, é criar uma cláusula de impedimento, não prevista no CPP, ao decreto de prisão preventiva.

Finalmente, um último ponto diz respeito à imposição, feita pelo CNJ, de uma obrigação ao Poder Executivo, deixando ao seu encargo o deslocamento das pessoas a serem apresentadas judicialmente[250] e a

---

mulher, criança, adolescente, idoso, enfermo ou pessoa com deficiência, quando não couber outra medida menos gravosa.

[249] Sobre o conceito de acusação, ver: OLIVEIRA, Gilberto Callado de. *O Conceito de Acusação*. São Paulo: RT, 1996.

[250] Artigo 2º O deslocamento da pessoa presa em flagrante delito ao local da audiência e desse, eventualmente, para alguma unidade prisional específica, no caso de aplicação de prisão preventiva, será de responsabilidade da Secretaria de Administração Penitenciária ou da Secretaria de Segurança Pública, conforme os regramentos locais.
Parágrafo único. Os tribunais poderão celebrar convênios de modo a viabilizar a realização da audiência de custódia fora da unidade judiciária correspondente.

intimação do advogado para comparecimento à audiência de custódia.[251]

Embora esse deslocamento já venha ocorrendo dessa maneira em relação às pessoas presas cautelarmente e àquelas que estão cumprindo pena, nunca é demais lembrar que as obrigações hoje existentes derivam de lei ou convênios firmados. Ora, a audiência de custódia é uma nova realidade que impacta sobre as atividades e despesas do Poder Executivo, não podendo uma norma administrativa do CNJ impor atividades não só ao Poder Executivo Federal, senão também ao Poder Executivo de cada Estado da federação.

Enquanto uma reforma na Resolução nº 213, de 2015, não ocorrer nos pontos indicados, não há como negar que o CNJ infringiu claramente a restrição contida no artigo 22, inciso I, da CF e, por que não dizer, o respeito à própria separação e independência dos Poderes.

3.3. A questão procedimental: uma análise necessária

Depois de uma longa inércia, o Poder Legislativo voltou suas atenções para o conteúdo do artigo 7,5 da CADH e para o artigo 9,3 do PIDCP, apresentando vários projetos de lei que visavam, entre outros objetivos, a deixar clara a necessidade de apresentação de toda pessoa presa ou detida a um juiz. O primeiro deles foi derivado de movimentação ocorrida no Senado Federal, com a apresentação do, então, PLS nº 554, de 2011. O segundo foi fruto de atuação na Câmara dos Deputados, com a apresentação do PL nº 7.871/2014. O terceiro, também originário da Câmara dos Deputados, trata-se do PL 470/2015.

O que chama a atenção em todas estas iniciativas é que cada uma apresenta um procedimento distinto: ora o ato de apresentação do sujeito preso ou detido envolve somente ele e o juiz; ora envolve o sujeito preso, o juiz, o Ministério Público e o defensor; ora não passa de uma medida facultativa.

Em meio à apresentação destes projetos, o projeto-piloto do CNJ fez com que uma multiplicidade de regulamentações administrativas entrasse em vigor em todos os Estados da federação, cada uma com uma forma diferente de colocá-lo em prática. Por fim, aquele mesmo Conselho, motivado por decisão liminar proferida pelo Supremo Tri-

---

[251] Artigo 5º, *caput*. Se a pessoa presa em flagrante constituir advogado até o término da lavratura do auto de prisão em flagrante, o Delegado de polícia deverá notificá-lo, pelos meios mais comuns, tais como correio eletrônico, telefone ou mensagem de texto, para que compareça à audiência de custódia, consignando nos autos.

bunal Federal, apresentou seu entendimento do procedimento a ser seguido nacionalmente, derrogando os regulamentos administrativos locais até então em vigor.

É por essa razão que, independentemente do conteúdo de um ou outro projeto de lei, faz-se necessário compreender o que significa essa apresentação ao juiz, de modo não só a dar a esse novo instituto a dimensão que ele deve ter, senão também, a assegurar os direitos de todos os sujeitos envolvidos, direta ou reflexamente, naquele ato.

3.3.1. O que se entende por apresentação?

Quando se fala em *condução* ou *apresentação* da pessoa presa ou detida ao juiz ou outra autoridade, maiores dificuldades não deveriam assolar quem ouve essa expressão. Em um exercício simples de imaginação, vem-nos à memória a imagem de um agente policial levando aquela pessoa presa ou detida até a presença do juiz, e com ela retornando após o término daquele ato. No entanto, nem sempre foi fácil concretizar essa imagem.

Ainda no início de nosso estudo, vimos que o Estatuto da Criança e do Adolescente prevê um ato muito similar ao que se convencionou chamar de *audiência de custódia*. Concretamente, nas hipóteses em que um adolescente vier a ser apreendido em flagrante, deverá o Delegado de Polícia *apresentá-lo* ao Ministério Público, desde que presentes as condições previstas nos artigos 174, 175 e 179 da Lei nº 8.069/1990.

Pois bem, entre os anos de 2003 e 2004, a Polícia Civil da comarca de Porto Alegre (Rio Grande do Sul) começou a apresentar dificuldades no cumprimento daquela imposição legal, sob a invocação de um duplo argumento: primeiro, a falta de pessoal para realizar o traslado dos adolescentes em situação de flagrância, pois, como mínimo, eram necessários dois policiais, sendo um a figurar como condutor do veículo, e outro, a figurar como responsável pela segurança dos conduzidos; segundo, as dependências da Delegacia de Polícia de Plantão do Departamento Estadual da Criança e do Adolescente não possuíam espaço físico para separar os adolescentes do sexo masculino das adolescentes do sexo feminino, além do que, tampouco aquele espaço físico possuía dimensões adequadas para receber mais de quatro adolescentes.

Essa soma de fatores fez com que a Polícia Civil gaúcha passasse a reinterpretar a palavra *apresentação*, referida nos §§ 1º e 2º do artigo 175 da Lei nº 8.069/1990, como sinônimo de *entrega*, ou seja, levado o adolescente ao Ministério Público, os policiais poderiam dar meia-volta e retornar à sua Delegacia de Polícia sem ele, pois entendiam que, a partir da *entrega*, seria do Ministério Público a responsabilidade por sua custódia.

Não é preciso grandes esforços para se dar conta do enorme estresse que tal postura provocou na relação entre o Ministério Público e a Polícia Civil, pois, se, de um lado, a Polícia Civil apresentava os problemas que argumentava, de outro, o Ministério Público absolutamente nenhuma estrutura possuía para comportar aquele tipo de interpretação. O que estava havendo, pura e simplesmente, era a transferência de um problema, sem contar, por óbvio, que a interpretação dada pela Polícia Civil era frontalmente contrária ao espírito da norma por ela mesma invocada.

Essa situação foi resolvida com a realização de um convênio entre a Polícia Civil e a Fundação de Atendimento Sócio-Educativo do Rio Grande do Sul (FASE), onde se ajustou que, desde o momento em que o adolescente ingressasse nas dependências da Delegacia de Polícia de Plantão do Departamento Estadual da Criança e do Adolescente de Porto Alegre, a responsabilidade por sua custódia – seja o adolescente de que sexo for – passaria a ser dos agentes daquela fundação. Também se ajustou que a condução dos adolescentes ao Ministério Público seria realizada por esses agentes, e não pelos policiais civis, pois o ato de *conduzir* estaria englobado no que se entendeu por *custódia* a ser feita por aqueles agentes. Além disso, um novo local foi construído para as instalações daquela Delegacia de Polícia, com a disponibilização de três celas para os adolescentes, o que permitiria não só a separação dos adolescentes de sexos diferentes, mas também, a separação entre adolescentes do mesmo sexo, caso isso fosse necessário.

A lembrança a essa situação em particular é mais que conveniente, pois chama a atenção para os problemas de ordem estrutural que já foram enfrentados pela polícia judiciária em relação a um ato muito similar à audiência de custódia. Além disso, também nos alerta para a alternativa por ela encontrada – ainda que equivocada – para superar os mesmos problemas invocados para a implementação da audiência de custódia, em razão da inércia estatal em lhe fornecer antecipadamente os meios para bem executar todas as tarefas que a lei lhe atribuiu.

Em suma, é preciso que se fixe a ideia de que, quando a CIDH e o PIDCP fazem referência à *condução* da pessoa presa ou detida, isso não significa que a autoridade policial deva, pura e simplesmente, proceder ao ato de *entrega* desta mesma pessoa ao juiz, o que faria com que o Poder Judiciário se responsabilizasse por todos os atos de custódia a partir de então. No entanto, também é preciso que se estruture previamente a polícia judiciária, pois, do contrário, repousará sobre ela toda uma cobrança por bem desempenhar uma nova e desgastante tarefa, sem um mínimo de planejamento estatal para tanto.

Se esse for o panorama, não há como descartar a retomada de uma interpretação equivocada, mas representativa de um ato de repúdio ao mais completo abandono a uma instituição, tal como verificado nas últimas décadas.

3.3.2. Deve haver uma audiência de custódia?

Embora os tratados e convenções internacionais tenham simplesmente previsto a necessidade de toda pessoa presa ou detida ser, sem demora, apresentada a um juiz ou outra autoridade com poderes equivalentes, em nenhum momento aqueles textos se encarregaram de conferir um nome para o ato em que a pessoa privada em sua liberdade irá se deparar com a autoridade que analisará sua situação. Quando um nome é conferido a esse ato, tal se dá por iniciativa de cada país em concreto, ao traçar as regras procedimentais para sua realização. Exemplo disso é a Itália, com sua *udienza di convalida dell'arresto in flagranzia o del fermo*,[252] e o Chile, com sua *audiencia de control de la detención*,[253] tendo o Brasil seguido o mesmo caminho, conferindo àquele ato o nome de *audiência de custódia*, embora seja possível encontrar no meio doutrinário[254] e judicial[255] quem apresente outros nomes para se referir a esse mesmo ato.

---

[252] Sobre a realidade italiana, ver: LA REGINA, Katia. *L'udienza di convalida dell'arresto o del fermo*. Padova: Cedam, 2011.

[253] Sobre a realidade chilena, ver: ARIAS VICENCIO, Cristián. *El Control Jurisdiccional de la Detención*. Ob. cit., p. 225-253.

[254] Sob a designação de *audiência de apresentação*, encontramos: OLIVEIRA, Gisele Souza de; SOUZA, Sérgio Ricardo de; BRASIL JÚNIOR, Samuel Meira; SILVA, Willan. *Audiência de Custódia: Dignidade Humana, controle de convencionalidade, prisão cautelar e outras alternativas* (Lei 12.403/2011). Ob. cit., p. 101. MACHADO, Leonardo Marcondes. Resistência Crítica e Poder Punitivo: diálogos em torno da Audiência de Custódia. *Revista Síntese Direito Penal e Processo Penal*, Porto Alegre, a. XVI, nº 93, ago.-set. 2015, p. 46. MELO, Raphael. Audiência de Custódia no Processo Penal. Ob. cit., p. 141. MARCÃO, Renato. Audiência de Apresentação/Custódia (Resolução CNJ nº 213/2015). Ob. cit., p. 196. Impregnando o ato com uma forte visão ideológica, e sugerindo-lhe o nome de *audiência de garantia de liberdade*, encontramos: MINAGÉ, Thiago M; SAMPAIO JR., Alberto. A Questão Político-Criminal da Audiência de Custódia. *Revista Síntese Direito Penal e Processo Penal*, Porto Alegre, a. XVI, nº 93, ago.-set. 2015, p. 57. Em sentido similar, designando-a como audiência de garantia, encontramos: TÓPOR, Klayton Augusto Martins; NUNES, Andréia

A falta de sintonia entre o que, em nosso país, se entende por *audiência* e o mandamento presente nos textos internacionais ratificados pelo Brasil faz com que encontremos certa resistência em se admitir que a apresentação judicial da pessoa privada em sua liberdade acabe por se materializar em um ato complexo. Mais claramente, há quem se prenda à textualidade das normas internacionais para defender a posição de que não ocorreria uma *audiência* propriamente dita, pois o ato somente envolveria o juiz e a pessoa privada em sua liberdade.

Exemplo dessa posição é facilmente identificável na primeira versão do PLS nº 554, de 2011, e na atual redação do PL 7.871/2014. O mesmo ocorre na esfera judicial, especificamente, em decisão proferida pelo Tribunal Regional Federal da 1ª Região. Em *habeas corpus* impetrado pela Defensoria Pública da União, o despacho que indeferiu a medida liminar pretendida entendeu que a previsão contida no artigo 7º da CADH se restringe a determinar a mera apresentação do sujeito preso ou detido. Portanto, não haveria que se falar na realização de uma audiência, muito menos que ao ato devessem estar presentes o Ministério Público e a defesa técnica.[256]

Não há como negar que a simplificação no entendimento do que representaria ou comportaria aquela apresentação se presta a dois objetivos muito claros. Primeiro, reduzir os custos e estrutura da apresentação judicial do sujeito privado em sua liberdade: não haveria a necessidade de participação do Ministério Público e da defesa, o que importaria na desnecessidade de o ato se realizar em uma sala de audiência, podendo ocorrer informalmente no próprio gabinete do juiz. Segundo, reduzir formalidades: em não havendo a presença do Ministério Público e da defesa, maiores formalidades não seriam exigidas por parte do juiz, o que tornaria o ambiente menos sujeito a tensões entre ele e os sujeitos interessados ali presentes, em especial, no que

---

Ribeiro. *Audiência de Custódia*: Controle Jurisdicional da Prisão em Flagrante. Ob. cit., p. 62. MASI, Carlo Velho. *A Audiência de Custódia Frente à Cultura do Encarceramento*. Revista dos Tribunais, São Paulo, ano 104, vol. 960, out./2015, p. 78.

[255] Na decisão proferida na ADI 5.240, o Supremo Tribunal Federal ingressou, de forma desnecessária, na discussão relativa ao nome que esse instituto deveria receber no Brasil, sugerindo a adoção do nome *audiência de apresentação* (STF, ADI 5.240, Tribunal Pleno, rel. Min. Luiz Fux, j. em 20 de agosto de 2015). Todavia, o CNJ, em sua Resolução nº 213, de 15 de dezembro de 2015, parece não haver levado em consideração a *sugestão* realizada, referindo-se ao instituto, de forma indistinta, como *audiência de custódia* e *audiência de apresentação*.

[256] Textualmente: "Pela visão que ora se tem dos fatos, não merece reparo a decisão impetrada ao asseverar que 'o disposto no art. 7º, da Convenção Interamericana de Direitos Humanos – CIDH, não cria um ato processual prévio, uma audiência prévia, com ampla intimação das partes, que necessariamente ocorrerá em todas as situações envolvendo prisão. Tanto assim que o item 5, do art. 7º, da CIDH fala apenas em 'apresentação' da pessoa detida e não em 'audiência'." (TRF 1ª Região, Despacho em HC nº 0059890-11.2014.4.01.0000/AM, Rel. Des. Fed. Olindo Menezes, j. em 17 de outubro de 2014).

diz respeito às perguntas que o magistrado poderia fazer ao conduzido. Ou seja, Ministério Público e da defesa seriam vistos como um problema pelo juiz que não concordar com a presença de ambos.

Independentemente das *facilidades* que o contato único entre o juiz e o sujeito conduzido possa proporcionar ao Poder Judiciário, entendemos que o rol de garantias contido em nossa legislação – constitucional e infraconstitucional – impõe que aquela apresentação se converta em um ato mais complexo, o que justificaria a denominação de *audiência de custódia*, bem como, a intervenção do Ministério Público e da defesa.

De início, é sempre bom lembrar que o ato em questão é um direito da pessoa privada de sua liberdade, em lugar de ser um ato destinado a alcançar os interesses do juiz. Isso significa dizer que a audiência de custódia deve estar voltada à preservação dos interesses daquela pessoa, quais sejam, análise da legalidade da sua prisão, verificação da existência de tortura ou maus-tratos e averiguação da (des)necessidade de manutenção da sua prisão. Em última análise, a audiência de custódia se constitui em um dos primeiros atos de defesa disponibilizados ao sujeito preso ou detido.

Ao ser configurado como um ato de defesa, por certo que é necessário que se permita ao sujeito privado de sua liberdade ter contato com seu defensor, a fim de que ambos ajustem a estratégia adequada para que seja obtido o melhor resultado possível naquele ato. Lembremo-nos de que, dentre as decisões possíveis de serem obtidas na audiência, estão o relaxamento da prisão por atipicidade da conduta (*v.g.*, por ser crime bagatelar), o relaxamento da prisão por ilegalidade procedimental (*v.g.*, por não haver sido concedido defensor ao conduzido ou não ocorrer a comunicação imediata ao juiz ou à família do preso) ou a concessão de liberdade provisória (*v.g.*, por haver indícios de que o fato foi praticado sob o abrigo de causa excludente da ilicitude). Assim entendida a apresentação do sujeito preso ou detido, passa a haver não só a necessidade de sua entrevista prévia com o defensor por um tempo razoável (nos moldes como prevê o artigo 185, § 5º, do CPP[257]), senão também, a necessidade da própria presença do defensor no momento em que aquele sujeito for entrevistado ou interrogado pelo juiz.[258]

---

[257] Artigo 185, § 5º, do CPP. Em qualquer modalidade de interrogatório, o juiz garantirá ao réu o direito de entrevista prévia e reservada com o seu defensor; se realizado por videoconferência, fica também garantido o acesso a canais telefônicos reservados para comunicação entre o defensor que esteja no presídio e o advogado presente na sala de audiência do Fórum, e entre este e o preso.

[258] Nesse sentido, a Resolução nº 213, do CNJ, inovou ao estabelecer, em seu artigo 6º, que: "Antes da apresentação da pessoa presa ao juiz, será assegurado seu atendimento prévio e reservado por

A imprescindibilidade da presença do defensor conduz a uma óbvia consequência derivada do tratamento igualitário que deve haver em todo ato judicial. Portanto, em havendo um defensor que possa influir no ânimo do juiz, por certo que também deve haver a presença do Ministério Público naquele mesmo ato, a fim de que possa atuar com igual finalidade.

Outro fator que também impõe deva haver um ato caracterizado como *audiência* é a possibilidade de o juiz aplicar alguma medida cautelar de ofício naquele momento. Lembremo-nos de que – embora equivocadamente – o legislador nacional optou por autorizar o juiz a converter a prisão em flagrante em prisão preventiva, o que significa dizer que isso nada mais seria do que um decreto de prisão preventiva sem pedido do Ministério Público ou da polícia judiciária. Da mesma forma, autorizou que aquele juiz, em lugar de efetuar essa conversão, aplicasse, igualmente de ofício, alguma medida cautelar diversa da prisão, ainda que sem pedido do Ministério Público, polícia judiciária ou da defesa.

Em situações como essas, a nossa legislação processual penal dá evidentes mostras de quão atrasada se encontra em relação à legislação processual civil, em especial, às disposições do novo Código de Processo Civil (doravante, CPC). Assim dizemos por que, em uma das situações acima descritas, a praxe atual vai no sentido de o juiz, ao impor de ofício uma ou outra medida cautelar de cunho pessoal, venha a fazê-lo tomando de surpresa os sujeitos parciais que se encontram naquele ato, a saber, o Ministério Público e a defesa. Entretanto, a concepção mais moderna que se tem do princípio do contraditório passou a interpretá-lo como sendo um direito à não surpresa sobre o conteúdo de uma decisão.[259]

Melhor explicando, ainda que esteja preservada a hipótese de o juiz decidir certos temas de ofício, essa decisão somente poderá ser tomada a partir da adoção de um procedimento pouco conhecimento em nosso país, embora, para o direito processual penal, ele não possa ser considerado como algo completamente novo ou estranho. Em outros termos, ao se posicionar pela necessidade de uma decisão de ofício, o juiz teria que, de acordo com o artigo 10 do novo CPC,

---

advogado por ela constituído ou defensor público, sem a presença de agentes policiais, sendo esclarecidos por funcionário credenciado os motivos, fundamentos e ritos que versam a audiência de custódia".

[259] Sobre o tema, ver: THEODORO JÚNIOR, Humberto; NUNES, Dierle José Coelho. Uma dimensão que urge reconhecer ao contraditório no direito brasileiro: sua aplicação como garantia de influência, de não surpresa e de aproveitamento da atividade processual. *Revista de Processo*, São Paulo, a. 34, nº 168, p. 107-141, fev. 2009.

primeiramente manifestar nos autos os fundamentos de sua decisão de ofício. Em sequência, deve abrir vista às partes para que possam sobre eles se manifestar, e só depois o juiz deve efetivamente decidir com base no fundamento que invocou *motu próprio*.[260]

Este já é o procedimento presente no inciso IX do artigo 497 do CPP, ao exigir do juiz presidente do Tribunal do Júri a oitiva prévia das partes, quando entenda por extinguir, de ofício, a punibilidade do agente.[261] Portanto, não se pode dizer que essa concepção do princípio do contraditório seja, ao menos para o direito processual penal, uma verdadeira inovação, embora haja tido sua aplicabilidade erroneamente restrita ao procedimento do Tribunal do Júri.

Em sendo este o roteiro a ser corretamente seguido, por certo que a urgência na definição da situação prisional do sujeito conduzido ou preso exige que o respeito ao princípio do contraditório se dê da forma mais rápida possível.[262] Logo, essa forma é, justamente, com a presença do Ministério Público e da defesa durante o ato de apresentação judicial do preso, momento em que os argumentos apresentados de ofício pelo juiz poderão ser prontamente conhecidos, rebatidos ou ratificados por quem lá estiver presente.

É por essa soma de fatores que resulta a necessidade de a apresentação judicial da pessoa privada em sua liberdade ocorrer em uma oportunidade que se chama *audiência*, dada a complexidade dos atos que ali poderão se concretizar.

Seja sob o ângulo que for, a Resolução nº 213, do CNJ, buscou dar fim a eventuais controvérsias relativas à presença, ou não, do Ministério Público e da defesa, criando a necessidade da realização da audiência de custódia na presença de ambos,[263] bem como, de a decisão

---

[260] Art. 10. O juiz não pode decidir, em grau algum de jurisdição, com base em fundamento a respeito do qual não se tenha dado às partes oportunidade de se manifestar, ainda que se trate de matéria sobre a qual deva decidir de ofício.

[261] Art. 497. São atribuições do juiz presidente do Tribunal do Júri, além de outras expressamente referidas neste Código: (...)
IX – decidir, de ofício, ouvidos o Ministério Público e a defesa, ou a requerimento de qualquer destes, a argüição de extinção de punibilidade.

[262] Reconhecendo a incidência na audiência de custódia, encontramos: TÓPOR, Klayton Augusto Martins; NUNES, Andréia Ribeiro. *Audiência de Custódia*: Controle Jurisdicional da Prisão em Flagrante. Ob. cit., p. 56 e 69. MELO, Raphael. *Audiência de Custódia no Processo Penal*. Ob. cit., p. 141. ÁVILA, Thiago André Pierobom de. *Audiência de custódia: avanços e desafios*. Ob. cit., p. 310-311. PAIVA, Caio. *Audiência de Custódia e o Processo Penal Brasileiro*. 2ª ed. Ob. cit., p. 115.

[263] Artigo 4º A audiência de custódia será realizada na presença do Ministério Público e da Defensoria Pública, caso a pessoa detida não possua defensor constituído no momento da lavratura do flagrante.

judicial somente ser proferida após a participação na etapa de inquirição e posterior realização de requerimentos.[264]

Não há como esconder o fato de que essa posição assumida pelo CNJ põe por terra toda uma discussão derivada da necessidade, ou não, de abertura de vista do auto de prisão em flagrante ao Ministério Público.[265] Entretanto, também não se pode esconder uma dura realidade: há juízes que, sob o argumento de que a Resolução n° 213, do CNJ, seria inconstitucional por ferimento ao inciso I do artigo 22 da CF, ainda entendem que poderão se fechar em seus gabinetes à hora de decidir a sorte do auto de prisão em flagrante e do *status libertatis* do sujeito conduzido.[266] Entretanto, as previsões do CNJ não passam de mero desdobramento do princípio do contraditório, que sequer necessitariam de qualquer regulamentação administrativa para se efetivar no *locus* de atuação judicial. Ao fim e ao cabo, deveria ser um dever mais que primário, aos juízes que negam a presença e manifestação do Ministério Público e defesa nos autos de prisão em flagrante, informar-se quanto ao conceito, amplitude e desdobramentos de um princípio contido em uma Carta que se comprometeram a cumprir e respeitar.

3.4. O papel do juiz na audiência de custódia

De acordo com a jurisprudência das Cortes internacionais e as justificativas apresentadas nos projetos de lei e na Resolução n° 213, do CNJ, a audiência de custódia obedece a uma tríplice finalidade, a lembrar: a) análise da (i)legalidade da privação de liberdade efetuada; b) freio a possíveis maus-tratos ou tortura durante o período em que o indivíduo esteve em poder de agentes estatais vinculados à segurança pública; e c) apreciação sobre a (des)necessidade de manutenção da

---

[264] Artigo 8°, § 1°. Após a oitiva da pessoa presa em flagrante delito, o juiz deferirá ao Ministério Público e à defesa técnica, nesta ordem, reperguntas compatíveis com a natureza do ato, devendo indeferir as perguntas relativas ao mérito dos fatos que possam constituir eventual imputação, permitindo-lhes, em seguida, requerer:
I – o relaxamento da prisão em flagrante;
II – a concessão da liberdade provisória sem ou com aplicação de medida cautelar diversa da prisão;
III – a decretação de prisão preventiva;
IV – a adoção de outras medidas necessárias à preservação de direitos da pessoa presa.

[265] Sobre essa discussão, ver: ANDRADE, Mauro Fonseca. *A Atuação do Ministério Público Frente às Medidas Cautelares Pessoais.* Ob. cit.

[266] Poder Judiciário do Rio Grande do Sul. Comarca de Porto Alegre. Auto de Prisão em Flagrante. Expediente n° 001/2.16.011072-8. Juiz de Direito Luciano André Losekann, decisão proferida em gabinete em 09 de fevereiro de 2016.

privação de liberdade, decretando-se sua prisão preventiva, o relaxamento da prisão, revogando a prisão temporária ou concedendo liberdade provisória, com ou sem vínculos.[267]

No que diz respeito a esta última finalidade, as atenções do juiz estarão voltadas ao futuro da persecução penal, pois a prisão cautelar já decretada ou a ser imposta está centrada na garantia de algum objetivo constante no rol do artigo 312 do CPP ou no artigo 1º da Lei nº 7.960/1989. Pode-se dizer, portanto, que, quanto a esta finalidade, o olhar do juiz será sempre prospectivo.

Situação completamente diversa se dará em relação às outras finalidades da audiência de custódia. Nelas, a atividade judicial se prestará a exercer verdadeira fiscalização sobre atos e posturas verificados no passado, mais precisamente, quanto à (a)tipicidade da conduta em tese praticada, ao enquadramento da prisão em flagrante dentre as hipóteses autorizadoras do artigo 302 do CPP, e ao tratamento dispensado ao conduzido durante o período anterior à sua apresentação ao juiz. Aqui, o olhar do juiz será sempre retrospectivo.

Pois bem, para a correta realização desse papel fiscalizatório, o juiz contará com duas fontes de informação. A primeira será o próprio auto de prisão em flagrante, no qual constam os procedimentos adotados pela autoridade policial durante sua lavratura, e os depoimentos dos policiais e eventuais vítimas do suposto ilícito penal. A segunda fonte será ninguém menos que o próprio conduzido, que, estando presente fisicamente ou de modo virtual – ao se admitir a videoconferência em casos especiais –, poderá exercer seu direito de falar ou ficar em silêncio durante aquele ato judicial.

Em relação à análise do procedimento adotado naquele auto e dos depoimentos ali já prestados, a postura judicial a ser assumida na audiência de custódia em nada diferirá daquela já presente na atualidade, em que a formação da convicção do juiz se realiza a partir da análise fria dos documentos que lhe foram enviados pela autoridade policial. No entanto, o mesmo não se pode dizer quanto à postura judicial a ser assumida durante a oitiva do conduzido, ocasião em que as atenções do juiz deverão estar voltadas para a ocorrência, ou não, de infrações penais distintas, quais sejam, a infração penal derivada de eventuais maus-tratos ou tortura ocorridos durante a atuação poli-

---

[267] Um rol maior de finalidades é apresentado por alguns autores nacionais, embora todas elas estejam, em maior ou menor medida, ligadas àquelas apresentadas pelas Cortes internacionais. Nesse sentido, ver: ÁVILA, Thiago André Pierobom de. *Audiência de custódia*: avanços e desafios. Ob. cit., p. 310-311. PAIVA, Caio. *Audiência de Custódia e o Processo Penal Brasileiro*. 2ª ed. Ob. cit., p. 45 e segs.

cial, e a infração penal supostamente praticada pelo conduzido, motivadora de sua prisão em flagrante.

Nesse momento, qualificado por parte da doutrina – embora entendamos ser um equívoco – como sendo o interrogatório *pro libertate*,[268] de verdadeiro interrogatório tratar-se-á. Noutras palavras, ainda que a Resolução nº 213, do CNJ, haja disciplinado esse ato, qualificando-o como sendo uma entrevista (artigo 8º), ao juiz incumbirá buscar informações sobre a ocorrência, ou não, de alguma daquelas infrações penais, pois será a partir dessa inquirição que o auto que lhe foi encaminhado poderá ser homologado ou não.

Até em respeito à própria ordem cronológica em que os fatos poderiam se verificar, as primeiras informações a serem buscadas pelo juiz diriam respeito ao cometimento da infração penal que está sendo imputada ao conduzido. Nessa ocasião, questões ligadas à autoria, materialidade, ilicitude e culpabilidade poderão ser objeto não só da exposição do sujeito conduzido, senão também, do próprio questionamento judicial, justamente para que se possa avaliar a (não)configuração, ainda que preliminar, de uma infração penal que motivou aquela audiência. De se observar que a resolução do CNJ prevê a necessidade de o juiz indagar o sujeito preso "sobre as circunstâncias de sua prisão ou apreensão" (inciso V do artigo referido).

Não nos esqueçamos de que, por se tratar de um verdadeiro interrogatório – ainda que de conteúdo limitado, já que não cabível o aprofundamento no exame da prática do fato ou ato ilícito –, este é o momento adequado para que o sujeito apresentado venha a exercer sua defesa própria, se assim o entender. A tal ponto se poderá chegar na exposição feita pelo sujeito conduzido ou no questionamento levado a cabo exclusivamente por seu defensor técnico, que há quem encontre, na audiência de custódia, o motivo para a eficácia tardia do artigo 314 do CPP, que desautoriza o decreto de prisão preventiva na hipótese de aquele haver praticado a infração penal sob o abrigo de alguma causa excludente da ilicitude.[269]

Não por outro motivo, parte da doutrina afirma que a audiência de custódia se destinará "ao estabelecimento da verdade real sobre os

---

[268] BADARÓ, Gustavo Henrique Righi Ivahy. *Parecer*. Ob. cit.

[269] LOPES JR., Aury. Imediata apresentação do preso em flagrante. Uma necessidade imposta pela evolução civilizatória do Processo Penal. In: *Informativo Rede Justiça Criminal*, Brasília, edição 05, ano 03, 2013.

fatos que resultaram na prisão",[270] ainda que ela diga respeito à *verdade real do sujeito preso*. É por isso que deve ser vista com reservas a possibilidade de o "juiz indeferir as perguntas relativas ao mérito dos fatos" (§ 1º do artigo 8º daquela resolução), pois o ingresso neste mérito, ainda que com óbvias limitações, é que poderá auxiliar o sujeito preso a obter sua liberdade provisória ou, até mesmo, a alcançar o relaxamento de sua prisão.

O que importa ficar claro nesse aspecto, portanto, é que o ingresso no exame do mérito da conduta – em tese, praticada pela pessoa apresentada – está completamente alijado dos fins da audiência de custódia, quando voltado para fins meramente condenatórios. Entretanto, quando realizado com o fim de proporcionar algum benefício de ordem processual – em especial, a concessão de alguma medida cautelar diversa da prisão ou mesmo a não homologação da prisão em flagrante –, sua necessidade aparecerá ao natural naquele ato de apresentação, seja por provocação judicial, do defensor ou mesmo apresentada espontaneamente por parte da pessoa apresentada.

Superada essa primeira etapa do interrogatório, as atenções do juiz se voltarão para a concretização da finalidade preventiva da audiência de custódia, qual seja, à prática de atos ligados à ocorrência, ou não, de maus-tratos ou tortura por parte dos agentes de segurança do Estado. E, aqui, simplesmente não existe limitação quanto à profundidade do questionamento a ser realizado pelo juiz, Ministério Público ou defesa. Em virtude disso, uma observação merece ser feita.

Por certo que, costumeiramente, as informações relativas à ocorrência, ou não, de tortura ou maus-tratos poderão ser prestadas de modo verbal pelo sujeito preso, motivadas pela segurança de estar na presença de seu defensor. No entanto, não se pode desprezar a hipótese de a pessoa presa ou detida preferir manter silêncio ao longo de todo o seu interrogatório, mesmo quando questionada sobre temas outros, que não a suposta prática da infração penal que motivou sua prisão em flagrante. Com isso, queremos dizer que, além do ato do interrogatório, aquela fiscalização poderá se dar por ato próprio do juiz, ao determinar uma inspeção sobre o sujeito conduzido, ainda

---

[270] WEIS, Carlos. Estudo sobre a Obrigatoriedade de Apresentação Imediata da Pessoa Presa ao Juiz: comparativo entre as previsões dos tratados de direitos humanos e do projeto de Código de Processo Penal. *Defensoria Pública do Estado de São Paulo*, São Paulo, 2011, p. 16. Disponível em: <http://www.defensoria.sp.gov.br/dpesp/Repositorio/31/Documentos/Estudo%20sobre%20a%20obrigatoriedade%20de%20apresenta%C3%A7%C3%A3o%20imediata%20do%20preso%20ao%20juiz%20%281%29.pdf>. WEIS, Carlos. JUNQUEIRA, Gustavo Octaviano Diniz. A Obrigatoriedade da Apresentação Imediata da Pessoa Presa ao Juiz. Ob. cit., p. 342.

que essa expressão não seja a mais adequada ou politicamente correta, por tratá-lo como um objeto.

Concretamente, o juiz poderá determinar que o sujeito apresentado exiba partes de seu corpo para que se veja se há sinais aparentes de agressão, determinação que por ele deverá ser obedecida, visto que nada há de autoincriminatório nessa conduta, já que, se algum crime houve nesse aspecto, não foi praticado por parte do sujeito que está à sua frente. Ou, então, que seja submetido a exame pericial complementar, caso o primeiro exame não tenha apontado as marcas de agressão visualizadas em audiência.[271]

Seja em um ou outro momento do interrogatório (ou entrevista), o que salta aos olhos é que o papel a ser exercido pelo juiz da audiência de custódia recairá sobre a ocorrência de uma infração praticada pelo sujeito apresentado ou pelas autoridades responsáveis por sua prisão. Com isso, a audiência de custódia assume o caráter de "ato de investigação de eficácia restrita e limitada",[272] abrindo margem à discussão sobre sua conformidade constitucional e manutenção da imparcialidade de um juiz que, segundo nossa cultura processual, deverá ser o mesmo a atuar no processo de conhecimento.

3.4.1. Mácula ao sistema acusatório

Uma das discussões mais antigas e ainda existentes no direito processual penal diz respeito à abordagem que se faz em relação aos sistemas processuais penais.

A controvérsia não se limita à identificação ou real conceituação dos sistemas conhecidos. Ao contrário, ela é muito mais ampla, passando pela admissão da existência de três sistemas (acusatório, inquisitivo e misto) ou somente dois deles (acusatório e inquisitivo). Há quem diga, ainda, que o sistema inquisitivo não existe como sistema processual penal, restringindo sua abordagem ao sistema acusatório. E há, por fim, quem proponha a criação de um sistema processual penal diverso daqueles tradicionalmente conhecidos, embora a estruturação proposta diga respeito, em essência, à construção do sistema

---

[271] Nesse sentido, a Resolução nº 213, do CNJ, apresenta nada menos que um protocolo a ser seguido pelo juiz, nos casos de haver notícia de prática de tortura ou maus-tratos ao sujeito apresentado (Protocolo II. Procedimentos para oitiva, registro e encaminhamento de denúncias de tortura outros tratamentos cruéis, desumanos ou degradantes).

[272] LOPES JR., Aury. *Imediata apresentação do preso em flagrante. Uma necessidade imposta pela evolução civilizatória do Processo Penal.* Ob. cit.

acusatório, mas com o nome que o autor proponente entenda mais adequado às suas convicções ou conveniências.[273]

No que diz respeito à realidade nacional, nossas Cortes Superiores já assentaram o entendimento de que a Constituição Federal haveria adotado o sistema acusatório, mesmo que assim o tenha feito não de forma expressa. Frente a essa posição, o questionamento que naturalmente se faz é o da (in)conformidade da audiência de custódia com o sistema acusatório que se diz estar presente no texto constitucional.

Para bem poder responder a essa questão, parece-nos que a melhor forma de abordagem está ligada à identificação do momento histórico em que a audiência de custódia surgiu no cenário internacional, e o papel que foi pensado para o juiz exercer naquele ato.

Dito isso, a própria cronologia dos textos internacionais que instituíram a audiência de custódia não nos permite incidir em erro. Todos eles foram criados entre as décadas de 50 e 60 do século passado, período em que o sistema acusatório era nada mais que uma mera aspiração entre os juristas integrantes do direito continental. Mais precisamente, o processo penal europeu, com exceção dos países seguidores do exemplo anglo-saxão, adotava um modelo de investigação centrado na figura do juiz, tendo este modelo sido chamado de *juizado de instrução*, e seu condutor ficado conhecido como *juiz de instrução*.[274] Ele foi difundido no continente europeu pelo *Code d'Instruction Criminelle* francês de 1808, legislação que, pouco a pouco, foi dando cabo do sistema inquisitivo no Velho Continente, substituindo-o por um sistema processual penal denominado por uns de *misto*, e denominado por outros de *inquisitivo reformado*.

A derrocada desse modelo de investigação – e, por consequência, desse sistema processual penal – só começou a ocorrer na década de 70 do século passado, quando a Alemanha realizou uma profunda alteração em sua legislação processual penal, que ficou conhecida como a Grande Reforma (1974). A nota marcante dessa reforma foi justamente o abandono da investigação criminal presidida por um juiz, com sua substituição pela investigação criminal presidida pelo Ministério Pú-

---

[273] Sobre toda a discussão que envolve os sistemas processuais penais, ver: ANDRADE, Mauro Fonseca. *Sistemas Processuais e seus Princípios Reitores*. Ob. cit. ANDRADE, Mauro Fonseca Andrade. Sistema Processual Penal Democrático: reflexos de sua proposição no Projeto de Código de Processo Penal. *Revista Eletrônica de Direito Penal e Política Criminal*, Porto Alegre, v. 2, nº 1, p. 69-87, 2014.

[274] Para uma melhor compreensão da figura do juiz de instrução, ver: CHAMBON, Pierre. *Le Juge d'Instruction*. Paris: Librairie Dalloz, 1972.

blico.²⁷⁵ A partir dela, houve um verdadeiro efeito dominó em relação ao juizado de instrução, pois diversos países passaram a seguir o mesmo caminho, fazendo com que o papel do juiz se restringisse a ser uma espécie de garante da fase de investigação. Os exemplos mais imediatos foram as reformas ocorridas em Portugal (1988) e Itália (1989).

Com essa mais que sucinta retrospectiva, o que se quer deixar patente é que a figura do juiz investigador, encarregado de tomar depoimentos e determinar a realização de provas anteriormente à propositura do processo de conhecimento, nasceu sob a égide de um sistema diverso do acusatório – chame-o de misto ou inquisitivo reformado.

Essa vinculação histórica é o que explica, em relação à audiência de custódia, a realização de um interrogatório voltado não só à obtenção de elementos que justifiquem a homologação, ou não, do auto de prisão em flagrante (averiguação preliminar da tipicidade, antijuridicidade, culpabilidade, indícios de autoria e materialidade), mas também, à obtenção de elementos caracterizadores de eventuais maus-tratos ou tortura. Da mesma forma, explica que parcela da doutrina brasileira sustente que as primeiras declarações do sujeito preso deveriam ser prestadas ao juiz, em lugar daquelas hoje prestadas ao Delegado de Polícia,²⁷⁶ e que, caso se convença da ocorrência de maus-tratos ou tortura em relação ao sujeito apresentado, "o juiz deveria iniciar uma investigação e adotar medidas efetivas para proteger o prisioneiro contra maus-tratos adicionais".²⁷⁷ Em síntese, a audiência de custódia foi pensada para ser executada por um juiz com competência para investigar, ainda que, na atualidade, essa investigação esteja restrita aos objetivos daquela audiência.²⁷⁸

Em defesa da adequação da audiência de custódia ao sistema acusatório, a doutrina apresenta vários argumentos que refutariam uma possível invocação de inconstitucionalidade daquele instituto. Em textos vinculados ao PLS nº 156, de 2009 (Projeto de Código de Processo Penal), sustenta-se que: a) o juiz encarregado da fase processual não seria o mesmo da fase de investigação, frente à criação do juiz das garantias, o que impediria a formação de um juízo condenatório já no curso da audiência de custódia; b) o ônus da prova seria das partes, o

---

²⁷⁵ Para uma melhor compreensão dessa reforma, ver: MAIER, Julio B. J. *La Investigación Penal Preparatoria del Ministerio Público. Instrucción Sumaria o Citación Directa*. Buenos Aires: Lerner, 1975.

²⁷⁶ WEIS, Carlos. JUNQUEIRA, Gustavo Octaviano Diniz. *A Obrigatoriedade da Apresentação Imediata da Pessoa Presa ao Juiz*. Ob. cit., p. 343 e 348.

²⁷⁷ Idem, p. 348-349.

²⁷⁸ Um bom exemplo dessa situação pode ser encontrado na própria jurisprudência da CIDH, onde se vê a apresentação do sujeito preso ou detido a um Juizado de Instrução. Neste sentido: CIDH, Caso Bayarri vs. Argentina, § 65, Sentença de 30 de outubro de 2008.

que limitaria o papel do juiz durante aquele ato, especialmente, o conteúdo do interrogatório a ser realizado durante a apresentação do preso ao juiz; c) a cognição buscada pelo juiz à hora de (in)deferir alguma medida cautelar pessoal seria de cunho horizontal, em lugar da cognição vertical, o que determinaria que o grau de profundidade para a aplicação de uma medida cautelar seja diverso daquele utilizado para condenar alguém; e d) o sujeito apresentado ao juiz poderá invocar o direito ao silêncio, o que limitaria o conhecimento do juiz sobre temas atinentes à existência do crime e indícios de autoria.[279] Mesmo assim, em que pese o louvável intento de dar cobertura sistêmica – e, por consequência, constitucional – à audiência de custódia, entendemos que nenhum dos argumentos consegue alcançar esse objetivo.

De início, não é a separação entre as figuras do juiz da fase de investigação e do juiz da fase de julgamento que determina a configuração do sistema acusatório. Lembremos que os textos que defendem a inserção da audiência de custódia junto ao sistema acusatório foram apresentados sob o influxo do PLS nº 156, de 2009, mais especificamente, partindo-se do pressuposto da presença do juiz das garantias como elemento integrante do sistema acusatório proposto no artigo 4º daquele projeto. No entanto, nossos Tribunais Superiores seguem entendendo pela acolhida constitucional do sistema acusatório, mesmo que aquela separação de funções ainda não haja ocorrido. Aliás, ninguém menos que o Tribunal Pleno do Supremo Tribunal Federal já se posicionou pela incorreção da base argumentativa, presente no projeto de novo CPP, para a criação da figura do juiz das garantias.[280]

Em relação ao ônus da prova ser das partes, tal afirmação está vinculada à teoria da gestão da prova, que propõe a diferenciação entre o sistema acusatório e o sistema inquisitivo a partir da inércia ou possibilidade de atuação *ex officio judicis* na fase de produção de prova pertencente a um processo de conhecimento já instaurado. Deixando de lado as flagrantes impropriedades técnicas dessa teoria,[281] nossa própria Corte Constitucional já se encarregou de demonstrar a plena compatibilidade do sistema acusatório com a atividade probatória

---

[279] WEIS, Carlos. *Estudo sobre a Obrigatoriedade de Apresentação Imediata da Pessoa Presa ao Juiz: comparativo entre as previsões dos tratados de direitos humanos e do projeto de Código de Processo Penal.* Ob. cit., p. 19-22. WEIS, Carlos. JUNQUEIRA, Gustavo Octaviano Diniz. *A Obrigatoriedade da Apresentação Imediata da Pessoa Presa ao Juiz.* Ob. cit., p. 351-354.

[280] STF, HC nº 92.893-5, Tribunal Pleno, rel. Min. Ricardo Lewandowski, j. em 02-01-2008.

[281] Sobre o tema, ver: ANDRADE, Mauro Fonseca. *Sistemas Processuais Penais e seus Princípios Reitores.* Ob. cit., p. 197-239. ANDRADE, Mauro Fonseca. Teoria da Gestão da Prova: um confronto consigo mesma. *Revista Ibero-Americana de Ciências Penais.* Porto Alegre, a. 10, nº 18, p. 141-200, 2010.

judicial[282] – embora com limites óbvios –, tal como deixa clara a linha doutrinária internacional amplamente majoritária. Além disso, a ordem de inquirição, constante na Resolução nº 213, do CNJ, coloca o juiz como o condutor da oitiva do sujeito preso, algo proposto pela doutrina que assim o fosse,[283] e que contraria completamente os objetivos da teoria da gestão da prova. Noutras palavras, nem mesmo no CNJ essa teoria encontra guarida.

Quanto ao grau de cognição utilizado pelo juiz para a decretação de alguma medida cautelar, ninguém menos que o TEDH já demonstrou o equívoco dessa vinculação sistêmica. Embora não seja essa a realidade presente em nosso país, nada impede que o juiz da fase de investigação utilize critérios muito próximos de um juízo condenatório à hora de conceder alguma medida cautelar. Aliás, alguns países da Europa exigem um nível de aprofundamento muito maior para a quebra de algum direito fundamental, diferentemente do Brasil, onde os requisitos estão restritos à prova da materialidade e indícios de autoria.

O que deve haver, isso sim, em caso de aprofundamento da base argumentativa para o decreto de alguma medida cautelar, é o afastamento do juiz da fase de investigação em relação à fase de julgamento, sem qualquer repercussão no sistema acusatório adotado pelos países europeus que optaram por critérios mais profundos à hora de autorizar a quebra judicial de algum direito fundamental. Por consequência, nos países em que esse aprofundamento não ocorre, não há que se falar em diferenciar o juiz da fase de investigação do juiz que atuará na fase de julgamento.[284]

Por fim, em relação à invocação do silêncio por parte do sujeito apresentado ao juiz, tal tema está vinculado à ausência de risco de

---

[282] STF, HC nº 109.713, 1ª Turma, rela. Mina. Rosa Weber, j. em 19-02-2013.

[283] Nesse sentido, encontramos a doutrina de Caio Paiva, quando assim se manifestou quanto à ordem de inquirição na 1ª edição de sua obra: "Justamente por não se tratar de um 'interrogatório', entendo que não há necessidade de se seguir o art. 212 do CPP e franquear às partes o início da entrevista para somente depois o juiz complementar. Não há que se exigir tanta formalidade neste instante inicial da audiência de custódia, podendo o juiz conduzir o ato, franqueando às partes eventuais perguntas para o conduzido" (PAIVA, Caio. *Audiência de Custódia e Processo Penal Brasileiro*. 1ª ed. Florianópolis: Empório do Direito, 2015, p. 90). Idêntico posicionamento não se verifica na 2ª edição de seu livro, haja vista que suas atenções, em relação à *dinâmica procedimental da audiência de custódia*, estiveram voltadas à abordagem do procedimento estabelecido pela Resolução nº 213, do CNJ, que coloca o juiz como o primeiro sujeito a perguntar naquele ato.

[284] TEDH, Caso Hauschild vs. Dinamarca, sentença de 24 de maio de 1989. TEDH, Caso Sainte-Marie vs. França, sentença de 16 de dezembro de 1992. TEDH, Caso Padovani vs. Itália, sentença de 24 de fevereiro de 1993. TEDH, Caso Northier vs. Países Baixos, sentença de 24 de agosto de 1993. TEDH, Caso Jasinski vs. Polônia, sentença de 20 de dezembro de 2005. Caso Gultyayeva vs. Rússia, sentença de 01 de abril de 2010. Em sentido similar, mas dizendo respeito à atuação de magistrado em processo administrativo, encontramos o seguinte julgado: STJ, RMS nº 19.477, 6ª Turma, rel. Mina. Maria Thereza de Assis Moura, j. em 17-12-2009.

formação do convencimento judicial já na fase de investigação, o que permitiria, em tese, ao magistrado manter sua imparcialidade para futura atuação na fase posterior ao oferecimento da acusação. Entretanto, esse argumento cai por terra no momento em que o sujeito apresentado decida responder às perguntas feitas pelo juiz, e que estarão direcionadas à satisfação daqueles objetivos da audiência de custódia, fazendo com que ocorra o questionamento sobre aspectos atinentes à configuração de uma infração penal (o que importa em avaliação da tipicidade, antijuridicidade e culpabilidade), da prova da materialidade e da existência de indícios de autoria.

Em realidade, o que determina a inadequação da atuação judicial na audiência de custódia aos postulados do sistema acusatório é o papel a ser exercido pelo juiz naquele ato. Mais precisamente, o sistema acusatório não comporta a figura de um juiz investigador, ainda que essa investigação, como já afirmado por um setor da doutrina, tenha uma "eficácia restrita e limitada".[285] Mas que eficácia seria essa?

Ora, seria justamente aquela que procura apurar a prática de infrações penais distintas, a saber, aquela que motivou a apresentação do sujeito privado em sua liberdade (objeto do auto de prisão em flagrante), e aquela decorrente das perguntas voltadas à existência de tortura ou maus-tratos àquele mesmo sujeito. Ou seja, em um determinado momento do interrogatório ou entrevista, o juiz buscará informações relativas à suposta infração penal praticada, em tese, pelo sujeito conduzido (nas palavras da Resolução nº 213, do CNJ, "circunstâncias de sua prisão ou apreensão"); em outro momento do mesmo ato, o juiz buscará informações relativas à suposta infração penal praticada, em tese, pelo agente do Estado responsável pela prisão em flagrante ou custódia do conduzido, devendo questionar o sujeito apresentado, inclusive, sobre a existência de testemunhas das agressões a que foi vítima, e buscar a preservação da materialidade da suposta infração penal (Protocolo II daquela resolução).

Bem demonstrando esse perfil investigativo do juiz-presidente da audiência de custódia, a forma como este ato está sendo apresentado e executado em nosso país exige dele uma postura claramente ativa na apuração de eventual ilícito penal, e não só aquela costumeiramente apresentada durante a condução de todo e qualquer interrogatório ou tomada de depoimento.

Até o presente momento, a Resolução nº 213, do CNJ, e os projetos de lei em andamento *determinam* que o juiz da audiência de cus-

---

[285] LOPES JR., Aury. *Imediata apresentação do preso em flagrante. Uma necessidade imposta pela evolução civilizatória do Processo Penal*. Ob. cit.

tódia tome as medidas cabíveis para apurar a violação dos direitos fundamentais do sujeito conduzido. Noutros termos, o que se desenha aqui é a figura de um juiz determinando a produção de prova pericial para ser incorporada em investigação criminal futura, sem que, para tanto, os projetos de lei ou a resolução exijam que essa postura judicial só se dê mediante provocação do Ministério Público ou da defesa. Seja como for, em tais textos, identifica-se claramente o perfil de um juiz engajado na apuração de uma infração penal, por mais que os termos da Resolução nº 213, do CNJ, e de seu Anexo II se utilizem de recursos linguísticos para buscar o convencimento dos operadores do Direito, no sentido de que aquele magistrado terá a necessária imparcialidade para, posteriormente, também vir a presidir o processo de conhecimento de natureza condenatória.

A correção dos argumentos voltados à demonstração da inviabilidade de conjugação do sistema acusatório com o perfil do juiz com atuação na audiência de custódia passa por uma simples busca na jurisprudência do Superior Tribunal de Justiça. Lá, encontraremos essa desvinculação sistêmica em relação a um juiz que realiza interrogatório na fase de investigação[286] ou que adota medidas de ofício voltadas à apuração de fato em uma investigação futura.[287]

Sob esse aspecto, partindo-se do pressuposto de que nossa Constituição Federal adotou o sistema acusatório, não há como justificar a constitucionalidade da audiência de custódia nos moldes como ela vem sendo proposta e executada no Brasil, em razão do papel judicial atribuído ao longo de sua realização – papel, nunca é demais repetir, formatado em um momento histórico em que a apresentação do preso ou detido se dava justamente a um juiz com competência para presidir investigações criminais.[288]

---

[286] STJ, RHC nº 23.954, 6ª Turma, rel. Min. Jane Silva, j. em 05-02-2009. STJ, HC nº 122.059, 6ª Turma, rel. Min. Limongi França, j. em 03-08-2010.

[287] STJ, HC nº 162.970, 6ª Turma, rel. Min. Sebastião Reis Júnior, j. em 06-12-2011.

[288] Aqui reside nossa concordância parcial com Thiago Pierobon de Ávila, quando afirma que, dentre as finalidades da audiência de custódia, está o fato de "concretizar o sistema acusatório em relação à ação penal cautelar, criando um mecanismo que torne rotina o requerimento de aplicação de medida cautelar pelo Ministério Público" (ÁVILA, Thiago André Pierobom de. *Audiência de custódia*: avanços e desafios. Ob. cit., p. 311-312). Melhor explicando, uma coisa é a realização de uma leitura constitucional de como deveria ser o procedimento aplicável à audiência de custódia, cabendo ao juiz – aí reside nossa concordância – a simples incumbência de julgar os requerimentos apresentados pelas partes naquele ato, não sendo ele, portanto, o propulsor da persecução penal na fase de investigação. Outra coisa, completamente diversa, é a vinculação obrigatória da audiência de custódia ao sistema acusatório, já que ela tem aplicabilidade em sistemas processuais penais diversos do acusatório, como apontado acima.

3.4.2. O necessário impedimento do juiz inquiridor

Como visto acima, há um sério entrave constitucional a permitir a adequação da audiência de custódia – tal como ela vem sendo disciplinada – ao sistema acusatório, entrave, aliás, já reconhecido por nossas Cortes Superiores. Entretanto, também é verdade que não se pode descartar a possibilidade de eventuais *ajustes argumentativos* para que a audiência de custódia se amolde à orientação sistêmica dita presente em nossa Constituição Federal.[289]

Longe de ser um malabarismo jurídico, quiçá este seja o momento adequado para que tanto o Supremo Tribunal Federal como o Superior Tribunal de Justiça revisem sua posição quanto à existência de um sistema acusatório constitucionalizado. Não que sejamos contrários a tal sistema, por óbvio. O problema é que nossa Constituição

---

[289] Um bom exemplo dessa situação pode ser encontrado em julgado do STF, em que se discutiu a existência, ou não, de impedimento do juiz para atuar na fase processual, em razão de ele haver também atuado na fase de investigação (HC nº 92.893-5, Tribunal Pleno, rel. Min. Ricardo Lewandowski, j. em 02-01-2008). Após refutar a hipótese do impedimento pretendido pela defesa, houve uma rápida abordagem em relação à forma de atuação do Departamento Técnico de Inquéritos Policiais e Polícia Judiciária (DIPO), ligado à Corregedoria-Geral de Justiça de São Paulo. Na ocasião, mesmo que no acórdão do STF houvesse referência à inexistência do juizado de instrução no Brasil, nada se disse quanto à totalidade da competência atribuída àquele departamento, dando-se a entender que sua atuação está de acordo com os termos da Constituição Federal. Todavia, como bem apontado por Arthur Pinto Lemos Júnior, o DIPO exerce o poder correcional sobre a polícia judiciária, e, ao assim proceder, tem competência para a instauração de procedimento apuratório sobre eventuais infrações penais praticadas por policiais civis daquele Estado. E arremata o autor: "é verdade que, no procedimento apuratório do juiz corregedor, em vez da Polícia Judiciária, é o próprio magistrado quem preside e determina as providências necessárias para o esclarecimento do fato criminoso. Contudo, essa verdadeira função de juiz instrutor não pode violar o princípio constitucional da oficialidade, sob pena de manifesta nulidade do ato jurisdicional" (LEMOS JÚNIOR, Arthur Pinto. A investigação judicial no âmbito da Corregedoria da Polícia judiciária e a titularidade da ação penal do Ministério Público. *Revista da Escola Paulista da Magistratura*, São Paulo, a. 5, nº 2, jul./dez. 2004, p. 187). Noutro texto, diz o mesmo autor: "Ainda tratando da figura do juiz instrutor, no Estado de São Paulo, as Normas da Corregedoria da Justiça autorizam o juiz corregedor permanente da Polícia Judiciária presidir todas as investigações criminais relacionadas com as práticas delitivas cometidas por policiais civis. Em algumas comarcas, como a de Campinas, no Estado de São Paulo, o juiz corregedor da polícia, ao receber a notícia de um crime cometido por integrante da Polícia Judiciária, instaura um procedimento preliminar denominado 'Providências Judiciais'. Em São Paulo, os juízes corregedores do Dipo instauram procedimentos denominados 'Processo', anotando na capa o tipo penal sob investigação" (LEMOS JÚNIOR, Arthur Pinto de. A Investigação Criminal Diante das Organizações Criminosas e o Posicionamento do Ministério Público. *Revista dos Tribunais*, São Paulo, v. 795, jan. 2002, p. 422). Por fim, ratificando a atividade investigatória e existência de poder de apuração por parte dos juízes com atuação naquele departamento, encontramos a doutrina de: SANTORO FILHO, Antônio Carlos. Os poderes investigatórios do juiz corregedor da Polícia Judiciária. *Cadernos Jurídicos*, São Paulo, a. 7, nº 27, p. 101-109, mai./ago. 2006. Outro exemplo, mas que diz respeito diretamente à audiência de custódia, está relacionado à linguagem utilizada pelo CNJ – seja no corpo da própria Resolução nº 213, seja ao longo do Protocolo II, anexo a ela –, à hora de descrever como devem se dar a forma e as linhas de atuação do juiz durante aquele ato, empregando palavras que dariam a entender a impossibilidade de quebra da imparcialidade daquele magistrado.

Federal se ajusta tanto ao sistema acusatório como ao sistema misto – para quem, certamente, entende pela existência deste.

Para bem exemplificar essa situação, invocamos a realidade espanhola, na qual sua Constituição – ao contrário da portuguesa (artigo 32,5) – não prevê o sistema processual penal a ser seguido pelo país, e arrola uma série de direitos e garantias, tal como o faz nossa Constituição Federal. O sistema implantado naquele país é reconhecidamente o misto, e as garantias e direitos presentes na sua Carta Maior são os mesmos e até melhores que os presentes em nosso país. Dito de forma mais clara, nosso texto constitucional se ajusta perfeitamente aos sistemas acusatório e misto, diante da ausência de uma definição expressa em seu corpo, havendo exemplos, em âmbito internacional, que bem demonstram a possibilidade e viabilidade dessa adaptação sistêmica.

Caso essa adequação venha a ocorrer em relação à audiência de custódia, ainda assim não será possível fugir à observância de uma regra básica aplicada a toda espécie de investigação criminal – mesmo que limitada – presidida por um integrante do Poder Judiciário. Referimo-nos ao princípio *quem investiga não julga*.

Esse princípio se aplica justamente para aquele modelo de investigação denominado *juizado de instrução*, em que o juiz investigador não possui competência para atuar, direta ou indiretamente, como acusador, ao contrário do que se verifica no perfil do juiz integrante do sistema inquisitivo. Portanto, não havendo a figura do juiz investigador no sistema acusatório, e não sendo o caso de juiz com poderes para também acusar (representativo do sistema inquisitivo), o juizado de instrução só se manifesta no sistema misto.

Feita essa delimitação, o *princípio do juiz que investiga não julga* apresenta dois momentos de incidência ao longo da história do processo penal.

O primeiro se deu junto a alguns países influenciados pelo *Code d'Instruction Criminelle* francês de 1808, dentre os quais podemos citar o próprio Brasil. Ao tempo em que nosso país adotava a investigação criminal judicial como modelo prevalente, havia uma regra específica impedindo que o juiz que tivesse participado/presidido a investigação criminal pudesse também participar da fase de julgamento do fato que outrora investigara, a fim de que se preservasse a imparcialidade do juiz sentenciante. Nesse sentido, é clara a Decisão de Governo nº 81, de 02 de abril de 1824.

Nem todos os países seguiram a necessidade dessa separação de atuações judiciais, o que fez com que vários deles – em especial, no continente europeu – permitissem a atuação de um mesmo juiz nas duas fases da persecução penal. Tal realidade somente foi alterada em um segundo momento, a partir de dois julgamentos históricos do TEDH, proferidos no início da década de 80 do século passado.

No Caso Piersack vs. Bélgica, o TEDH se deparou com a situação de um membro do Ministério Público que havia investigado o senhor Piersack e, posteriormente, já na condição de juiz, aquele mesmo agente público veio a figurar como um dos magistrados encarregados do julgamento do fato que investigara anteriormente. No entendimento daquela Corte, o fato de alguém haver desempenhado funções investigadoras faz com que não possa exercer funções judiciais na fase de julgamento, em razão de se partir do pressuposto que sua convicção já foi firmada ao longo de sua atividade investigativa. Logo, para que a imparcialidade do julgador seja preservada o máximo possível, o TEDH não admitiu esse cúmulo de funções[290] – investigadora e julgadora –, adotando tardiamente uma posição há muito presente no processo penal brasileiro, que considera impedido o juiz que já atuou no mesmo processo ou investigação, mas na condição pretérita de órgão do Ministério Público (artigo 252, inciso II, do CPP).

Dois anos depois desse julgamento, o TEDH teve oportunidade de se manifestar sobre uma situação ainda mais específica, envolvendo a figura de um magistrado belga que havia atuado como juiz investigador, mas, posteriormente, também figurado como juiz sentenciante. Foi assim que, no Caso De Cubber, aquela Corte teve oportunidade de ratificar o entendimento firmado no Caso Piersack vs. Bélgica, mas, com muito mais razão, estendê-lo também às hipóteses em que o mesmo juiz exerce as funções de investigador e de futuro julgador.[291]

Consolidava-se, com esse julgamento, a posição de que o juiz que julga não pode exercer qualquer função investigatória, a partir da adoção de uma concepção bipartida de imparcialidade, configurada entre imparcialidade subjetiva (de modo a não haver a quebra da imparcialidade por convicções firmadas extra-autos) e imparcialidade objetiva (proteção da imparcialidade com o afastamento do juiz, em razão de certas atividades que ele haja desempenhado ao longo da persecução penal, mas relativa a um caso em concreto).

Ainda que essa inovadora e progressista separação obrigatória de funções judiciais já fizesse parte, há mais de 40 anos, de nosso tão criticado CPP (artigo 252, inciso II), ela provocou um forte impacto no direito processual penal europeu, em razão de ele estar, à época – com

---

[290] TEDH, Caso Piersack vs. Bélgica, Sentença de 01 de outubro de 1982.

[291] TEDH, Caso De Cubber, vs. Bélgica, Sentença de 26 de outubro de 1984.

exceção da Alemanha –, dominado pelo juizado de instrução. Foi a partir daquelas decisões que diversos países deram início à realização de profundas e traumáticas reformas em seus CPPs, como forma de adequação à jurisprudência firmada pelo TEDH, e evitar anulações em massa de julgamentos proferidos em oposição ao posicionamento firmado por aquela Corte.[292]

O que se poderia objetar, em relação à incidência desse entendimento do TEDH na atuação do juiz na audiência de custódia, é que o magistrado não realizaria uma investigação criminal propriamente dita, com toda a profundidade que esta expressão comporta. Entretanto, como já afirmado acima, o juiz-presidente daquele ato está encarregado, em razão da forma como ele foi proposto e regulamentado em nosso país (Resolução nº 213, do CNJ, e de seu Protocolo II), da realização de duas ordens de apuração, ainda que de caráter superficial, quais sejam: ver se há, em tese, um ilícito penal praticado pelo sujeito preso que lhe é apresentado; e ver se há, em tese, um ilícito penal praticado pelos agentes de segurança do Estado, que se encarregaram da prisão em flagrante ou da sua formalização.

É por isso que, dentre as manifestações inicialmente realizadas em favor da audiência de custódia, encontramos posições como a do Instituto Brasileiro de Ciências Criminais, ao defendê-la para evitar que o réu somente tenha contato com o juiz em seu interrogatório, último ato que é da fase de instrução probatória.[293] Com isso, o que se pretende é que a audiência de custódia seja vista como uma possibilidade de antecipação dos argumentos defensivos, a fim de que o sujeito apresentado ao juiz possa ter sua prisão relaxada (reconhecendo-se a impropriedade de sua realização, p. ex., em razão da atipicidade da conduta) ou obter sua liberdade provisória (reconhecendo-se, em tese, a prática da infração penal mediante causa excludente da ilicitude). No mesmo sentido, a Associação dos Juízes para a Democracia, em ofício de manifestação de apoio ao PLS nº 554, de 2011, defende a ideia de que a audiência de custódia se presta a "possibilitar um melhor conhecimento das circunstâncias da prisão",[294] o que também faz

---

[292] De modo quase imediato, foram as reformas ocorridas no direito português e italiano, que optaram por abandonar a figura do juizado de instrução, passando a presidência da investigação criminal para as mãos do Ministério Público. Por outro lado, o direito espanhol preferiu manter a figura do juiz investigador, mas tornou obrigatória a separação de funções entre quem investiga e quem julga, principalmente a partir do reconhecimento da inconstitucionalidade dos termos da *Ley Orgánica* nº 7/88 (que autorizava esse cúmulo de atividades), que se deu com a histórica Sentença do Tribunal Constitucional nº 145/88 (ANDRADE, Mauro Fonseca. *Sistemas Processuais Penais e seus Princípios Reitores*. Ob. cit., p. 204-210).

[293] Editorial. *Boletim IBCCrim*. São Paulo, nº 252, nov./2013, p. 1.

[294] ASSOCIAÇÃO JUÍZES PARA A DEMOCRACIA. *Ofício*. São Paulo, 21 de agosto de 2014.

com que o juiz corra o risco de firmar sua convicção de forma prévia à instauração ao processo de conhecimento.

Ainda que tais manifestações deixem clara a incidência de tal risco, nenhuma delas supera a externada pela Defensoria Pública do Estado de São Paulo. Em ofício de apoio ao PLS nº 554, de 2011, invocou-se a possibilidade de a pessoa privada em sua liberdade vir a confessar o crime que praticou, "apenas para explicar a razão da tortura a que foi submetida".[295] É por isso que a CIDH não autoriza que o juiz realize qualquer limitação no ato de inquirição do sujeito privado em sua liberdade, seja essa inquirição chamada de *interrogatório* ou *entrevista*. Como já teve oportunidade de decidir em mais de uma oportunidade, "el juez debe oír personalmente al detenido y valorar *todas explicaciones que éste le proporcione*, para decidir si procede la liberación o el mantenimiento de la privación de libertad" (grifo nosso).[296]

Fazendo eco a tais posições, a Resolução nº 213, do CNJ, e os projetos de lei até aqui existentes conferem poderes de iniciativa e complementação probatória ao juiz, nada referindo que eles somente poderão ser exercidos mediante provocação do Ministério Público ou do defensor do sujeito apresentado.

É por essa soma de fatores que, mesmo quando defendeu a plena compatibilidade da audiência de custódia ao sistema acusatório, a doutrina o fez sob o argumento de que o juiz da fase de investigação não seria o mesmo da fase processual, pois sua visão estava voltada à inserção daquela audiência na lógica do PLS nº 156, de 2009, que previa a figura do juiz das garantias.[297] Mais claramente, a forma como a audiência de custódia está regulamentada no Brasil – em razão das atividades judiciais ali exercidas pessoalmente e sem provocação de terceiros – faz com que o magistrado que a realizar não deva ser o mesmo a presidir o eventual e futuro processo de conhecimento contra o mesmo sujeito que lhe foi apresentado.

Se ninguém menos que toda a orientação – jurisprudencial, doutrinária e legislativa – presente no direito continental não for suficiente para essa conscientização, a necessidade de se impedir que o juiz da audiência de custódia possa ser o mesmo a atuar na fase posterior

---

[295] DEFENSORIA PÚBLICA DO ESTADO DE SÃO PAULO. *Ofício CCDH nº 304/2012*. São Paulo, 12 de setembro de 2013.

[296] CIDH, Caso Chaparro Álvarez e Lapo Iñiguez vs. Equador, § 85, Sentença de 21 de novembro de 2007. CIDH, Caso Bayarri vs. Argentina, § 65, Sentença de 30 de outubro de 2008.

[297] WEIS, Carlos. Estudo sobre a Obrigatoriedade de Apresentação Imediata da Pessoa Presa ao Juiz: comparativo entre as previsões dos tratados de direitos humanos e do projeto de Código de Processo Penal. Ob. cit. WEIS, Carlos. JUNQUEIRA, Gustavo Octaviano Diniz. *A Obrigatoriedade da Apresentação Imediata da Pessoa Presa ao Juiz*. Ob. cit., p. 351-354.

ao ajuizamento da acusação decorre, quem diria, dos próprios termos como foi proposto o, então, PLS nº 554, de 2011. Expliquemos melhor.

O modo como foi originalmente formatada a audiência de custódia junto ao, então, PLS nº 554, de 2011, previa que o depoimento prestado pelo sujeito apresentado ao juiz constará em autos diversos do auto de prisão em flagrante, não podendo o magistrado utilizá-lo como meio de prova no futuro processo de conhecimento, caso entenda pela condenação do réu.[298] Tratando esse depoimento como um *incidente*, parte da doutrina vê positivamente essa exclusão física do interrogatório prestado na audiência de custódia, alertando que, se assim não o fosse, ela se transformaria em "um mecanismo de extração de confissão", e haveria uma "incontrolável contaminação do futuro julgador do feito".[299]

Fixando nossas atenções somente nos aspectos técnicos que envolvem a audiência de custódia,[300] estamos de pleno acordo com a possibilidade de ocorrência de verdadeira *contaminação* do juiz que atuará naquele ato, independentemente do grau de profundidade imposto no interrogatório ou entrevista a ser realizada com o sujeito privado em sua liberdade.[301] No entanto, uma abordagem mais profunda e séria sobre essa questão nos ajudará a compreender que a exclusão

---

[298] Artigo 306, § 3º. A oitiva a que se refere parágrafo anterior será registrada em autos apartados, não poderá ser utilizada como meio de prova contra o depoente e versará, exclusivamente, sobre a legalidade e necessidade da prisão; a prevenção da ocorrência de tortura ou de maus-tratos; e os direitos assegurados ao preso e ao acusado.

[299] LOPES JR., Aury. *Imediata apresentação do preso em flagrante. Uma necessidade imposta pela evolução civilizatória do Processo Penal*. Ob. cit.

[300] Que a audiência de custódia não se prestará a ser um "mecanismo de extração de confissão", todos bem o sabemos. Sem muito esforço, basta lembrar a necessidade de presença de um defensor naquele ato e a incidência do direito constitucional ao silêncio. Logo, o sujeito apresentado ao juiz somente irá depor se assim o quiser, independentemente da forma como venha a ser definitivamente regulamentada a audiência de custódia em nosso país. Por outro lado, imaginemos um *mundo de fantasias* ou *de horrores*, onde estas garantias não estivessem presentes, tal como estão em nosso país. Imaginemos que, neste mundo, o juiz esteja a serviço dessa *extração da verdade*, e busque, de forma direta ou sub-reptícia, a obtenção da confissão do sujeito que lhe for apresentado. Pois bem; nada disso seria evitado diante da previsão daquela exclusão física do depoimento do sujeito preso, servindo essa exclusão, inclusive, de cobertura para que excessos pudessem ser cometidos na audiência de custódia, já que nenhuma validade futura possuirá o interrogatório. Assim sendo, qualquer discussão voltada à demonização da audiência de custódia, com vínculos historicamente inexatos às práticas abusivas verificadas ao longo do sistema inquisitivo das Idades Média e Moderna, significa desfocar o debate, e levá-lo para o campo do sensacionalismo.

[301] Entendendo que essa contaminação somente ocorrerá caso o juiz venha a não observar os *interditos cognitivos* para a realização do interrogatório ou entrevista do sujeito apresentado, encontramos: AMARAL, Cláudio do Prado. *Da audiência de custódia em São Paulo*. Ob. cit., p. 6. Também entendendo por essa contaminação do juiz com atuação na audiência de custódia, encontramos Caio Paiva (*Audiência de Custódia e o Processo Penal Brasileiro*. 2ª ed. Ob. cit., p. 119-121).

física daquele depoimento não trará qualquer efeito prático no saneamento daquela contaminação judicial, por ser uma medida nada menos que ilusória.

Se o pano de fundo da autuação em apartado daquele interrogatório é evitar que o juiz o utilize como meio de prova para futura condenação, então há o reconhecimento, por parte do legislador, que aquele ato tem a potencialidade de servir como formador do convencimento do magistrado que presidirá o processo de conhecimento. Avançando um pouco mais em nossa observação, veremos que o, então, PLS nº 554, de 2011 – hoje convertido no PL nº 6.620, de 2016 –, não alterou os critérios de fixação de competência estabelecidos em nosso CPP, razão pela qual o juiz que vier a atuar na audiência de custódia – em não havendo a criação de varas especializadas, inclusive em comarcas que hoje são de vara única – será o mesmo que irá atuar no processo de conhecimento.

Resultado disso é que o quadro final que se desenha é o de um juiz que poderá haver firmado seu convencimento condenatório já na audiência de custódia – visto que ele será, na imensa maioria das comarcas do país, também o responsável pela condução do processo de conhecimento –, independentemente de o conteúdo do depoimento tomado naquele ato de apresentação poder ser invocado, ou não, à hora de sentenciar. Tudo se resume, então, a uma pergunta: o que não pode existir é a informação na cabeça do juiz, ou o acesso ao modo como essa informação foi materializada?

Essa discussão já foi travada, e com propriedade, quando da reforma do CPP operada em 2008, mais precisamente, na alteração que se fez na disciplina da prova ilícita. De acordo com o projeto de lei levado à sanção da Presidência da República, caso uma prova fosse reconhecida como ilícita, não só ela deveria ser desentranhada dos autos, senão também, o próprio juiz que teve contato com essa prova deveria ser afastado do processo. Infelizmente, essa exclusão do *juiz contaminado* foi vetada pela Presidência da República,[302] tendo as razões do veto apontado para uma preocupação mais voltada às questões de ordem prática (como resolver a substituição do magistrado contaminado) do que, propriamente, com o princípio *mater* do processo penal (imparcialidade judicial).[303]

---

[302] Para que se possa melhor visualizar os termos como foi posto o debate, dizia o vetado § 4º do artigo 157: "O juiz que conhecer do conteúdo da prova declarada inadmissível não poderá proferir a sentença ou acórdão".

[303] Como razões para o veto, sustentou-se que: "O objetivo primordial da reforma processual penal consubstanciada, dentre outros, no presente projeto de lei, é imprimir celeridade e simplicidade ao desfecho do processo e assegurar a prestação jurisdicional em condições adequadas. O

Por certo que o veto e suas razões sofreram duras e merecidas críticas por parte da doutrina,[304] mas, frente à posição assumida pelo Poder Executivo nacional, a outra conclusão não se chega, a não ser que, em alusão à teoria da árvore dos frutos envenenados, comer de seus frutos nenhum problema traz ao juiz, desde que ele não demonstre que os tenha comido.

A mesma lógica incide com a manutenção do juiz que exerceu papel investigatório durante a audiência de custódia, e exclusão somente daquele interrogatório, embora aqui não se fale em contato com prova ilícita, mas em formação antecipada de convencimento.

O legislador brasileiro, ainda que estejamos a tratar de um projeto de lei, fez um claro reconhecimento da potencialidade daquele ato vir a firmar o convencimento do juiz *julgador*. Mesmo assim, o que se procura retirar do futuro processo é somente o documento que seria invocado pelo julgador para justificar a posição que vier a assumir, em lugar de se retirar o próprio julgador que pode haver sido convencido em outro momento da persecução penal, que não na fase probatória do processo de conhecimento.

É por isso que a exclusão do interrogatório da audiência de custódia não produzirá nenhum efeito prático na preservação da imparcialidade do futuro julgador, e a defesa dessa exclusão importa reconhecer a correção dos argumentos em situação similar pretérita, onde se aprovou a retirada da prova ilícita, mas se permitiu a manutenção do juiz que com ela teve contato.

Mais recomendável será, portanto, que haja a criação de uma regra de impedimento ao juiz que houver presidido a audiência de custódia, em virtude de essa ser a consequência que atinge todo e qualquer magistrado que venha a exercer função apuratória na fase de investigação, na esteira do que já ocorre em âmbito internacional e com o reconhecimento das Cortes internacionais de direitos humanos – no nosso caso, a CIDH, que assim poderá vir a decidir, caso o Brasil não se antecipe a esse problema de ordem técnica.

---

referido dispositivo vai de encontro a tal movimento, uma vez que pode causar transtornos razoáveis ao andamento processual, ao obrigar que o juiz que fez toda a instrução processual deva ser, eventualmente substituído por um outro que nem sequer conhece o caso. Ademais, quando o processo não mais se encontra em primeira instância, a sua redistribuição não atende necessariamente ao que propõe o dispositivo, eis que mesmo que o magistrado conhecedor da prova inadmissível seja afastado da relatoria da matéria, poderá ter que proferir seu voto em razão da obrigatoriedade da decisão coligada" (Presidência da República. Casa Civil. Subchefia para Assuntos Jurídicos. *Mensagem nº 350, de 09 de junho de 2008*. Publico no Diário Oficial da União de 10 de junho de 2008).

[304] LOPES JR., Aury. *Direito Processual Penal*. 10ª ed. São Paulo: Saraiva, 2013, p. 604-607.

3.5. Falta de estrutura física e de pessoal

As manifestações contrárias à aprovação do, então, PLS n° 554, de 2011, seguiram dois caminhos antagônicos. O primeiro, de refutação à audiência de custódia, a partir da invocação de práticas e mecanismos de controle previstos pela legislação brasileira, procurando, com isso, demonstrar a desnecessidade daquele ato. O segundo, de admissão da legalidade da audiência de custódia, mas havendo sua inviabilidade prática, em razão da ausência de estrutura física e de pessoal para sua perfeita implantação e funcionamento.

Quanto ao primeiro caminho, não há como negar que, não raras vezes, tais manifestações mais serviram para demonstrar o profundo desconhecimento, por parte de seus subscritores, em relação não só ao impedimento de se invocar o direito interno para não cumprir tratados ratificados pelo Brasil,[305] senão também, em relação a como aquele instituto é interpretado pela jurisprudência internacional, sobretudo, pelas Cortes internacionais de direitos humanos. No que diz respeito a absolutamente todos os impeditivos que vêm sendo apresentados em âmbito nacional, é mais que pacificado o entendimento, junto à CIDH, de que a comunicação da prisão ao juiz, a lavratura do auto de prisão em flagrante pelo Delegado de Polícia e o exame deste auto por um integrante do Poder Judiciário, sem a presença do sujeito preso ou detido, não se prestam a servir de argumento para obstaculizar a aprovação daquele projeto de lei, muito menos, para indeferir os pedidos encaminhados ao Poder Judiciário para a realização da audiência de custódia.

Quanto ao segundo caminho, ele foi trilhado por parte das instituições públicas que estarão envolvidas em sua realização – mais precisamente, pela polícia judiciária, Ministério Público e Poder Judiciário –, por meio de manifestações oficiais ou por intermédio das entidades de classe representativas de seus integrantes. A resposta que vem sendo dada a esse argumento é de que a falta de estrutura é um argumento costumeiramente apresentado para toda e qualquer inovação legislativa que importe na mudança de práticas ou rotinas de atuação, somado ao fato de não parecer "existir a necessária preocupação com a montagem de uma estrutura operacional – obviamente

---

[305] Neste sentido, a Convenção de Viena, ratificada pelo Brasil em 2009 (Decreto n° 7.030, de 14 de dezembro deste ano), é categórica, em seu artigo 27, em afirmar que: "Uma parte não pode invocar as disposições de seu direito interno para justificar o inadimplemento de um tratado".

necessária ao menos nos grandes centros – para dar cumprimento ao quanto vier a ser legislado".[306]

Diante disso, é preciso que tenhamos uma ideia do que estamos falando, ou, mais precisamente, o que estaria faltando ou viria a faltar, a partir da implantação da audiência de custódia em todo o país, seja com a aprovação de algum dos projetos de lei existentes, seja com a execução dos termos da Resolução nº 213, do CNJ.

Dito isso, o primeiro impacto a ser verificado seria na atuação da polícia judiciária, pois, com a realização da audiência de custódia, seu serviço já não seria predominantemente cartorial – com a tomada de depoimentos e expedição das comunicações e notificações de praxe –, mas também, de encaminhamento do sujeito ao Poder Judiciário para a realização daquele ato. Em sendo assim, não se pode dizer que esse tipo de atuação seria uma verdadeira novidade para a polícia judiciária. Ao contrário, desde a década de 90 do século passado, este encaminhamento já faz parte do rol de suas atividades. Referimo-nos, portanto, às disposições do Estatuto da Criança e do Adolescente, que preveem a necessidade de, em determinadas situações, a autoridade policial encaminhar o adolescente apreendido em flagrante ao Ministério Público, a fim de que ele realize o que se convencionou chamar de *audiência de apresentação*.

É bem verdade que, nos grandes centros, há Delegacias de Polícia especializadas para o atendimento aos adolescentes apreendidos em situação de flagrância, e que o número de adolescentes naquelas condições é imensamente inferior ao verificado em relação aos maiores de idade igualmente presos em flagrante. No entanto, também é verdade que, nas cidades de pequeno porte, onde o número de prisões em flagrante é reduzido, a estrutura prevista para o atendimento às exigências do Estatuto da Criança e do Adolescente bem poderá ser colocada a serviço da audiência de custódia, e sem o incremento de qualquer gasto ou aumento de estrutura para tanto.

O impacto verdadeiramente será sentido em cidades de médio e grande porte, não só pelo número de sujeitos presos em flagrante diariamente, mas também, pela própria especialização dos serviços de atendimento à infância e juventude, já que a estrutura de uma Delegacia de Polícia especializada nesta área não estará a serviço das necessidades de uma Delegacia de Polícia voltada ao atendimento dos sujeitos presos maiores de idade. Aqui, portanto, certamente será sentida a necessidade de incremento imediato de pessoal, já que, como

---

[306] CHOUKR, Fauzi Hassan. *PL 554/2011 e a necessária (e lenta) adaptação do processo penal brasileiro à convenção americana dos direitos do homem*. Ob. cit., p. 2.

mínimo, dois agentes policiais deverão fazer essa escolta, reduzindo o número de policiais encarregados dos serviços cartoriais para a lavratura de um número de autos de prisão em flagrante que só vem aumentando nos últimos anos. Além disso, também haverá a necessidade de viaturas para o transporte dos sujeitos a serem apresentados e de todo um aparato de segurança para que este transporte não coloque em risco a vida dos agentes dele encarregados.

Em relação ao Poder Judiciário, o primeiro impacto a ser sentido será o estrutural, pois será preciso que exista um local destinado à colocação dos sujeitos presos, enquanto sua apresentação ao juiz não é realizada. Em termos práticos, imaginemos duas Delegacias de Polícia de uma capital de Estado levando, separadamente, seus autos de prisão em flagrante e os respectivos sujeitos conduzidos para a realização da audiência de custódia. Se, em cada auto de prisão em flagrante, houver mais de um sujeito preso – algo, aliás, rotineiro –, não poderão eles ficar nos corredores dos foros esperando sua vez de serem ouvidos pelo juiz. Com isso, a lógica operacional já existente para a oitiva de acusados presos preventivamente – portanto, sujeitos já denunciados – deverá ser a mesma a ser disponibilizada aos sujeitos presos em flagrante. A diferença é que, para efeitos da audiência de custódia, essa estrutura deverá estar presente aos sábados, domingos, feriados, noites e madrugadas, o que importará na contratação de servidores, por parte do Poder Judiciário, já que o serviço de vigilância das carceragens existentes em vários foros criminais não é da responsabilidade da polícia judiciária.

O segundo impacto será verificado com a impossibilidade de o juiz que atua na audiência de custódia ser o mesmo a atuar no futuro processo de conhecimento de natureza condenatória. Conforme exposto acima, a atividade cognitiva desenvolvida pelo juiz que presidirá a audiência de custódia permite que ele firme seu convencimento de forma antecipada, seja em relação ao suposto crime praticado pelo sujeito preso, seja em relação ao suposto crime praticado pelos agentes públicos de segurança. Resultado disso é que, ao menos nas comarcas de pequeno porte, o único juiz que lá estiver atuando não poderá ser o mesmo a presidir a audiência de custódia e o futuro processo de conhecimento. Ou seja, para cada fato deveremos ter dois juízes diferentes, conclusão que se tira da diretriz há décadas traçada pelas Cortes internacionais de direitos humanos, sendo de bom tom lembrar que o Brasil já reconheceu sua submissão à jurisdição da Corte Interamericana dos Direitos Humanos.

Frente a essa constatação, o que mais nos chama a atenção é a posição contraditória do CNJ frente à figura do juiz das garantias e da audiência de custódia. Isso porque, quando das discussões envolvendo o PLS nº 156, de 2009, o CNJ foi frontalmente contrário à criação da regra de impedimento que embasaria a criação do juiz das garantias, qual seja, se o juiz atuou na fase de investigação, então ele estaria impedido de atuar na fase processual.

A tal ponto chegou a contrariedade a essa figura, que o CNJ emitiu a Nota Técnica nº 10, direcionada ao exame daquele projeto de lei. Na ocasião, a justificativa para a não concordância com aquela regra de impedimento foi que cerca de 40% das comarcas da Justiça Estadual de todo o país eram compostas por varas de juízes únicos. Por consequência, ao se reconhecer o impedimento do único juiz ali existente, outro deveria substituí-lo no curso do processo de conhecimento, o que importaria em constantes deslocamentos do juiz substituto, provocando um forte impacto financeiro no reduzido orçamento do Poder Judiciário.[307]

Pois bem, a menos que o orçamento do Poder Judiciário haja modificado substancialmente nos últimos anos – o que, de fato, não ocorreu –, e que *contornos argumentativos* sejam realizados para não reconhecer o impedimento do juiz que houver presidido a audiência de custódia, o mesmo problema será verificado com a implantação da audiência de custódia.

Ninguém menos que o Superior Tribunal de Justiça já firmou entendimento no sentido de que o juiz que realiza interrogatório na fase de investigação não poderá atuar no futuro processo, ao passo que as Cortes internacionais de direitos humanos assentaram a necessida-

---

[307] "8. O Projeto, preocupando-se com a consolidação de um modelo acusatório, institui a figura do 'juiz das garantias', que será o responsável pelo exercício das funções jurisdicionais alusivas à tutela imediata e direta das inviolabilidades pessoais, sob duas preocupações básicas, segundo a exposição de motivos, a saber: a de otimizar a atuação jurisdicional criminal e a de manter o distanciamento do juiz incumbido de julgar o processo. Contudo, a consolidação dessa ideia, sob o aspecto operacional, mostra-se incompatível com a atual estrutura das justiças estadual e federal. O levantamento efetuado pela Corregedoria Nacional de Justiça no sistema Justiça Aberta revela que 40% das varas da Justiça Estadual no Brasil constituem-se de comarca única, com apenas um magistrado encarregado da jurisdição. Assim, nesses locais, sempre que o único magistrado da comarca atuar na fase do inquérito, ficará automaticamente impedido de jurisdicionar no processo, impondo-se o deslocamento de outro magistrado de comarca distinta. Logo, a adoção de tal regramento acarretará ônus ao já minguado orçamento da maioria dos judiciários estaduais quanto ao aumento do quadro de juízes e servidores, limitados que estão pela Lei de Responsabilidade Fiscal, bem como no que tange ao gasto com deslocamentos e diárias dos magistrados que deverão atender outras comarcas. Ademais, diante de tais dificuldades, com a eventual implementação de tal medida haverá riscos ao atendimento do princípio da razoável duração do processo, a par de um perigo iminente de prescrição de muitas ações penais. Também é necessário anotar que há outros motivos de afastamentos dos magistrados de suas unidades judiciais, como nos casos de licença, férias, convocações para Turmas Recursais ou para composição de Tribunais". Disponível em: <http://www.cnj.jus.br/atos-administrativos/atos-da-presidencia/317-notas-tecnicas/11221-nota-tecnica-no-102010a>. Acesso em 20 de março de 2015.

de de obediência ao *princípio do juiz que investiga não julga*. Resultado prático de ambas as posições é que, com a realização da audiência de custódia – após aprovação do PL nº 6.620, de 2016, ou plena colocação em prática da Resolução nº 213, do CNJ – necessitaremos dois juízes para atuarem em um mesmo fato: um primeiro, para a audiência de apresentação judicial do sujeito; e um segundo, para o futuro processo de conhecimento. A impressão deixada, portanto, é que o CNJ aderiu à necessidade de implantação da audiência de custódia no país, mas desconhece as regras aplicáveis ao instituto que tratou de regulamentar. Seja como for, o impacto será fortemente sentido pelo Poder Judiciário em dois níveis distintos: necessidade de mais juízes e aumento nos custos da máquina judiciária.

No que diz respeito ao Ministério Público, é preciso fazer uma necessária distinção entre o Ministério Público Estadual e o Ministério Público Federal.

Em relação ao primeiro – Ministério Público Estadual –, aparentemente, ele será o mais preparado para dar conta das exigências que advirão com a realização da audiência de custódia. Basta lembrar que, em toda comarca, já há Promotores de Justiça incumbidos de realizar um ato similar, que é a audiência de apresentação de adolescentes em situação de flagrância. Noutras palavras, se já há estrutura e organização montadas para o atendimento às necessidades da prática de atos infracionais, ela também poderá ser disponibilizada aos sujeitos maiores de idade.

O problema verificado é o horário em que a audiência de custódia irá se realizar, pois, a depender da realidade e do porte de cada comarca, corre-se o risco de o membro do Ministério Público participar, todas as noites e madrugadas, nos sete dias da semana, de duas ou mais audiências de custódia, sem exclusão de suas atividades normais ao longo do horário normal do expediente forense. Ainda assim, não se pode olvidar da forte polêmica que envolveu a realização de audiências de instrução e julgamento sem a presença de um representante do Ministério Público, situação que, no que aqui nos interessa, serve para deixar patente o *deficit* no número de seus membros com atuação na área criminal, realidade que também poderá se reproduzir nas audiências de custódia por todo o país.

Em relação ao segundo – Ministério Público Federal –, a situação é diametralmente oposta, já que não é de sua atribuição o atendimento a temas envolvendo atos infracionais cometidos por adolescentes. Portanto, não só os Procuradores da República não têm o hábito em relação a esse tipo de audiência, como também, não possuem qualquer estrutura de pessoal pensada para dar conta dele. Independentemente disso, essa possível falta de estrutura não impediu o Ministério Público Federal de, já no ano de 2010, ajuizar ação civil pública visando à implantação da audiência de custódia em todo o país, bem como, de emitir a Nota Técnica Conjunta em 2015, manifestando-se favoravelmente à aprovação do, então, PLS n° 554, de 2011.[308]

Por fim, a situação envolvendo a defesa técnica do sujeito a ser apresentado ao juiz parece ser a que mais problemas poderá trazer para a realização daquele ato.

De início, é mais que conhecida a dificuldade em se encontrar advogados que possam acompanhar a lavratura dos autos de prisão em flagrante. A menos que sejam defensores constituídos, regra geral, não há a atuação desses profissionais naquele primeiro momento da persecução penal, o que, diga-se de passagem, levou o Superior Tribunal de Justiça a flexibilizar os requisitos para a homologação dos autos de prisão em flagrante onde não haja defensor presente. Em sendo assim, naturalmente essa dificuldade será estendida também à realização da audiência de custódia, sobretudo, se ela vier a se realizar aos finais de semana, feriados, noites e madrugadas.

Outra não é a realidade que atinge a Defensoria Pública, quando o tema versa sobre sua atuação em autos de prisão em flagrante e em horário de plantão, embora a ANADEP, em ofício encaminhado à Presidência do Senado, nada tenha dito quanto à falta de estrutura para dar conta da nova demanda a ser gerada pela audiência de custódia proposta pelo, então, PLS n° 554, de 2011.[309]

No que diz respeito à atuação em autos de prisão em flagrante, ninguém menos que o CPP nos passa a ideia de que a Defensoria Pública não necessita se fazer presente no momento daquele ato. Basta lembrar o conteúdo do § 1° do artigo 306 daquele Código, para vermos que a impressão por ele passada é de que a Defensoria Pública atuaria somente em um segundo momento, verificável em razão da ausência de defensor constituído durante a formalização daquele auto.[310] Se ela não se faz presente naquele momento, com muito mais

---

[308] Disponível em: <http://noticias.pgr.mpf.mp.br/noticias/noticias-do-site/copy_of_criminal/portal_factory/copy_of_pdfs/nota-tecnica-conjunta-audiencia-de-custodia-1.pdf>. Acesso em: 20 de março de 2015.

[309] ASSOCIAÇÃO NACIONAL DOS DEFENSORES PÚBLICOS. *Ofício ANADEP n° 02/2015*. Brasília, 05 de fevereiro de 2015.

[310] Artigo 306, § 1°. Em até 24 (vinte e quatro) horas após a realização da prisão, será encaminhado ao juiz competente o auto de prisão em flagrante e, caso o autuado não informe o nome de seu advogado, cópia integral para a Defensoria Pública.

razão também haverá dificuldades em se fazer presente no ato posterior àquela lavratura.

Já, no que diz respeito à atuação da Defensoria Pública em sede de plantão, este é um problema crônico que atinge fortemente essa instituição. Só para referir uma realidade que atinge o Rio Grande do Sul, inúmeras ações civis públicas foram ajuizadas pelo Ministério Público Estadual, com o fim de obrigá-la a implantar sistema de plantão nas mais variadas comarcas do interior do Estado, em razão da demanda existente fora dos horários de expediente forense. Embora elas não tenham alcançado sucesso até o momento, o certo é que, em cada uma dessas ações, ficou patente a falta de estrutura física e de pessoal, por parte da Defensoria Pública, para dar conta de uma demanda já existente e que, em muito, aumentará com a implantação da audiência de custódia em nível nacional.

O que se pode dizer, diante do quadro apresentado por todas as instituições envolvidas com a realização dessa apresentação pessoal ao juiz, é que nenhuma delas possui condições, em curto prazo, de dar conta das exigências decorrentes dessa nova etapa da persecução penal. E nem se diga que falta boa vontade por parte delas, pois os *deficits* estruturais são verificados há décadas, em razão de uma demanda cada vez mais crescente na área envolvendo temas de ordem criminal. Muito menos que a audiência de custódia se trata de um instituto viável somente em países de primeiro mundo,[311] pois isso importaria em afirmar que o Brasil estaria muito abaixo do nível socioeconômico de países como Equador, Haiti e Nicarágua, só para referir alguns que também ratificaram o Pacto de San José da Costa Rica, e igualmente sujeitos à jurisdição da Corte Interamericana dos Direitos Humanos.

Quiçá um paliativo a essa situação seja pensar a forma como essa apresentação deva ocorrer ao juiz, mais especificamente, em qual horário em que ela deva se realizar. Melhor explicando, entendemos deva haver, para que haja a implantação em curto prazo dessa nova etapa da persecução penal, uma política de *redução de danos*, de modo a evitar que todas as instituições envolvidas sejam atingidas na proporção acima relatada.

Mais concretamente, parece-nos que o adequado seria a realização da audiência de custódia somente durante o horário do expediente forense, e não fora dele. Com isso, naturalmente haverá juízes, membros do Ministério Público e defensores (constituídos ou públi-

---

[311] ASSOCIAÇÃO DOS JUÍZES FEDERAIS. *Nota Técnica nº 16/2014*. Disponível em: <http://www.ajufe.org/arquivos/downloads/nota-tecnica-16-pls-554-2011-3151841-16331315.pdf>. Acesso em: 18 de março de 2015.

cos) com possibilidade de atuação imediata, pois já vinculados à vara criminal onde ocorrerá o ato, ou já vinculados ao sujeito preso, como é o caso do defensor constituído. Assim, estar-se-iam restringindo eventuais problemas para os atos a serem realizados aos finais de semana, mas também com a limitação de somente virem a ocorrer dentro de certos horários, evitando-se a movimentação de pessoas e do preso no turno da noite. Já, no que diz respeito às apresentações que, em razão do prazo de 24 horas já fixado pela Resolução nº 213, do CNJ, devem ser realizadas já próximas à expiração daquele lapso, muita coisa não há a fazer, devendo a apresentação ser observada rigorosamente.

Bem sabemos que essa proposição não envolve a polícia judiciária, mas entendemos que, em relação a ela, não há alternativa a ser proposta, em razão de não poder escolher horário para a lavratura do auto de prisão em flagrante, diante do já existente prazo de 24 horas para sua confecção. No entanto, acreditamos que o só fato de haver algum tipo de redução nos problemas a serem enfrentados pelas instituições anteriormente citadas, em muito poderá ajudar na formação de uma melhor estrutura para a polícia judiciária dar conta dessa nova atribuição que lhe bate às portas. Lembremos que se falou em *redução de danos*, e não em sua eliminação.

Em síntese, o caminho mais adequado seria um melhor gerenciamento dos horários em que a audiência de custódia possa ser realizada, como forma de o Estado direcionar seus parcos recursos a uma instituição – leia-se, polícia judiciária – que será a mais fortemente afetada com a implantação daquele ato em todo o país.

3.6. Vedações probatórias

3.6.1. *(Im)possibilidade de intervenção do Ministério Público e da defesa na oitiva do sujeito conduzido*

Até aqui, o que se viu foi que, em razão da própria natureza do ato destinado à apresentação judicial do sujeito preso ou detido, não há como concebê-lo sem a presença dos representantes deste sujeito e da sociedade. No entanto, o que poderia ser objeto de questionamento é o grau de participação de ambos os representantes. Noutros termos, o Ministério Público e a Defesa estariam circunscritos a simplesmente acompanhar o ato ou teriam uma participação ativa, com possibilidade de efetuar perguntas e apresentar requerimentos?

É bem verdade que a Resolução nº 213, do CNJ, traz previsão expressa quanto à possibilidade de ambos fazerem perguntas e apresentarem requerimentos ao juiz presidente daquele ato (artigo 8º, § 1º). Além disso, não nos olvidemos que, ao tempo do Provimento Conjunto nº 03/2015, que instituiu o projeto-piloto em São Paulo, houve manifestações pela possibilidade de realização de perguntas, ante a omissão daquele ato administrativo em relação a este tema. Ao se referir à possibilidade de perguntas serem feitas pelo Ministério Público e defesa, Cláudio do Prado Amaral foi claro ao sustentar que "nada impede, antes é salutar, que sejam permitidas".[312] Entretanto, também é verdade que a resolução do CNJ não passa de norma administrativa que teve, inclusive, sua constitucionalidade – e neste ponto em específico! – já questionada em primeiro grau de jurisdição,[313] e que os projetos de lei em andamento junto ao Congresso Nacional não são claros quanto à possibilidade de o Ministério Público e a Defesa terem uma participação mais ativa naquele ato.

Ainda que louvemos tal *posição progressista* do CNJ e da doutrina, entendemos que a possibilidade de questionamentos, por parte do Ministério Público e da defesa, é mais que *salutar*, e merece uma tomada de posição firme, ante a indefinição legislativa quanto ao procedimento definitivo a ser estabelecido para a audiência de custódia. Em nossa opinião, a possibilidade de perguntas e requerimentos seria decorrência não só da própria evolução apresentada por nosso CPP, mas também, da incidência do princípio do contraditório, que guarda matriz constitucional. Expliquemos melhor.

Em sua versão original, o CPP regulava o interrogatório do réu como sendo um ato de participação exclusiva do juiz, não se admitindo sequer a intervenção de seu Defensor.[314] No entanto, com a reforma operada em 2003, o ato do interrogatório adquiriu ares de democraticidade, permitindo-se que outros sujeitos processuais nele interviessem, com o fim de obterem mais e melhores informações que pudessem esclarecer o tema a ser objeto do julgamento.[315] Em suma, a admissão de participação do Ministério Público e da Defesa foi pensada para auxiliar na construção de uma decisão judicial mais segura. É por isso que, dentro dessa lógica, impossibilitar o Ministério Público e a Defesa de realizarem perguntas ao sujeito apresentado ao juiz signi-

---

[312] AMARAL, Cláudio do Prado. *Da audiência de custódia em São Paulo*. Ob. cit., p. 5.

[313] Poder Judiciário do Rio Grande do Sul. Comarca de Porto Alegre. Auto de Prisão em Flagrante. Expediente nº 001/2.16.011072-8. Juiz de Direito Luciano André Losekann, decisão proferida em gabinete em 09 de fevereiro de 2016.

[314] Previa a antiga redação do artigo 187: "O defensor do acusado não poderá intervir ou influir, de qualquer modo, nas perguntas e nas respostas".

[315] Artigo 188 do CPP. Após proceder ao interrogatório, o juiz indagará das partes se restou algum fato para ser esclarecido, formulando as perguntas correspondentes se o entender pertinente e relevante.

fica um nítido retrocesso em relação a tudo o que, até o momento, se tem como certeza sobre a participação dos sujeitos parciais no processo de formação da convicção judicial.

Por outro lado, ao se admitir que somente o juiz possa realizar perguntas ao sujeito que lhe foi apresentado – ainda que vinculadas aos requisitos para a homologação do auto de prisão em flagrante e para a adoção de medidas cautelares pessoais –, não se pode descartar a hipótese de o preso ou detido ingressar no mérito de sua conduta, ao negar a autoria do fato, apontar a atipicidade de sua conduta ou invocar alguma causa excludente da ilicitude. Como justificar, em situações como essas, que o Ministério Público e a Defesa não possam intervir mediante questionamentos ao sujeito conduzido, voltados à refutação ou comprovação das alegações apresentadas por ele, e que somente o juiz poderá ingressar na perquirição desses temas?[316]

É por isso que, ao se sustentar a impossibilidade de participação do Ministério Público e da Defesa na inquirição do sujeito conduzido, também é forçoso reconhecer que a convicção judicial será formada unicamente pelo material enviado pela polícia judiciária (ou seja, pelo auto de prisão em flagrante) e pelas respostas por ventura fornecidas pelo conduzido na audiência de apresentação. Nesta última hipótese, estaremos diante de nítida atividade probatória judicial, pois as informações seriam obtidas por atividade exclusivamente sua, sem qualquer intervenção de outros sujeitos parciais.

Ainda que não seja uma típica atividade probatória *ex officio judicis* – já que ela decorre de imperativo proveniente de uma norma –, também aqui deve incidir o mecanismo de controle de toda atividade probatória judicial realizada sem provocação das partes, qual seja, o princípio do contraditório.[317] E como se daria seu exercício? Não pela simples possibilidade de argumentação posteriormente às informações fornecidas pelo sujeito privado em sua liberdade, mas pela própria intervenção do Ministério Público e da Defesa, apresentando seus questionamentos logo após as perguntas feitas pelo juiz.

Bem sabemos que dois poderiam ser os obstáculos apresentados à possibilidade de tais perguntas serem realizadas: primeiro, o risco

---

[316] Nesse sentido em específico, parece-nos correta a posição adotada por Marco Aurélio Nascimento Amado e Débora Ataíde, em sua crítica à impossibilidade de questionamentos meritórios, imposta pela Resolução nº 213, do CNJ (artigo 8º, inciso VIII, e seu § 1º), embora apontem a generalização daquela proibição como sendo "um ruído do sistema inquisitivo" (AMADO, Marco Aurélio Nascimento; ATAÍDE, Débora. Audiência de Custódia: interpretando o artigo 8, VIII, e parágrafo primeiro da Resolução 213/2015 do CNJ. *Revista do Ministério Público do Rio Grande do Sul*, Porto Alegre, nº 80, p. 9-15, mai./ago. 2016, p. 13).

[317] PICÓ I JUNOY, Joan. *La imparcialidad judicial y sus garantías*: la abstención y la recusación. Barcelona: J. M. Bosch, 1998, p. 106-107.

de intimidação do conduzido; segundo, de inaplicabilidade do princípio do contraditório, pois ele só se manifesta em um *locus* chamado *processo*.

Em relação ao risco de intimidação do depoente – por parte do Ministério Público ou mesmo da Defesa (neste último caso, quando houver concurso de agentes) –, maiores dificuldades não há no rebate a tal argumento, pois bastará que o juiz proceda da mesma forma como ocorre nos depoimentos prestados em processos de conhecimento de cunho condenatório. Mais claramente, basta que o juiz indefira as perguntas que considerar capciosas, constrangedoras ou que procurem induzir o interrogando em erro, nos moldes como já lhe é autorizado em nossa legislação[318] ou na própria Resolução nº 213, do CNJ.

Já, em relação à incidência do princípio do contraditório naquele ato, bem sabemos que sua manifestação somente ocorre em nível processual. Não por outro motivo, esse princípio historicamente foi materializado no brocardo *audiatur altera parte*, com isso querendo significar que sua incidência exige a presença de *partes*, e estas sabidamente só *nascem* – por assim dizer – com a instauração do processo. Entretanto, desde os bancos da faculdade nos é passada a informação que a fase de investigação é de natureza administrativa, ao passo que a fase processual tem início com o oferecimento da acusação por parte do Ministério Público ou por parte do querelante, tudo decorrente do princípio da demanda. Por consequência, somos induzidos a concluir que, se o juiz, na audiência de custódia, deverá decidir em um auto de prisão em flagrante, este só poderá ter natureza administrativa, visto estar inserido na fase da persecução penal anterior ao oferecimento da acusação. Logo, não haveria espaço para a incidência do princípio do contraditório naquele ato, inviabilizando, desta forma, qualquer intento de participação do Ministério Público e da defesa quando da oitiva do sujeito privado em sua liberdade.

Assim posta a questão, é preciso saber quando *algo* é compreendido como *processo*, o que nos ajudará a identificar a natureza jurídica do auto de prisão em flagrante ao ser submetido à apreciação judicial.

Pois bem, a resposta passa pela diferenciação entre *instrumento de investigação* e *fase de investigação*.

Instrumento de investigação nada mais é que o procedimento que tem, como alvo, a aparente prática de uma infração penal, e está des-

---

[318] Artigo 212 do CPP. As perguntas serão formuladas pelas partes diretamente à testemunha, não admitindo o juiz aquelas que puderem induzir a resposta, não tiverem relação com a causa ou importarem na repetição de outra já respondida.

tinado à apuração das suas circunstâncias, da materialidade e de sua autoria. Com a extinção dos *procedimentos judicialiformes*,[319] todo procedimento investigatório presidido pela polícia judiciária passou a apresentar natureza exclusivamente administrativa, o que compreende o inquérito policial, o procedimento prévio (ou preliminar) de informação e o auto de prisão em flagrante, enquanto estiverem sob a presidência da autoridade policial.

Por sua vez, a *fase de investigação* indica o momento da persecução penal onde aqueles instrumentos terão sua vida, ou seja, anteriormente ao ajuizamento da ação penal condenatória. No entanto, essa fase também comportará a existência de outros instrumentos que não estarão sob a responsabilidade e presidência da autoridade investigante. Referimo-nos aos incidentes verificados antes do ajuizamento da acusação, bem como, a todos os pedidos de quebra de direitos fundamentais anteriores a ela, que serão dirigidos ao Poder Judiciário, e darão margem à instauração de um procedimento a ser presidido por um juiz.

Em relação aos procedimentos judiciais instaurados na fase de investigação, ninguém menos que a nossa própria legislação nos ajuda na identificação de sua natureza *processual*. De início, encontramos a possibilidade de recurso contra a decisão que conceder liberdade provisória ou relaxar a prisão (artigo 581, inciso V, do CPP), hipóteses incidentes sobre o auto de prisão em flagrante. Da mesma forma, encontramos o reexame necessário no arquivamento previsto na Lei dos Crimes contra a Economia Popular (Lei nº 1.521/1951, artigo 7º) e recurso em sentido estrito no arquivamento ocorrente nas investigações envolvendo contravenções de jogo do bicho não autorizadas (Lei nº 1.508/1951, artigo 6º, parágrafo único).

Se bem compreendida essa realidade, a natureza processual de um determinado instrumento estará vinculada à presença de um juiz,

---

[319] Os *procedimentos judicialiformes* eram aqueles em que, por determinação legal, a fase processual tinha seu início já no curso da investigação criminal, anteriormente, portanto, ao ajuizamento da acusação. Como exemplos, podemos citar: a) o procedimento aplicável às contravenções (CPP, versão original do artigo 26. A ação penal, nas contravenções, será iniciada com o auto de prisão em flagrante ou por meio de portaria expedida pela autoridade judiciária ou policial) (CPP, versão original do artigo 531. O processo das contravenções terá forma sumária, iniciando-se pelo auto de prisão em flagrante ou mediante portaria expedida pela autoridade policial ou pelo juiz, de ofício ou a requerimento do Ministério Público); b) o procedimento aplicável às contravenções atinentes ao jogo do bicho e apostas nas corridas de cavalos (Lei nº 1.508/51, artigo 1º. O procedimento sumário das contravenções definidas nos artigos 58 e seu § 1º, e 60, do Decreto-Lei nº 6.259, de 10 de fevereiro de 1944, pode ser iniciado por auto de flagrante, denúncia do Ministério Público ou portaria da autoridade policial ou do Juiz); e c) o procedimento aplicável aos crimes de homicídio culposo e lesão corporal culposa (Lei nº 4.611/1965, artigo 1º. O processo dos crimes previstos nos artigos 121, § 3º, e 129, § 6º, do Código Penal, terá o rito sumário estabelecido nos arts. 531 a 538 do Código de Processo Penal).

que nele atuará com um fim específico: exercer sua jurisdição.³²⁰ Disso decorre a relação simbiótica entre dois institutos, quais sejam, *jurisdição* e *processo*, exaustivamente estudados pela teoria geral do processo, e frequentemente esquecidos pelos operadores do direito e autores atuais. Simplificando, para alguém ser juiz, deve-lhe ser reconhecida sua jurisdição. Daí resulta que, na clássica lição de Giuseppe Chiovenda, todo juiz só tem jurisdição em processo ou, em uma leitura invertida, aonde o juiz vier a exercer sua jurisdição, ali será considerado *processo judicial*.³²¹

Essas breves – e tão esquecidas – lições de teoria geral do processo nos ajudam a perceber que o auto de prisão em flagrante, sob o qual o juiz realizará a oitiva do sujeito privado em sua liberdade, forçosamente possuirá uma natureza metamórfica. Com isso, queremos dizer que, enquanto estiver sob a presidência e responsabilidade da autoridade investigante, o auto de prisão em flagrante possuirá natureza jurídica evidentemente administrativa. No entanto, após sua distribuição ao Poder Judiciário, aquele mesmo auto de prisão em flagrante adquire natureza jurídica processual, por estar submetido à jurisdição do juiz que passa a presidi-lo.

Por certo que não estamos tratando de um processo de natureza condenatória, pois tampouco esta é a única possibilidade processual presente na esfera criminal. Que o digam a revisão criminal, a reabilitação criminal, o mandado de segurança e o *habeas corpus*.

Em síntese, quando judicializado, o auto de prisão em flagrante adquire natureza processual,³²² ambiente onde é assegurado o princí-

---

³²⁰ Em âmbito nacional, dois são os autores que melhor definem o instituto da jurisdição. Apresentando-a sob um duplo aspecto, temos a lição de Joaquim Canuto Mendes de Almeida, a saber: "Em potência, como poder-dever de fazer justiça estatal, e em ato, como a atividade mesma de a exercerem seus agentes, que são os juízes e os tribunais" (ALMEIDA, Joaquim Canuto Mendes de. *Processo penal, ação e jurisdição*. São Paulo: RT, 1975, p. 7 e ss). De forma mais didática, temos a lição da Rogério Cruz e Tucci, definindo-a como "a atividade desenvolvida pelos órgãos do Poder Judiciário, com a finalidade de declarar o direito aplicável a um caso concreto, e de praticizar, quando necessário, tal declaração" (LAURIA TUCCI, Rogério. *Teoria do Direito Processual Penal*. São Paulo: RT, 2002, p. 20). Especificamente sobre a jurisdição criminal, ver: MORAES, Benjamin. *Jurisdição Criminal*. Rio de Janeiro: Canton & Reile, 1945.

³²¹ CHIOVENDA, Giuseppe. *Principios de Derecho Procesal Civil*. Traduzido por Jose Casais y Santaló. Madrid: Editorial Reus, 1922, p. 359. Tomo I.

³²² Por isso de nossa discordância com parte da definição dada por Cláudio do Prado Amaral, em relação à natureza jurídica da audiência de custódia, ao dizer que ela seria "um ato pré-processual, judicializado, sob o crivo do contraditório e da ampla defesa estabelecido em favor do preso" (AMARAL, Cláudio do Prado. *Da audiência de custódia em São Paulo*. Ob. cit., p. 5). Afirmando que a audiência de custódia seria um instrumento de natureza *pré-processual* ou *extraprocessual*, encontramos: OLIVEIRA, Gisele Souza de; SOUZA, Sérgio Ricardo de; BRASIL JÚNIOR, Samuel Meira; SILVA, Willan. *Audiência de Custódia: Dignidade Humana, controle de convencionalidade, prisão cautelar e outras alternativas (Lei 12.403/2011)*. Ob. cit., p. 106 e 110. No entanto, aqui acrescentamos a existência de um equívoco, ao considerarem a audiência de custódia como um *instrumento*,

pio do contraditório. Logo, não há como negar sua incidência quando da oitiva judicial do sujeito privado em sua liberdade, especificamente, autorizando-se tanto o Ministério Público como a defesa a formularem suas perguntas e requerimentos após a inquirição realizada pelo juiz.[323]

Por tudo o que se viu até o momento, portanto, não há como defender a ideia de simplificação do ato de apresentação judicial de toda pessoa privada em sua liberdade. Ao contrário, esse ato necessariamente deverá ser estruturado a partir de uma lógica já presente em nossa legislação, que não admite atos judiciais tendentes a ferir os interesses do sujeito passivo da persecução penal sem a presença de seu defensor. Consequentemente, também passa a ser obrigatória a presença do Ministério Público naquele ato, em observância ao princípio da igualdade, por mais que parte da doutrina procure ver a audiência de custódia como um ato voltado unicamente à preservação dos interesses do sujeito conduzido.[324] Ainda, a formação da convicção judicial deve-se dar a partir da participação de todos os sujeitos parciais ali presentes, o que leva à possibilidade de o Ministério Público e a defesa efetuarem seus questionamentos ao indivíduo que for apresentado ao juiz. Apesar disso, jamais se poderá perder de vista as limitações impostas aos questionamentos no tocante ao mérito da conduta, em tese, praticada pelo sujeito apresentado ao juiz (conforme dispõe o art. 8º, incisos V e VIII, da Resolução nº 213 do CNJ[325]).[326]

---

em lugar de ser um *ato*, que seria sua melhor definição técnica. Por sua vez, afirmando que o auto de prisão em flagrante somente foi processualizado com a inserção da audiência de custódia no direito brasileiro, e que ali "Surge, pelo menos em relação às medidas cautelares pessoais, um processo penal cautelar", encontramos: MELO, Raphael. *Audiência de Custódia no Processo Penal*. Ob. cit., p. 165 e 170.

[323] Reconhecendo a incidência do princípio do contraditório naquele ato, encontramos: TÓPOR, Klayton Augusto Martins; NUNES, Andréia Ribeiro. *Audiência de Custódia*: Controle Jurisdicional da Prisão em Flagrante. Ob. cit., p. 56 e 69. MELO, Raphael. *Audiência de Custódia no Processo Penal*. Ob. cit., p. 141. ÁVILA, Thiago André Pierobom de. *Audiência de custódia*: avanços e desafios. Ob. cit., p. 310-311. PAIVA, Caio. *Audiência de Custódia e o Processo Penal Brasileiro*. 2ª ed. Ob. cit., p. 115. LIMA, Renato Brasileiro de. *Manual de Processo Penal*. Ob. cit., p. 928.

[324] AMARAL, Cláudio do Prado. *Da audiência de custódia em São Paulo*. Ob. cit., p. 5.

[325] Art. 8º Na audiência de custódia, a autoridade judicial entrevistará a pessoa presa em flagrante, devendo:
V – indagar sobre as circunstâncias de sua prisão ou apreensão;
VIII – abster-se de formular perguntas com finalidade de produzir prova para a investigação ou ação penal relativas aos fatos objeto do auto de prisão em flagrante;

[326] Deve-se ter em vista, nesse sentido, que se pretende com a audiência de custódia, conforme a CIDH, submeter a detenção a uma revisão judicial, enquanto meio de controle idôneo para evitar a arbitrariedade ou ilegalidade das detenções, considerando que em um Estado de Direito corresponde ao juiz garantir os direitos do detido, autorizar a adoção de medidas cautelares ou de coerção, quando for estritamente necessário, e assegurar, em geral, que o preso seja tratado de modo consequente com a presunção de inocência; conforme CIDH, Caso Tibi *vs* Ecuador, Senten-

Admitir o contrário seria subverter um ato processual criado por Ato Normativo Internacional protetivo de direitos humanos, em prol de uma maximização do interesse estatal na persecução penal em detrimento do indivíduo.[327]

3.6.2. Vedação do depoimento para fins probatórios

Uma das questões mais polêmicas envolvendo a audiência de custódia diz respeito ao destino a ser dado ao interrogatório ou entrevista prestada pelo sujeito privado em sua liberdade.

Concretamente, essa polêmica surgiu com a regulamentação proposta pelo PLS nº 554, de 2011, em razão de emendas ou substitutivos que determinam o apensamento da oitiva em autos apartados, e proibição de ser utilizada como meio de prova contra o depoente.[328] Lembremos, ademais, que a redação daquelas emendas se deu por parte da Defensoria Pública do Estado de São Paulo, conforme nos permitiu conhecer o parecer emitido pelo Senador Randolfe Rodrigues.[329] Como se pode observar, o que o projeto de lei fez foi inovar em termos de vedação probatória, já que nosso ordenamento, seja em nível constitucional, seja em nível infraconstitucional, em nenhum momento prevê algo em caráter similar.

---

cia de 07 de setiembre de 2004, § 114; também CIDH, Caso García Asto y Ramírez Rojas *vs* Perú, Sentencia de 25 de noviembre de 2005, § 110; ademais, CIDH, Caso Palamara Iribarne *vs*. Chile, Sentencia de 22 de noviembre de 2005, § 218; CIDH, Caso Fleury y otros *vs* Haití, Sentencia de 23 de noviembre de 2011, § 61.

[327] Nesse sentido HASSEMER, Winfried. Unverfügbares im Strafprozeß. KAUFMANN Arthur. *Festschrift für Werner Maihofer zum 70. Geburtstag*, Frankfurt: Klostermann, 1988. p. 203; ademais, no mesmo sentido, GRÜNWALD, Gerald. Menschenrechte im Strafprozeß, *Strafverteidiger*, 1978, p. 457.

[328] Bem representando a dificuldade no trato desse tema, encontramos a doutrina de Caio Paiva. Na primeira edição de seu livro dedicado à audiência de custódia, sua posição foi em sentido contrário à utilização do conteúdo da audiência de custódia no futuro processo de conhecimento (PAIVA, Caio. *Audiência de Custódia e Processo Penal Brasileiro*. 1ª ed. Ob. cit., p. 90). No entanto, em sua segunda edição, o autor passou a admitir tal possibilidade, afirmando taxativamente que considera "impertinente se proibir a juntada dos autos da audiência de custódia em apenso aos autos do processo principal" (PAIVA, Caio. *Audiência de Custódia e Processo Penal Brasileiro*. 2ª ed. Ob. cit., p. 118-119). Posicionando-se pela impossibilidade de o conteúdo da audiência de custódia ser utilizado no processo de conhecimento, encontramos: PRUDENTE, Neemias Moretti. *Lições Preliminares acerca da Audiência de Custódia no Brasil*. Ob. cit., p. 13. MELO, Raphael. *Audiência de Custódia no Processo Penal*. Ob. cit., p. 186. Posicionando-se favoravelmente ao aproveitamento do conteúdo no futuro processo de conhecimento, encontramos a doutrina de Marcellus Polastri Lima, que, inclusive, refere que idêntica tentativa se deu no direito italiano, mas não prosperou (LIMA, Marcellus Polastri. *Questões que Envolvem a Denominada "Audiência de Custódia"*. Ob. cit., p. 218-219).

[329] SENADO FEDERAL. Parecer nº___, de 2011. Relator Senador Randolfe Rodrigues, PLS 554, de 2011, 20 de dezembro de 2011.

Em sentido diametralmente oposto foi a Resolução nº 213, do CNJ, que previu o necessário apensamento do termo da audiência aos autos da investigação criminal ou do processo de conhecimento.[330]

Em havendo essa divergência de posições antes mesmo de o Poder Legislativo concluir seu trabalho de regulamentação nacional da audiência de custódia, é importante que se fixe a ideia de que a vedação presente no PLS nº 554, de 2011 – hoje, convertido no PL nº 6.620, de 2016 – só pode ser colocada em prática por força de lei. Bem por isso, absolutamente nenhuma regulamentação de ordem administrativa, constante nos anteriores provimentos ou resoluções então aderentes ao projeto-piloto do CNJ, previu algo parecido em suas disposições. A razão é simples: por se tratar de uma vedação probatória, ela somente poderá ser criada por ato do Poder Legislativo, e não por um ato administrativo emanado pelo Poder Judiciário, sob pena de infringência gritante aos termos do inciso I do artigo 22 da CF.

Se formalmente é inviável a criação de qualquer vedação probatória a não ser por lei, o que se pode questionar é o destino ou possibilidade de aproveitamento da oitiva, enquanto a aprovação da reforma do CPP não ocorre, acolhendo ou desacolhendo aquela proposta de vedação.

Assim posta a questão, a discussão inicial que se abre diz respeito à existência, ou não, de uma natural vedação probatória daquele depoimento, a ponto de ser determinada pelos juízes que vêm atuando nas audiências de custódia, prescindindo, com isso, de autorização legal para tanto, ainda que o CNJ haja determinado seu apensamento na investigação ou processo criminais.

Se nos reportarmos ao ato em que haverá o préstimo das declarações por parte do sujeito apresentado ao juiz, facilmente se observa que sua estruturação se dará de forma distinta daquela prestada perante a autoridade policial, que naturalmente não se destina a fins probatórios. Com isso, qualquer comparação do interrogatório realizado pelo Delegado de Polícia com o interrogatório realizado pelo juiz da audiência de custódia se afigura mais que inexato.

Na audiência de custódia, o sujeito privado em sua liberdade estará na presença de um juiz, com todas as garantias necessárias para prestar os esclarecimentos que julgar convenientes à sua defesa, em atenção aos fins que se pretende com o ato. Mais que isso, haverá a possibilidade de intervenção por parte do Ministério Público e da defesa. Em síntese, o ato conhecido como *audiência de custódia* está reves-

---

[330] Artigo 12. O termo da audiência de custódia será apensado ao inquérito ou à ação penal.

tido de todas as garantias possíveis ao sujeito passivo da persecução penal, inclusive com a presença do princípio do contraditório.[331]

Por ser um ato judicial e com a incidência de todas as garantias constitucionais tal como a do contraditório – o que o leva, como já visto, a ter natureza processual –, não há como negar que os requisitos previstos no artigo 155 do CPP[332] ali estão perfeitamente presentes. A um só tempo, essa constatação nos permite: a) classificar aquele depoimento como sendo *prova*, em seu sentido legal; b) entender que, por se tratar de *prova*, sua inserção no processo de conhecimento somente poderá se dar a título de *prova emprestada*, sendo essa sua real natureza jurídica; c) utilizar esse depoimento de forma válida no futuro processo de conhecimento, mas possuindo um caráter *repetível*, nos termos no próprio artigo 155 do CPP; e d) afastar o grave equívoco em buscar vincular a utilização do material produzido na audiência de custódia ao sistema inquisitivo.

A partir do momento em que aquele depoimento é considerado *prova*, tampouco há que se falar em *prova ilícita*, caso ele venha a ser utilizado no futuro processo de conhecimento. Como bem a define o CPP, *prova ilícita* será aquela *prova* obtida "em violação a normas constitucionais ou legais".[333]

Até o momento, não temos nenhuma norma constitucional ou legal regulamentando o interrogatório ou entrevista a ser realizada na audiência de custódia. Em realidade, o que temos é o procedimento descrito na Resolução nº 213, do CNJ, que, na nossa visão, simplesmente traduziu o desdobramento natural que o princípio constitucional do contraditório deve apresentar naquele ato de apresentação. Porém, não se pode descartar o fato de esta prova poder ser ilícita se produzida em desatenção aos princípios constitucionais-processuais.

Feita essa observação, não há como qualificar de ilícito o conteúdo do depoimento ou o próprio ato que seguiu todas as diretrizes descritas, passo a passo, naquela resolução. Ainda que se diga que a regulamentação publicada pelo CNJ seja inconstitucional – como pretende um desatualizado setor da magistratura nacional –, mesmo assim restaria a situação em que, mesmo sem o juiz lhe dirigir

---

[331] PAIVA, Caio. *Audiência de Custódia e Processo Penal Brasileiro*. 2ª ed. Ob. cit., p. 41. MELO, Raphael. *Audiência de Custódia no Processo Penal*. Ob. cit., p. 141.

[332] Artigo 155, CPP. O juiz formará sua convicção pela livre apreciação da prova produzida em contraditório judicial, não podendo fundamentar sua decisão exclusivamente nos elementos informativos colhidos na investigação, ressalvadas as provas cautelares, não repetíveis e antecipadas.

[333] Artigo 157, CPP. São inadmissíveis, devendo ser desentranhadas do processo, as provas lícitas, assim entendidas as obtidas em violação a normas constitucionais ou legais.

qualquer pergunta, o sujeito preso ou detido entenda por bem narrar, e detalhadamente, o fato a ele atribuído, a fim de obter algum benefício processual ou penal em razão disso (o que, em realidade, é despiciendo, visto se tratar de prova repetível).

Se há uma brecha para a impossibilidade de utilização daquele depoimento no futuro processo de conhecimento, ela está adstrita à hipótese em que o juiz não venha a observar as restrições de inquirição previstas na Resolução n° 213, do CNJ. Ou seja, quando o juiz, o Ministério Público ou a defesa ingressam no mérito da conduta, em tese, praticada pelo sujeito apresentado ao juiz, frente à vedação contida no inciso VIII do artigo 8° daquela resolução ("abster-se de formular perguntas com finalidade de produzir prova para a investigação ou ação penal relativas aos fatos objeto do auto de prisão em flagrante"). Ainda assim, o que deveria haver é o seu desentranhamento dos autos, o que pressupõe, por certo, a sua incorporação ao processo de conhecimento. Ademais, é preciso ter cuidado quanto a quem provocou tal *ilicitude*, pois, em partindo da defesa, não poderá ela invocar tal situação em seu benefício, em virtude de haver sido a causadora da mácula verificada (*ex vi* do artigo 565 do CPP, "nenhuma das partes poderá argüir nulidade a que haja dado causa [...]").

Caso se queira buscar algum apoio na realidade internacional, a outra conclusão também não se chega. A título de exemplo, a doutrina portuguesa é clara nesse sentido, reconhecendo a possibilidade de utilização dos depoimentos prestados ao juiz, ainda que anteriormente ao ajuizamento da ação penal condenatória.[334] Quanto à doutrina espanhola, encontramos esta mesma admissão, embora manifestando reservas quanto ao valor a ser atribuído a esse depoimento.[335]

Feitas as observações necessárias para bem situar a discussão,[336] acreditamos que toda essa celeuma se perde em importância no

---

[334] LOPES, José António Mouraz. *A Tutela da Imparcialidade Endoprocessual no Processo Penal Português*. Coimbra: Coimbra Editora, 2005, p. 132. MARTINS, Joana Boaventura. *Da Valoração das Declarações de Arguido Prestadas em Fase Anterior ao Julgamento*. Coimbra: Coimbra Editora, 2014, p. 140.

[335] NIEVA FENOLL, Jordi. *Fundamentos de Derecho Procesal Penal*. Ob. cit., p. 230. Admitindo essa mesma utilização e valoração do depoimento na fase posterior ao oferecimento da acusação, encontramos o magistério de Manuel Jaén Vallejo, quando diz: "Por tanto, es perfectamente posible que el Tribunal dé mayor credibilidad a las declaraciones prestadas ante el Juez instructor que a las prestadas en el juicio oral, en todo o en parte, siempre que se haya procedido efectivamente a aquella lectura y se haya garantizado el derecho de la defensa a someterla a contradicción y que aunque este artículo se refiere expresamente a los testigos, también se aplica en la práctica en las hipótesis de contradicción del acusado" (JAÉN VALLEJO, Manuel. *Tendencias actuales de la jurisprudencia penal: las garantías del proceso penal*. Madrid: Dykinson, 2002, p. 120).

[336] Para um maior aprofundamento nesse tema, ver: BRANDALISE, Rodrigo da Silva. Sobre o Aproveitamento das Declarações Autoincriminatórias do Flagrado em Audiência de Custódia.

momento em que vemos que uma possível confissão, por parte do sujeito apresentado ao juiz, possui o mesmo valor de uma confissão prestada no processo de conhecimento. Ou seja, eventual confissão prestada na audiência de custódia não é mais importante ou menos importante que uma confissão prestada após o ajuizamento da ação penal condenatória. Caso o magistrado queira utilizá-la como fundamento para um juízo condenatório, deverá ele seguir o mesmo procedimento constante no artigo 197 do CPP,[337] corroborando-a com outras informações contidas no processo de conhecimento, já que, de modo isolado, ela não possuirá qualquer valor probatório.

Objetivamente, o que se tem, portanto, é que o conteúdo da oitiva prestada pelo sujeito apresentado ao juiz está sendo superestimado por ambos os setores que defendem e rechaçam sua utilização no futuro processo de conhecimento. Aliás, essa é uma falsa discussão, já que, como expusemos acima, o que importa não é a saída ou permanência dessa informação nos autos de prisão em flagrante, pois o juiz que a obteve permanecerá como presidente do futuro processo de conhecimento, com todos os conceitos e preconceitos formados no curso da audiência de custódia, independentemente do que se vier a produzir posteriormente.

Por fim, não há como silenciar quanto ao fato de que a pior hipótese, dentre as existentes (possibilidade ou impossibilidade de utilização do depoimento prestado pela pessoa apresentada na audiência de custódia), é a vedação de seu emprego como meio de prova somente contra o depoente, tal como prevê o PLS nº 554, de 2011, hoje convertido no PL nº 6.620, de 2016.[338] Teríamos, a um só tempo, uma prova lícita e válida para uma das partes (acusado), e essa mesma prova lícita, mas inválida para a outra parte (acusador). A quebra ao princípio da paridade de armas é manifesta nesse ponto, não havendo qualquer dispositivo parecido em âmbito internacional, de modo a minimamente dar algum tipo de cobertura à proposição feita pelo fértil legislador brasileiro.

In: ANDRADE, Mauro Fonseca; ALFLEN, Pablo Rodrigo (Orgs). *Audiência de Custódia. Da Boa Intenção à Boa Técnica*. Porto Alegre, FMP, p. 69-104, 2016.

[337] Artigo 197. O valor da confissão se aferirá pelos critérios adotados para os outros elementos de prova, e para a sua apreciação o juiz deverá confrontá-la com as demais provas do processo, verificando se entre ela e estas existe compatibilidade ou concordância.

[338] Artigo 306, § 7º (redação proposta). A oitiva a que se refere o § 6º será registrada em autos apartados, não poderá ser utilizada como meio de prova contra o depoente e versará, exclusivamente, sobre a legalidade e a necessidade da prisão, a ocorrência de tortura ou de maus-tratos e os direitos assegurados ao preso e ao acusado.

Ademais, uma profunda contradição marca tal vedação probatória, visto que, para trazer algum benefício ao depoente, ele se restringirá à utilização de seu depoimento ou entrevista a título de justificadores da incidência da atenuante da confissão no futuro processo de conhecimento. Entretanto, para que isso possa ocorrer, o juiz é obrigado a fazer referência a esse depoimento ou entrevista como formadores de sua convicção à hora de condenar, pois é exatamente esse o fundamento para a concessão de redução de pena. Em suma, nem quando quis obrar em benefício da pessoa apresentada judicialmente, o legislador soube fazê-lo a contento.

3.7. Liberdade provisória concedida pela autoridade policial

Um dos grandes méritos da Constituição Federal de 1988, ao estabelecer um melhor sistema de freios e contrapesos, foi retirar das mãos do Delegado de Polícia a possibilidade de determinar a quebra de direitos fundamentais das pessoas investigadas criminalmente, criando, com essa vedação, o que se passou a chamar de *reserva de jurisdição*. Em suma, para que a quebra daqueles direitos viesse a validamente ocorrer na fase de investigação, ela somente poderia se dar mediante ordem judicial. Provavelmente, os exemplos mais palpáveis e impactantes dessa alteração de mentalidade foram a impossibilidade de o Delegado de Polícia determinar as prisões para averiguação[339] e a impossibilidade de expedição de mandado de busca e apreensão domiciliar.

Apesar disso, a legislação nacional ainda preserva uma forma de limitação do direito à liberdade proveniente de decisão do Delegado de Polícia, mesmo que o texto constitucional não preveja qualquer espécie de exceção à reserva de jurisdição. Referimo-nos ao arbitramento da fiança.

Que o texto constitucional prevê a fiança como um direito fundamental, todos bem o sabemos. No entanto, a legislação infraconstitucional – em especial, o CPP – manteve o Delegado de Polícia como sendo a autoridade que, em sede de flagrante, poderá realizar o arbitramento do valor a ser depositado a título de fiança, concedendo, com isso, nada menos que liberdade provisória ao sujeito flagrado.

Até o ano de 2011, dúvida ainda restava quanto à natureza jurídica da fiança, ou seja, se se enquadrava, ou não, na categoria de

---

[339] Sobre o tema, ver: COSTA, Milton Lopes da. *Detenções para Averiguações*. Rio de Janeiro: Ioneli Indústrias Gráticas, 1980.

medida cautelar pessoal. Essa dúvida era propositalmente criada por um setor da doutrina que procurava preservar a possibilidade de arbitramento da fiança nas mãos do Delegado de Polícia, seja para que ele não perdesse mais essa fonte de poder (grandemente esvaziada pela Constituição Federal de 1988), seja para que a autoridade judicial pudesse permanecer convenientemente em sua residência, sem ser importunada para uma análise imediata de autos de prisão em flagrante, sempre que a infração penal fosse afiançável. Em palavras mais simples, manteve-se a possibilidade de o Delegado de Polícia arbitrar fiança, a fim de que ele mantivesse uma reserva de poder, e para que o juiz pudesse dormir à noite ou seguir descansando aos finais de semana.

Com a entrada em vigor da Lei nº 12.403, de 4 de maio de 2011, aquela dúvida foi claramente dirimida, pois, com a nova redação dada ao artigo 319 do CPP, a fiança passou a integrar o rol das "medidas cautelares diversas da prisão" (inciso VIII). Em virtude disso, o fato de a fiança haver sido reconhecida como uma medida cautelar deveria, de imediato, provocar reflexos claros na atividade do Delegado de Polícia. Não é preciso grandes esforços para saber que o arbitramento da fiança importa em uma forma de concessão de liberdade provisória, senão também, em determinação de certas restrições à liberdade do sujeito investigado. Basta ver que, dentre as obrigações assumidas por quem satisfaz a fiança, está o comprometimento a comparecer a atos do processo, a não obstruir o seu andamento e não resistir injustificadamente a ordem judicial, sem contar, é claro, com sua consequência primeira, que é o desapossamento financeiro do sujeito preso em flagrante.

Logo, o fato de a fiança haver sido reconhecida como uma medida cautelar pessoal deveria fazer com que seu arbitramento somente pudesse ocorrer por ordem judicial, justamente por se tratar da quebra de um direito fundamental. É por isso que a doutrina internacional, há décadas, afirma que todos os atos de natureza cautelar devem ser praticados somente por integrantes do Poder Judiciário, daí estabelecendo, como já referido anteriormente, a reserva de jurisdição.[340]

Essa omissão da doutrina nacional, no sentido de permanecer condescendente com a possibilidade de arbitramento de fiança por parte do Delegado de Polícia, é a responsável, em grande medida, pela existência e defesa de um dos argumentos contrários à audiência de custódia, qual seja, o fato de o Delegado de Polícia já ser aquela "outra autoridade" referida nos textos internacionais, como também

---

[340] MASSARI, Eduardo. *Le Dottrine Generali del Processo Penale*. Napoli: Eugenio Jovene, 1948, p. 187 e ss.

detentora de legitimidade para presidir aquela audiência. Com isso, a apresentação do sujeito privado em sua liberdade seria desnecessária em âmbito nacional, pois aquela apresentação já haveria ocorrido quando da lavratura do auto de prisão em flagrante.

Embora a jurisprudência consolidada da CIDH tenha se encarregado de afastar essa possibilidade, o legislador nacional não vem perdendo a oportunidade em pretender aumentar os poderes do Delegado de Polícia, sob o argumento de que ele já é detentor de parcela do poder jurisdicional, justamente por ser legitimado a conceder liberdade provisória mediante o arbitramento de fiança. Nesse sentido, é claro o PL nº 470, de 2015, ao pretender aumentar os poderes do Delegado de Polícia responsável pela lavratura do auto de prisão em flagrante, autorizando-o a conceder outras medidas cautelares diversas da prisão e diversas da própria fiança.[341] Ou seja, o intento desse projeto de lei é reforçar a figura da autoridade policial, tornando a audiência de custódia somente realizável por vontade do Delegado de Polícia, esvaziando, assim, toda sua importância como mecanismo de controle reconhecido em âmbito internacional.[342]

É por essa soma de fatores que defendemos a impossibilidade de o Delegado de Polícia seguir arbitrando fiança, em razão de sua inconteste natureza cautelar, cuja incidência, em âmbito processual penal, está acobertada pela reserva de jurisdição, justamente por provocar algum tipo de restrição ao direito fundamental à liberdade.

Além dessa realidade, outro argumento também se soma a essa impossibilidade de o Delegado de Polícia seguir arbitrando fiança.

---

[341] Art. 322. No caso de prisão em flagrante, o delegado de polícia poderá colocar o indiciado em liberdade aplicando, em decisão fundamentada, isolada ou cumulativamente, as medidas cautelares diversas da prisão previstas nos incisos I, II, III, IV, V, VIII e IX do art. 319, nas seguintes hipóteses: I – crimes culposos; II – crimes dolosos punidos com pena de detenção; III – crimes dolosos punidos com pena de reclusão não superior a quatro anos; IV – quanto não estiverem presentes os requisitos da prisão preventiva. Parágrafo único. O delegado de polícia comunicará o juiz competente nos termos do art. 306, que decidirá, na forma do art. 310, sobre o auto de prisão em flagrante e as medidas cautelares eventualmente aplicadas.

[342] Em âmbito doutrinário, nesse mesmo sentido, encontramos: MINAGÉ, Thiago M; SAMPAIO JR., Alberto. A Questão Político-Criminal da Audiência de Custódia. *Revista Síntese Direito Penal e Processo Penal*, Porto Alegre, a. XVI, nº 93, ago.-set. 2015, p. 54-61. De acordo com os autores, embora não citem um acórdão sequer da CIDH, a forma como a audiência de custódia estaria sendo implantada no Brasil difere do modo como os artigos 7,5 e 8,1 da CADH são interpretados por aquela Corte. Invocando doutrina de Michel Foucault e Alessandro Baratta, afirmam que a apresentação ao juiz nada mais seria que uma forma de exercício de poder da magistratura sobre o corpo do sujeito preso ou detido, e que este mesmo magistrado encararia o conduzido com um olhar de *etiquetamento*, ferindo irremediavelmente sua presunção de inocência. A permanecer a impossibilidade de somente o juiz poder conceder liberdade provisória, sem expandir essa autorização também ao Delegado de Polícia, haveria, sob a invocação de Hannah Arendt, a *banalização do mal*.

Referimo-nos ao tempo em que a apresentação judicial do sujeito privado em sua liberdade deve ocorrer.

Em devendo essa apresentação ocorrer "sem demora", já não há mais justificativa para que a fiança siga sendo arbitrada por uma autoridade diversa da judicial. Aliás, a audiência de custódia é justamente o ato que melhor se presta a averiguar as condições pessoais e econômicas do sujeito apresentado, seja à hora de auxiliar na obtenção das informações necessárias para o arbitramento da fiança, seja para a imposição de qualquer outra medida cautelar diversa da prisão.[343]

A seguir a realidade como está hoje posta, com a admissão da fiança ser arbitrada por autoridade policial, o resultado será a permanência de um número significativo de pessoas presas em flagrante não ser apresentado sem demora ao juiz – por haverem sido soltas ainda na Delegacia de Polícia –, ferindo de morte a Constituição Federal e os pactos internacionais ratificados pelo Brasil.

3.8. Proibição de prévio ingresso em estabelecimento prisional

No momento em que os textos internacionais fixaram um lapso temporal exíguo para que houvesse a apresentação de toda pessoa presa ou detida a um juiz competente, claro está que sua intenção foi evitar que o sujeito privado em sua liberdade ingressasse no sistema prisional sem aquele prévio contato judicial. É por isso que, quando aqueles textos se referem a uma apresentação *sem demora*, quer isso significar *no primeiro momento possível*.

Pensando nisso, e diante de maus exemplos verificados ao tempo das regulamentações emitidas pelos Tribunais locais,[344] o CNJ tratou de deixar claro que o sujeito preso ou detido somente poderá ser encaminhado a uma casa prisional após sua submissão àquele ato e

---

[343] LOPES JR., Aury. Imediata apresentação do preso em flagrante. Uma necessidade imposta pela evolução civilizatória do Processo Penal. Ob. cit.

[344] Referimo-nos, especificamente, à Resolução nº 1087/2015, publicada pelo Conselho da Magistratura do Tribunal de Justiça do Rio Grande do Sul. Conforme previa seu artigo 3º, as audiências de custódia deveriam ser realizadas no Presídio Central de Porto Alegre e na Penitenciária Feminina Madre Peletier, onde poderiam ficar aguardando o contato com o juiz por um tempo superior a 24 horas. Sobre as criticas à regulamentação criada pelo Poder Judiciário gaúcho, ver: ANDRADE, Mauro Fonseca. A Audiência de Custódia na Concepção da Justiça Gaúcha: Análise da Resolução nº 1087/2015 e das Práticas Estabelecidas. In: ANDRADE, Mauro Fonseca; ALFLEN, Pablo Rodrigo (Orgs.). *Audiência de Custódia: da boa intenção à boa técnica*. Porto Alegre: FMP, 2016. p. 221-246.

mediante ordem judicial.[345] Diante dessa previsão, é possível afirmar que: a) não poderá o preso ser levado a um ambiente prisional, ainda que, posteriormente, seja apresentado ao juiz em local diverso daquele; e b) muito menos, poderá a audiência de custódia ser feita naquele mesmo ambiente prisional.

No que diz respeito à primeira interpretação proibitiva, já se nota uma clara resistência, por parte de setores da magistratura nacional, em receber o sujeito preso em certos horários do dia – em especial, durante a noite –, sob a justificativa de que o juiz estaria em meio a audiências, sessões do Tribunal do Júri ou dormindo. Como resposta a tais situações, o entendimento que começa a ser construído é que o juiz, a partir do momento em que recebe o auto de prisão em flagrante – argumento que se aplica, por óbvio, somente aos casos de prisão em flagrante –, teria o prazo de 24 horas para analisar sua legalidade e destino do sujeito conduzido.

Ao que se observa, diante da falta de estrutura de pessoal do Poder Judiciário, está se criando um ponto de tensão entre ele e a polícia judiciária. Dito de outra forma, quem define o momento da apresentação judicial do preso ou detido é a polícia judiciária, pois é a ela que cabe *apresentá-lo*, ao passo que ao juiz caberá *recebê-lo*. Ao seguirmos fielmente o que simplesmente dizem os textos e a jurisprudência internacionais, por certo que a intenção da autoridade policial será apresentar o sujeito preso ou detido o mais breve possível ao juiz, a fim, como mínimo, de desocupar sua carceragem, se é que a Delegacia de Polícia venha a ter um local para chamar de *carceragem*. Entretanto, nosso país raramente possui comarcas com serviços de plantão judicial nas 24 horas do dia, sobretudo, em comarcas de porte médio ou pequeno. Com isso, a realidade vivida pelo Poder Judiciário é de um ou dois juízes para todo tipo de atividade, que deverá se alargar, inclusive, nos finais de semana, feriados e madrugadas.

Diante desse quadro judicial, a saída que vem sendo apontada é a realização da audiência de custódia somente durante o horário forense nos dias úteis, e em horários predeterminados nos finais de semana e feriados. Essa postura levaria à negativa de os juízes receberem os sujeitos presos ou detidos fora daqueles horários, daí resultando no ponto de tensão com a polícia judiciária, tendo em vista que – nunca é demais repetir – quem define o momento da apresentação ao juiz é a autoridade policial.

---

[345] Artigo 2º. O deslocamento da pessoa presa em flagrante delito ao local da audiência e desse, eventualmente, para alguma unidade prisional específica, no caso de aplicação da prisão preventiva, será de responsabilidade da Secretaria de Administração Penitenciária ou da Secretaria de Segurança Pública, conforme os regramentos locais.

Se essa realidade vier a se efetivar sem o alcance de um consenso entre a polícia judiciária e o Poder Judiciário, a posição assumida pela magistratura será contrária aos termos não só dos textos internacionais, mas também da própria Resolução n° 213, do CNJ.[346] Se essa má prática não for a seu tempo corrigida – nem que seja com o ajuizamento de nova Ação de Descumprimento de Preceito Fundamental –, a consequência que será imediatamente sentida dirá respeito ao local onde o sujeito preso ou detido deverá aguardar até que o juiz o receba, pois o intento de apresentação, por parte da polícia judiciária, já ocorreu.

Frente a essa situação, haverá somente duas possibilidades: ou o sujeito preso permanece sob a custódia da autoridade policial, ou será enviado a um estabelecimento prisional até que, em horário já predeterminado, venha a ser realizada sua apresentação judicial.

Por certo que o reclame maior será – e já o é – por parte da polícia judiciária, em razão de não possuir as mínimas condições de manter consigo o sujeito preso em flagrante, além do tempo necessário para a confecção do respectivo auto. Sem grandes esforços, é possível lembrar que lhe faltam condições de estrutura, higiene e alimentação para manter consigo tais presos por horas a mais do que lhe é necessário.

Se essa é a realidade enfrentada pela polícia judiciária, provavelmente, quem ficará com a custódia provisória do sujeito preso, ao menos até a realização de sua nova apresentação judicial, sejam os agentes penitenciários, o que importa dizer que, fatalmente, aquele será encaminhado a um estabelecimento prisional, embora exista expressa vedação por parte do CNJ. Simplificando o debate nesse ponto, ou o CNJ toma medidas enérgicas para evitar que os juízes não recebam os sujeitos presos ou detidos em horários que lhe parecem inconvenientes, ou ele terá que demonstrar que errou na previsão por ele criada, realizando uma reforma na resolução já em vigor, para nela autorizar o ingresso do sujeito privado em sua liberdade em uma casa prisional, até que ele possa, no horário a ser determinado pelo juiz, ser-lhe apresentado para a realização de um ato que deveria haver ocorrido horas atrás.

---

[346] Antes mesmo da entrada em vigor da Resolução n° 213, do CNJ, parte da doutrina apontada para essa realidade, verificada já ao tempo das regulamentações locais expedidas pelos Tribunais de Justiça estaduais. Nesse sentido, encontramos a correta crítica feita por Leonardo Marcondes Machado, ao afirmar que "É verdade que a audiência de custódia não resolve, nem de longe, todos os nossos problemas, principalmente se for efetivada no modo à brasileira, o que significa baixa efetividade operacional e tensões por incompatibilidade sistemática processual. O seu funcionamento, por exemplo, apenas durante expediente ordinário (segunda à sexta-feira) e com horário previamente agendado é a marca da hipocrisia nacional" (MACHADO, Leonardo Marcondes. *Resistência Crítica e Poder Punitivo: diálogos em torno da Audiência de Custódia*. Ob. cit., p. 50).

Já, no que diz respeito à segunda interpretação proibitiva (de realização de audiências de custódia em ambiente prisional), sequer se precisaria recorrer à resolução do CNJ para se dar conta dessa impossibilidade.

De início, haveria uma clara inversão de lógica, em razão de o juiz passar a ser *apresentado* ao preso que lá já se encontraria por horas lhe esperando, ao passo que deveria o preso ser apresentado ao juiz. Além disso, há estabelecimentos penitenciários que estão sendo administrados pela polícia militar estadual,[347] o que gera extremo desconforto por parte do sujeito apresentado, no momento em que é instado a relatar a ocorrência de eventuais agressões ou ameaças por parte dos responsáveis por sua prisão. Por fim, não há como esconder o fato – e isso até fica redundante – que a realização de audiência de custódia em ambiente prisional vem a torná-la um ato sigiloso, diante da impossibilidade de acesso ao público. Com isso, estudantes e profissionais do Direito, além de cidadãos que queiram acompanhar tal ato, em termos práticos, estarão proibidos de ali comparecerem, dadas as peculiaridades de acesso às casas prisionais.

Por essa soma de fatores, não há como se admitir que o sujeito preso ou detido ingresse em uma casa prisional anteriormente à sua apresentação judicial, devendo o CNJ tomar todas as medidas necessárias para coibir eventuais afrontas ao texto da sua própria resolução.

3.9. Ausência do Ministério Público e da Defesa

Por se tratar de ato inequivocamente processual, como visto anteriormente, deve-se oportunizar a presença dos sujeitos parciais à audiência de custódia, e isso somente se poderá concretizar por meio da intimação destes acerca da sua realização, sem a qual o ato se vê irremediavelmente prejudicado.

Especificamente em relação ao Ministério Público, seguir-se-á a regra disposta no art. 370, § 4°, do CPP, no sentido de ser a intimação realizada sempre de forma pessoal. Entretanto, diante desse fator,

---

[347] Essa situação já havia sido objeto de atenção por parte da doutrina (PAIVA, Caio. *Audiência de Custódia e Processo Penal Brasileiro.* Ob. cit., p. 55), mas foi completamente desconsiderada pelo Poder Judiciário do Rio Grande do Sul, com a publicação da Resolução n° 1087/2015, do Conselho da Magistratura do Tribunal de Justiça do Rio Grande do Sul. Como era de se esperar, houve um precedente em que o sujeito apresentado ao juiz se recusou a falar sobre a ocorrência de abuso policial durante sua prisão, diante da existência de policiais militares na sala de audiência, embora não fossem os mesmos responsáveis por sua prisão (Auto de Prisão em Flagrante. Expediente n° 001/2.15.0071843-0. Juiz de Direito Volnei dos Santos Coelho, audiência realizada em 06 de setembro de 2015).

surge a questão acerca da(s) consequência(s) do não comparecimento do seu representante àquele ato, cuja presença, como bem aponta Maurício Cirino dos Santos, é "de prioritário interesse às funções institucionais do Ministério Público, como defensor constitucional de direitos e garantias do cidadão".[348] A resposta a esta questão, no entanto, implica duas hipóteses.

A primeira consiste na hipótese de o Ministério Público, devidamente intimado, não comparecer à audiência e muito menos apresentar qualquer manifestação. Sua ausência – deliberada ou não – não ensejará o adiamento do ato, devendo-se a omissão do agente ministerial ser considerada como uma renúncia, seja em comparecer à audiência, seja em se manifestar sobre o pleito da defesa, com o qual estará, portanto, concordando tacitamente.[349]

A segunda consiste, no entanto, na hipótese de o Ministério Público peticionar por escrito previamente à realização da audiência de custódia para manifestar a sua pretensão acerca do ato, manifestando-se, *v.g.*, acerca da homologação do flagrante, da conversão em preventiva, da colocação em liberdade, da fixação de cautelares diversas da prisão etc.[350] Do mesmo modo que a hipótese anterior, porém, entende-se que de maneira alguma se procederá ao adiamento do ato, até porque a manifestação do Ministério Público se faz presente nos autos, de modo a ser apreciada pelo juiz.

Por outro lado, no que diz respeito à ausência da Defesa, a mesma lógica não deve ser seguida.

É certo que a ampla defesa se aplica à audiência de custódia, o que implica reconhecer não só o direito à Defesa própria, mas também mediante a assistência técnica de um Defensor Público ou constituído. Não por outro motivo, a nossa legislação processual penal e a própria Resolução nº 213, do CNJ,[351] preveem o contato prévio do sujeito pas-

---

[348] SANTOS, Maurício Cirino dos. A audiência de custódia e as funções institucionais do Ministério Público. *Revista Jurídica do Ministério Público do Estado do Paraná*, Curitiba, ano 3, nº 4, agosto/2016, p. 127.

[349] PAIVA, Caio. *Audiência de Custódia e o Processo Penal Brasileiro*. 2ª ed. Ob. cit., p. 130-131. Entendendo que a ausência do Ministério Público importará na pronta soltura da pessoa apresentada judicialmente, ante a impossibilidade de o juiz impor medidas cautelares pessoais de ofício, encontramos: MELO, Raphael. *Audiência de Custódia no Processo Penal*. Ob. cit., p. 173. Embora sua posição, em termos científicos, esteja correta, a jurisprudência dos Tribunais Superiores já consolidou a constitucionalidade do inciso II do artigo 310 do CPP, que autoriza o juiz a converter a prisão em flagrante em prisão preventiva, assim como, impor medidas cautelares de ofício, sempre que homologar o auto de prisão em flagrante.

[350] PAIVA, Caio. *Audiência de Custódia e o Processo Penal Brasileiro*. 2ª ed. Ob. cit., p. 131.

[351] Artigo 6º. Antes da apresentação da pessoa presa ao juiz, será assegurado seu atendimento prévio e reservado por advogado por ela constituído ou defensor público, sem a presença de

sivo da persecução penal com o seu Defensor, sempre que ele vier a ser ouvido judicialmente. Por consequência, a ausência de um Defensor àquele ato importará em seu adiamento, sempre que ao juiz não for possível a nomeação de um Defensor *ad hoc*.[352]

3.10. Arquivamento do inquérito policial na audiência de custódia

Um dos pontos que provocará mais polêmica, presente na Resolução n° 213, do CNJ, diz respeito à possibilidade de arquivamento imediato do inquérito policial.[353] Por isso, faz-se necessário um exame mais detido dessa previsão, a fim de que sua colocação em prática não ultrapasse os limites legais já constantes em nosso CPP, sob pena de a resolução incidir em grave inconstitucionalidade, novamente por violar o inciso I do artigo 22 da Constituição Federal.

De início, o CNJ não demonstrou toda sua ousadia em regulamentar tal situação, ao se referir somente a *inquérito policial*, em lugar de *investigação criminal*. Isso porque, desde o reconhecimento da mais clara constitucionalidade da investigação criminal presidida pelo Ministério Público, dúvida não há mais quanto ao fato de o inquérito policial ser apenas um instrumento de investigação, e não o único, como pretendiam setores menos realistas e mais desatualizados de nossa doutrina. Por isso, quando aquela resolução menciona *inquérito policial*, sem grandes dificuldades podemos ali também compreender toda e qualquer investigação criminal regularmente instaurada, destinada a apurar as circunstâncias, a materialidade e a autoria de infrações penais.[354]

---

agentes policiais, sendo esclarecidos por funcionário credenciado os motivos, fundamentos e ritos que versam a audiência de custódia.
Parágrafo único. Não havendo defensor constituído, a pessoa presa será atendida pela Defensoria Pública.

[352] Em relação a essa hipótese, razão assiste a Raphael Melo, quando nega a possibilidade de nomeação de defensor ad hoc, sempre que a ausência do defensor constituído se verificar em razão da sua não intimação para o ato (MELO, Raphael. Audiência de Custódia no Processo Penal. Ob. cit., p. 178).

[353] Artigo 8°, § 5°. Proferida a decisão que resultar no relaxamento da prisão em flagrante, na concessão da liberdade provisória sem ou com a imposição de medida cautelar alternativa à prisão, ou quando determinado o imediato arquivamento do inquérito, a pessoa presa em flagrante delito será prontamente colocada em liberdade, mediante a expedição de alvará de soltura, e será informada sobre seus direitos e obrigações, salvo se por outro motivo tenha que continuar presa.

[354] Nesse sentido, adotamos a definição de investigação criminal constante no § 1° do artigo 2° da Lei n° 12.830/2013, quando diz que: "Ao delegado de polícia, na qualidade de autoridade policial, cabe a condução da investigação criminal por meio de inquérito policial ou outro proce-

Em sendo assim, de imediato já é possível descartar a possibilidade de esse arquivamento dizer respeito ao auto de prisão em flagrante. Como sua natureza é de uma investigação de urgência, não há como se obter qualquer juízo de certeza quanto ao que ali foi sumariamente apurado, devendo a obtenção de melhores informações ser realizada na verdadeira investigação criminal que se seguirá ao auto de prisão em flagrante. A título de exemplo, esse aprofundamento deverá ocorrer nas prisões em flagrante por crimes aparentemente *bagatelares* ou que se mostrem, em uma apreciação inicial, classificáveis na categoria de *crime impossível*, pois informações outras poderão vir à tona posteriormente, desmanchando aquela impressão inicial que poderia levar, conforme o caso, até ao reconhecimento de atipicidade da conduta.

Se aquele arquivamento referido na Resolução nº 213, do CNJ, diz respeito a qualquer investigação criminal (exceto ao auto de prisão em flagrante), isso importa reconhecer que, para que essa situação venha a ocorrer em uma audiência de custódia – já que aquela disposição foi inserida no artigo que trata da entrevista do juiz –, ela somente poderá dizer respeito às hipóteses em que o sujeito foi privado em sua liberdade por força de mandado de prisão cautelar (preventiva ou temporária). Em razão disso, a audiência de custódia teria uma finalidade restrita aos pontos por nós já abordados, quais sejam, verificar: a) a identidade do sujeito; b) a ocorrência de violência policial; c) a existência de causa extintiva da punibilidade; e d) a manutenção dos motivos ensejadores do decreto da prisão cautelar.

Ainda que a audiência de custódia relativa a prisões realizadas em investigações criminais em curso deva se restringir a tais temas, é inegável que aquele ato representará uma ótima oportunidade para que a defesa faça sua provocação judicial, no sentido de ver aquela investigação criminal encerrada, como mínimo, em relação ao seu patrocinado. E é aqui onde reside o maior perigo de inconstitucionalidade daquela previsão ou de práticas judiciais que venham a ser adotadas.

Em razão da sistemática proposta pelo CNJ, a audiência de custódia terá início com os questionamentos realizados pelo juiz, passando-se a palavra, a seguir, ao Ministério Público e à defesa. Em sequência, abre-se a possibilidade de ambos apresentarem seus requerimentos ao presidente daquele ato.

---

dimento previsto em lei, que tem como objetivo a apuração das circunstâncias, da materialidade e da autoria das infrações penais".

Pois bem; de acordo com o que prevê o artigo 28 do CPP, o requerimento de arquivamento do inquérito policial é ato privativo do Ministério Público, obviamente derivado do fato de ele ser o titular da ação penal pública. Ou seja, ele é quem deverá se posicionar pelo seguimento, ou não, daquela investigação criminal, cabendo ao juiz concordar ou não com seu pedido de arquivamento, ou, então, em receber ou não a ação penal pública ajuizada. Seja como for, o pedido de arquivamento deverá partir do Ministério Público, e não da defesa.

Pensar em sentido contrário levará à abertura de sério e incorreto precedente, qual seja, caso o juiz entenda por admitir que a defesa faça seu pedido de arquivamento da investigação criminal na audiência de custódia, forçosamente deverá abrir a oportunidade de rebate dos argumentos defensivos ao Ministério Público. Ao assim proceder, o magistrado estará inserindo o princípio do contraditório em um ato já disciplinado em sentido contrário pelo CPP, que somente admite requerimento de arquivamento partindo do Ministério Público. Consequentemente, a possibilidade de manejo de correição parcial, em razão da inversão tumultuária do feito por parte do juiz, passa a ser uma possibilidade concreta, levando para a audiência de custódia um problema de modo desnecessário, e pelas mãos do CNJ.

Bem sabemos que, em lugar de requerer o arquivamento, a defesa poderá aproveitar o momento para, então, impetrar *habeas corpus* de modo oral, já que toda a documentação justificadora de seu pedido está – literalmente – nas mãos do juiz. Com isso, chegaríamos ao mesmo resultado prático pretendido pelo pedido de arquivamento por ventura feito ilegalmente pela defesa naquela audiência. Entretanto, lembremos que a previsão contida na Resolução nº 213, do CNJ, refere-se a *arquivamento*, ao passo que eventual acolhida dos argumentos expostos em sede de *habeas corpus* levará ao *trancamento* da investigação criminal. Logo, estamos diante de institutos jurídicos completamente distintos, que proporcionam desdobramentos procedimentais igualmente diferentes.

Além disso, ainda desenvolvendo a tese de que poderia ser impetrado *habeas corpus* na audiência de custódia, novamente devemos recordar que o Ministério Público não está obrigado – ao contrário, não há nenhuma previsão legal para isso – a se manifestar naquele mesmo momento, em resposta aos argumentos apresentados pela defesa. Por consequência, sua manifestação ocorrerá posteriormente àquele ato, o que torna, outra vez, inviável que o *arquivamento* referido pelo CNJ, possível de ser realizado na audiência de custódia, diga respeito ao julgamento de eventual *habeas corpus* manejado naquele momento procedimental.

Em síntese, para que se possa encontrar algum sentido para a previsão contida no § 5º do artigo 8º da Resolução nº 213, do CNJ, somente se vislumbra a possibilidade de o arquivamento da investigação criminal haver partido de requerimento feito pelo Ministério Público, oportunidade em que o juiz deverá seguir os ditames do artigo 28 do CPP, sem qualquer abertura de palavra à defesa.

Referências bibliográficas

ALFLEN, Pablo Rodrigo. A implementação do Estatuto de Roma no âmbito interno brasileiro ante as recentes movimentações no Tribunal Penal Internacional. *Revista Prismas: Direito, Políticas Públicas e Mundialização*. Vol. 06, n° 2, 2009, p. 379 e ss

——. Apresentação (*Vorführung*) ou audiência de custódia no Processo Penal alemão. In: ANDRADE, Mauro Fonseca; ALFLEN, Pablo Rodrigo (Orgs.). *Audiência de Custódia: da boa intenção à boa técnica*. Porto Alegre: FMP, 2016. p. 47-68.

——. AMBOS, Kai; BÖHM, María Laura. *Crime de Desaparecimento Forçado de Pessoas*. São Paulo: Revista dos Tribunais, 2013

ALMEIDA, Joaquim Canuto Mendes de. *Processo penal, ação e jurisdição*. São Paulo: RT, 1975.

AMADO, Marco Aurélio Nascimento; ATAÍDE, Débora. Audiência de Custódia: interpretando o artigo 8, VIII, e parágrafo primeiro da Resolução 213/2015 do CNJ. *Revista do Ministério Público do Rio Grande do Sul*, Porto Alegre, n° 80, p. 9-15, mai./ago. 2016.

AMARAL, Cláudio do Prado. Da audiência de custódia em São Paulo. *Boletim IBCCrim*, São Paulo, a. 23, n° 269, p. 4-6, abr./2015.

AMBOS, Kai. *Internationales Strafrecht* – Strafanwendungsrecht, Völkerstrafrecht, Europäisches Strafrecht, Rechtshilfe. 4. Aufl., München: Beck, 2014.

ANDRADE, Mauro Fonseca. A Atuação do Ministério Público Frente às Medidas Cautelares Pessoais. *Revista da SJRJ*, Rio de Janeiro, v. 20, p. 209-225, 2013.

——. A Audiência de Custódia na Concepção da Justiça Gaúcha: Análise da Resolução n° 1087/2015 e das Práticas Estabelecidas. In: ANDRADE, Mauro Fonseca; ALFLEN, Pablo Rodrigo (Orgs.). *Audiência de Custódia: da boa intenção à boa técnica*. Porto Alegre: FMP, 2016. p. 221-246.

——. ALFLEN, Pablo Rodrigo (orgs.). *Audiência de Custódia*: Comentários à Resolução 213 do Conselho Nacional de Justiça. 2ª ed. Porto Alegre: Livraria do Advogado, 2017.

——. *Juiz das Garantias*. 2ª ed. Curitiba: Juruá, 2015.

——. *Ministério Público e sua Investigação Criminal*. 2ª ed. Curitiba: Juruá, 2006.

——. Sistema Processual Penal Democrático: reflexos de sua proposição no Projeto de Código de Processo Penal. *Revista Eletrônica de Direito Penal e Política Criminal*, Porto Alegre, v. 2, n° 1, p. 69-87, 2014.

——. *Sistemas Processuais Penais e seus Princípios Reitores*. 2ª ed. Curitiba: Juruá, 2013.

——. Teoria da Gestão da Prova: um confronto consigo mesma. *Revista Ibero-Americana de Ciências Penais*. Porto Alegre, a. 10, n° 18, p. 141-200, 2010.

ARIAS VICENCIO, Cristián. El Control Jurisdiccional de la Detención. *REJ – Revista de Estudios de la Justicia*, Santiago de Chile, n° 6, p. 225-253, 2005.

ASSOCIAÇÃO JUÍZES PARA A DEMOCRACIA. *Ofício*. São Paulo, 21 de agosto de 2014.

ASSOCIAÇÃO NACIONAL DOS DEFENSORES PÚBLICOS. *Ofício ANADEP n° 02/2015*. Brasília, 05 de fevereiro de 2015.

ASSOCIAÇÃO NACIONAL DOS MEMBROS DO MINISTÉRIO PÚBLICO. *Nota Técnica n° 04/2014/CONAMP*. Brasília, 2014.

AVENA, Norberto. *Processo Penal*. Teoria e Prática. Versão Universitária. 2ª ed. São Paulo: Método, 2013.

ÁVILA, Thiago André Pierobom de. Audiência de custódia: avanços e desafios. *Revista de informação legislativa*: RIL, v. 53, n. 211, p. 301-333, jul./set. 2016. Disponível em: <http://www12.senado.leg.br/ril/edicoes/53/211/ril_v53_n211_p301>

BADARÓ, Gustavo Henrique Righi Ivahy. *Parecer*. Processo nº 8837-91.2014.4.01.3200. 3ª Vara da Justiça Federal da Seção Judiciária do Amazonas. 2014.

BECCARIA, Cesare. *Dos delitos e das penas*. Trad. de Lucia Guidicini e Alessandro Contessa, São Paulo: Martins Fontes, 1996.

BEULKE, Werner. *Strafprozessrecht*. 12. Aufl., München: C.F.Müller Verlag, 2012.

BINDING, Karl. *Grundriß des Deutschen Strafprocessrechts*. Leipzig: Verlag Duncker & Humblot, 1900.

BRANDALISE, Rodrigo da Silva. Sobre o Aproveitamento das Declarações Autoincriminatórias do Flagrado em Audiência de Custódia. In: ANDRADE, Mauro Fonseca; ALFLEN, Pablo Rodrigo (Orgs). *Audiência de Custódia. Da Boa Intenção à Boa Técnica*. Porto Alegre, FMP, 2016. p. 69-104.

CALAMANDREI, Piero. *Elogio de los Jueces Escrito por un Abogado*. Traduzido por Marcelo Bazán Lazcano. Buenos Aires: El Foro, 1997.

CARNELUTTI, Francesco. Poner en su Puesto al Ministerio Público. *Cuestiones sobre el Proceso Penal*. Traduzido por Santiago Sentís Melendo. Buenos Aires: Librería El Foro, 1994, p. 209-218.

CASAL, Jesús María. In: *Convención Americana sobre Derechos Humanos – Comentario*. Fundación Bogotá / Colômbia: Konrad Adenauer, 2014.

CHAMBON, Pierre. *Le Juge d'Instruction*. Paris: Librairie Dalloz, 1972.

CHIOVENDA, Giuseppe. *Principios de Derecho Procesal Civil*. Traduzido por Jose Casais y Santaló. Madrid: Editorial Reus, 1922. Tomo I.

CHOUKR, Fauzi Hassan. PL 554/2011 e a necessária (e lenta) adaptação do processo penal brasileiro à convenção americana dos direitos do homem. *Boletim IBCCrim*. São Paulo, nº 254, p. 2-3, janeiro/2014.

CONSELHO NACIONAL DO MINISTÉRIO PÚBLICO. *Programa Segurança sem Violência*. Relatório do Grupo de Trabalho. Brasília, 20014.

COSTA, Milton Lopes da. *Detenções para Averiguações*. Rio de Janeiro: Ioneli Indústrias Gráticas, 1980.

COUTINHO, Jacinto Teles. Audiência de Custódia: Garantia do Direito Internacional Público. *Revista Síntese Direito Penal e Processo Penal*, Porto Alegre, a. XVI, nº 93, p. 98-104, ago.-set. 2015.

CRUZ E TUCCI, Rogério. *Teoria do Direito Processual Penal*. São Paulo: RT, 2002.

CUNHA, José Ricardo *et alli*. Direitos humanos globais e Poder Judiciário: uma investigação empírica sobre o conhecimento e a aplicação das normas dos sistemas ONU e OEA no Tribunal de Justiça do Rio de Janeiro – análise da primeira instância. In: CUNHA, José Ricardo (Org). *Direitos Humanos. Poder Judiciário e Sociedade*. Rio de Janeiro: FGV, 2011, p. 13-51, 53-113.

DE HOYOS SANCHO, Montserrat. El Detenido y sus Derechos en el Convenio Europeo de Derechos Humanos. Aplicaciones al Derecho Procesal Nicaragüense. PEDRAZ PENALVA, Ernesto *et alli* (Directores). *Documentos Penales y Criminológicos*. Managua: Hispamer, 2004. Vol. 2, p. 249-296.

DE SALVIA, Michele. Lineamenti di Diritto Europeo dei Diritto dell'Uomo. Padova: Cedam, 1991.

DEFENSORIA PÚBLICA DO ESTADO DE SÃO PAULO. *Ofício CCDH nº 304/2012*. São Paulo, 12 de setembro de 2013.

DÍAZ CREGO, María. El impacto de la jurisprudencia de la Corte Interamericana sobre el Tribunal Europeo de Derechos Humanos. *Derecho PUCP – Revista de la Facultad de Derecho*, Lima/Peru, nº 75, p. 31-56, 2015.

DIGIÁCOMO, Murillo José. Breves ponderações sobre a proposta de extensão da "audiência de custódia" para adolescentes acusados da prática de atos infracionais. *Revista Jurídica do Ministério Público do Estado do Paraná*, Curitiba, ano 3, n° 4, p. 133-147, agosto/2016.

EUROPEAN UNION. Directive 2012/13/EU of the European Parliament and of the Council, of 22 May 2012, on the right to information in criminal proceedings. *Official Journal of the European Union*, L 142/1-9, Brussels, 1 June 2012.

FEILKE, Pedro Ribeiro Agustoni. O Controle de Convencionalidade e a Jurisprudência do Supremo Tribunal Federal. *Direito em Debate*. Revista do Departamento de Ciências Jurídicas e Sociais da UNIJUÍ, Ijuí, a. XXIII, n° 41, p. 147-186, jan./jun. 2014.

FEILKE, Pedro Ribeiro Agustoni. O Controle de Convencionalidade e a Jurisprudência do Supremo Tribunal Federal. *Direito em Debate*. Revista do Departamento de Ciências Jurídicas e Sociais da UNIJUÍ, Ijuí, a. XXIII, n° 41, p. 147-186, jan./jun. 2014.

FEITOZA, Denilson. *Direito Processual Penal*. 6ª ed. Rio de Janeiro: Ímpetus, 2009.

FONSECA, Antônio César Lima da. *Abuso de Autoridade. Comentários e Jurisprudência*. Porto Alegre: Livraria do Advogado, 1997.

GAMA, Alexis Andreus; ÁVILA, Gustavo Noronha de. A Resistência à Audiência de Custódia no Brasil: Sintoma de Ilegalismo. *Revista Síntese Direito Penal e Processo Penal*, Porto Alegre, a. XVI, n° 93, p. 62-66, ago.-set. 2015.

GOLDSCHMIDT, James. *Der Prozess als Rechtslage*. Eine Kritik des prozessualen Denkens. Berlin: Springer Verlag, 1925.

——. *Problemas Jurídicos y Políticos del Proceso Penal*. Barcelona: Bosch, 1935.

GOLDSCHMIDT, Werner. La imparcialidad como principio básico del proceso (la 'partialidad' y la parcialidad). *Revista de Derecho Procesal*, Barcelona, ano VI, n° 2, p. 184-209, 1950.

GOMES, Luiz Flávio; MAZZUOLI, Valerio de Oliveira. *Comentários à Convenção Americana sobre Direitos Humanos. Pacto de San José da Costa Rica*. 4ª ed. São Paulo: RT, 2013.

GRÜNWALD, Gerald. Menschenrechte im Strafprozeß, *Strafverteidiger*, 1978, p. 453-457.

GUARNERI, José. *Las Partes en el Proceso Penal*. Traduzido por Constancio Bernaldo de Quirós. Puebla (México): José M. Cajica Jr., 1952.

GUERRA, Sidney. A Proteção Internacional dos Direitos Humanos no Âmbito da Corte Interamericana e o Controle de Convencionalidade. *Nomos. Revista do Programa de Pós-Graduação em Direito da Universidade Federal do Ceará*, Fortaleza, v. 32.2, p. 341-366, jul./dez. 2012.

HASSEMER, Winfried. Unverfügbares im Strafprozeß. KAUFMANN Arthur. *Festschrift für Werner Maihofer zum 70. Geburtstag*, Frankfurt: Klostermann, 1988. p. 183-204.

IASELLI, Isabela. *Codice di Procedura Penale Ilustrato*. 6ª ed. Piacenza: Casa Editrice La Tribuna, 2012.

INSTITUTO BRASILEIRO DE CIÊNCIAS CRIMINAIS. Editorial. *Boletim IBCCrim*. São Paulo, n° 252, nov./2013, p. 1.

——. *Nota Técnica*. São Paulo, 11 de fevereiro de 2015.

JAÉN VALLEJO, Manuel. *Tendencias actuales de la jurisprudencia penal: las garantías del proceso penal*. Madrid: Dykinson, 2002.

KINDHÄUSER, Urs. *Strafprozessrecht*. 3. Aufl., Baden-Baden: Nomos, 2013.

KLESCZEWSKI, Diethelm. *Strafprozessrecht*. 2. Aufl., München: Vahlen, 2013.

KRAMER, Bernhard. *Grundbegriffe des Strafverfahrensrechts*. Ermittlung und Verfahren. 7. Aufl., Stuttgart: Kohlhammer, 2009.

KREY, Volker. *Deutsches Strafverfahrensrecht*. Bd. 1, Stuttgart: Verlag Kohlhammer, 2006.

KÜHNE, Hans-Heiner. *Strafprozessrecht*. Eine systematische Darstellung des deutschen und europäischen Strafverfahrensrechts. 8. Aufl., Heidelberg: C.F.Müller Verlag, 2010.

LA REGINA, Katia. *L'udienza di convalida dell'arresto o del fermo*. Padova: Cedam, 2011.

LEMOS JÚNIOR, Arthur Pinto de. A Investigação Criminal Diante das Organizações Criminosas e o Posicionamento do Ministério Público. *Revista dos Tribunais*, São Paulo, v. 795, p. 411-451, jan. 2002.

——. A investigação judicial no âmbito da Corregedoria da Polícia judiciária e a titularidade da ação penal do Ministério Público. *Revista da escola Paulista da Magistratura*, São Paulo, a. 5, n° 2, p. 179-194, jul./dez. 2004.

LEWANDOWSKI, Ricardo. Audiência de Custódia e o Direito de Defesa. *Revista Magister de Direito Penal e Processo Penal*, Porto Alegre, v. 67, p. 114-115, ago./set. 2015.

LIMA, Marcellus Polastri. Questões que Envolvem a Denominada "Audiência de Custódia". *Revista do Ministério Público do Rio de Janeiro*, nº 60, p. 205- 222, abr./jun; 2016.

LIMA, Renato Brasileiro de. *Manual de Processo Penal*. 4ª ed. Salvador: JusPodium, 2016.

LIÑÁN NOGUERAS, Diego J. *El Detenido en el Convenio Europeo de Derechos Humanos*. Granada: Universidad de Granada, 1980.

——. *El Detenido en el Convenio Europeo de Derechos Humanos*. Granada: Universidad de Granada, 1980.

LOPES JR., Aury. *Direito Processual Penal*. 10ª ed. São Paulo: Saraiva, 2014.

——. Imediata apresentação do preso em flagrante. Uma necessidade imposta pela evolução civilizatória do Processo Penal. In: *Informativo Rede Justiça Criminal*, Brasília, edição 05, ano 03, 2013.

——; PAIVA, Caio. Audiência de custódia e a imediata apresentação do preso ao juiz: rumo à evolução civilizatória do processo penal. *Revista Liberdades*, São Paulo, nº 17, p. 11-23, set./dez. 2014.

LOPES, José António Mouraz. *A Tutela da Imparcialidade Endoprocessual no Processo Penal Português*. Coimbra: Coimbra Editora, 2005.

MACHADO, Leonardo Marcondes. Resistência Crítica e Poder Punitivo: diálogos em torno da Audiência de Custódia. *Revista Síntese Direito Penal e Processo Penal*, Porto Alegre, a. XVI, nº 93, p. 40-53, ago.-set. 2015.

MAIER, Julio B. J. *La Investigación Penal Preparatoria del Ministerio Público. Instrucción Sumaria o Citación Directa*. Buenos Aires: Lerner, 1975.

MARCÃO, Renato. Audiência de Apresentação/Custódia (Resolução CNJ nº 213/2015). *Revista Síntese Direito Penal e Processual Penal*, São Paulo, a. XVIII, nº 103, p. 195-202., abr./mai. 2017.

MARTINS, Joana Boaventura. *Da Valoração das Declarações de Arguido Prestadas em Fase Anterior ao Julgamento*. Coimbra: Coimbra Editora, 2014.

MASI, Carlo Velho. A Audiência de Custódia Frente à Cultura do Encarceramento. *Revista dos Tribunais*, São Paulo, ano 104, vol. 960, p. 77-120, out./2015.

MASSARI, Eduardo. *Le Dottrine Generali del Processo Penale*. Napoli: Eugenio Jovene, 1948.

MAZZUOLI, Valerio de Oliveira. *Curso de Direito Internacional Público*. 7ª ed. São Paulo: RT, 2013.

——. *Direitos Humanos, Constituição e os Tratados Internacionais*: estudo analítico da situação e aplicação do tratado na ordem jurídica brasileira. São Paulo: Juarez de Oliveira, 2002.

——. *O Controle Jurisdicional da Convencionalidade das leis*. São Paulo: RT, 2009.

——. Teoria Geral do Controle de Convencionalidade no Direito Brasileiro. *Revista de Informação Legislativa*, Brasília, a. 46, nº 181, p. 113-139, jan./mar. 2009.

MELO, Raphael. *Audiência de Custódia no Processo Penal*. Belo Horizonte: D'Plácido, 2016.

MENDES, Paulo de Sousa. *Lições de Direito Processual Penal*. Coimbra: Almedina, 2014.

MINAGÉ, Thiago M.; SAMPAIO JR., Alberto. A Questão Político-Criminal da Audiência de Custódia. *Revista Síntese Direito Penal e Processo Penal*, Porto Alegre, a. XVI, nº 93, p. 54-61, ago.-set. 2015.

MITTERMAIER, Carl Joseph Anton. *Die Mündlichkeit, das Anklageprinzip, die Oeffentlichkeit und das Geschwornengericht*. Tübingen: Gotta'scher Verlag, 1845.

MORAES, Benjamin. *Jurisdição Criminal*. Rio de Janeiro: Canton & Reile, 1945.

MORETI Carola. L'Imparzialità del Giudice tra la Cautela e Il Merito. *Rivista di Diritto Processuale*, Padova, a. 51, nº 4, p. 1.084-1.108, ott./dic. 1996.

MUCCIO, Hidejalma. *Curso de Processo Penal*. 2ª ed. São Paulo: Método, 2011.

NICOLITT, André. *Manual de Processo Penal*. 5ª ed. São Paulo: RT, 2014.

NIEVA FENOLL, Jordi. *Fundamentos de Derecho Procesal Penal*. Madrid: Edisofer, 2012.

OLIVEIRA, Eugenio Pacelli de. *Curso de Processo Penal*. 18ª ed. São Paulo: Atlas, 2014.

——; FISCHER, Douglas. *Comentários ao Código de Processo Penal e sua Jurisprudência*. 8ª ed. São Paulo: Atlas, 2016.

OLIVEIRA, Gilberto Callado de. *O Conceito de Acusação*. São Paulo: RT, 1996.

OLIVEIRA, Gisele Souza de; SOUZA, Sérgio Ricardo de; BRASIL JÚNIOR, Samuel Meira; SILVA, Willan. **Audiência de Custódia**: Dignidade Humana, controle de convencionalidade, prisão cautelar e outras alternativas (Lei 12.403/2011). 2ª ed. Rio de Janeiro: Lumen Juris, 2015.

ONU. Direitos Humanos na Administração da Justiça. *Manual de Direitos Humanos para Juízes, Magistrados do Ministério Público e Advogados*. Alto Comissariado das Nações Unidas para os Direitos Humanos em cooperação com a *International Bar Association*. *Série Formação Profissional nº 09*. Nova Iorque e Genebra: Nações Unidas, 2003.

——. M. Freemantle vs. Jamaica. Comunication nº 625/1995, *U.N. Doc. CCPR/C/68/D/625/1995*, 2000.

——. Princípios Orientadores Relativos à Função dos Magistrados do Ministério Público. *8º Congresso das Nações Unidas para a Prevenção do Crime e o Tratamento de Delinquentes*, 1990.

——. Vladimir Kulomin vs. Hungary. Comunication nº 521/1992, *U.N. Doc. CCPR/C/50/D/521/1992*, 1996.

PACELLI, Eugenio. *Curso de Processo Penal*. 18ª ed. São Paulo: Atlas, 2014.

PAIVA, Caio. *Audiência de Custódia e Processo Penal Brasileiro*. Florianópolis: Empório do Direito, 2015.

——. *Audiência de Custódia e Processo Penal Brasileiro*. 2ª ed. Florianópolis: Empório do Direito, 2017.

PICÓ I JUNOY, Joan. *La imparcialidad judicial y sus garantías: la abstención y la recusación*. Barcelona: J. M. Bosch, 1998.

PINTO, Ronaldo Batista. Audiência de Custódia – da Indevida Equiparação do Delegado de Polícia ao Juiz de Direito para Fins de Audiência de Custódia. *Revista Magister de Direito Penal e Processo Penal*, Porto Alegre, v. 67, p. 116-118, ago./set. 2015.

PRIEBE, *Audiência de Custódia no Âmbito da Criança e do Adolescente*. Florianópolis: Habitus, 2017.

PRUDENTE, Neemias Moretti. Lições Preliminares acerca da Audiência de Custódia no Brasil. *Revista Síntese Direito Penal e Processual Penal*, Porto Alegre, a. XVI, nº 93, p. 9-31, ago.-set. 2015.

RAMOS, André de Carvalho. Supremo Tribunal Federal Brasileiro e o Controle de Convencionalidade: levando a sério os tratados de direitos humanos. *Revista da Faculdade de Direito da Universidade de São Paulo*, São Paulo, v. 2, p. 241-286, jan./dez. 2009.

RAMOS, João Gualberto Garcez. *Curso de Processo Penal Norte-Americano*. São Paulo: RT, 2006.

ROXIN, Claus; SCHÜNEMANN, Bernd. *Strafverfahrensrecht*. 28. Aufl., München: Verlag Beck, 2014.

RUSSO, Carlo; QUAIN, Paolo. *La Convenzione Europea dei Diritto dell'Uomo e La Giurisprudenza della Corte di Strasburgo*. 2ª ed. Milano: Giuffrè, 2006.

RUSSOWSKY, Iris Saraiva. O Controle de Convencionalidade das Leis: uma análise na esfera internacional e interna. *Revista da CAAP*, Belo Horizonte, nº 2 v. XVIII, p. 61-96, 2012.

SANTORO FILHO, Antônio Carlos. Os poderes investigatórios do juiz corregedor da Polícia Judiciária. *Cadernos Jurídicos*, São Paulo, ano 7, nº 27, p. 101-109, mai./ago. 2006.

SANTOS, Maurício Cirino dos. A audiência de custódia e as funções institucionais do Ministério Público. *Revista Jurídica do Ministério Público do Estado do Paraná*, Curitiba, ano 3, nº 4, p. 119-129, agosto/2016.

SATZGER, Helmut. Der Einfluss der EMRK auf das deutsche Straf – und Strafprozessrecht – Grundlagen und wichtige Einzelprobleme. *Jura*, Vol, 31, Heft 10, 2009, p. 721-798.

SCHMIDT, Eberhard. *Deutsches Strafprozessrecht*. Göttingen: Verlag Vandenhoeck & Ruprecht, 1967.

——. *Lehrkommentar zur Strafprozessordnung*. Teil I, Göttingen: Verlag Vandenhoeck & Ruprecht, 1952.

SCHROEDER, Friedrich-Christian. *Strafprozessrecht*. 4. Aufl., München: Verlag Beck, 2007.

THEODORO JÚNIOR, Humberto; NUNES, Dierle José Coelho. Uma dimensão que urge reconhecer ao contraditório no direito brasileiro: sua aplicação como garantia de influência, de não surpresa e de aproveitamento da atividade processual. *Revista de Processo*, São Paulo, a. 34, nº 168, p. 107-141, fev. 2009.

TÓPOR, Klayton Augusto Martins; NUNES, Andréia Ribeiro. *Audiência de Custódia*: Controle Jurisdicional da Prisão em Flagrante. Florianópolis: Empório do Direito, 2015.

VALE, Ionilton Pereira do. Princípios Constitucionais do Processo Penal, na visão do Supremo Tribunal Federal. São Paulo: Gen | Método, 2009.

VASCONCELOS, Eneas Romero de. Comentários ao artigo 1º. ANDRADE, Mauro Fonseca; ALFLEN, Pablo Rodrigo (orgs.). *Audiência de Custódia:* Comentários à Resolução 213 do Conselho Nacional de Justiça. 2ª ed. Porto Alegre: Livraria do Advogado, 2017. p. 28-36.

VOLK, Klaus. *Strafprozessrecht*. 2. Aufl., München: Verlag Beck, 2001.

WEIS, Carlos. Estudo sobre a Obrigatoriedade de Apresentação Imediata da Pessoa Presa ao Juiz: comparativo entre as previsões dos tratados de direitos humanos e do projeto de Código de Processo Penal. *Defensoria Pública do Estado de São Paulo*, São Paulo, p. 1-23, 2011. Disponível em: http://www.defensoria.sp.gov.br/dpesp/Repositorio/31/Documentos/Estudo%20sobre%20a%20obrigatoriedade%20de%20apresenta%C3%A7%C3%A3o%20imediata%20do%20preso%20ao%20juiz%20%281%29.pdf.

——; JUNQUEIRA, Gustavo Octaviano Diniz. A Obrigatoriedade da Apresentação Imediata da Pessoa Presa ao Juiz. *Revista dos Tribunais*. São Paulo, vol. 921, p. 331-355, 2012.

ZACHARIÄ, Heinrich Albert. *Die Gebrechen und die Reform des deutschen Strafverfahrens*. Göttingen: Dieterichschen Buchhandlung, 1846.

Impressão:
Evangraf
Rua Waldomiro Schapke, 77 - POA/RS
Fone: (51) 3336.2466 - (51) 3336.0422
E-mail: evangraf.adm@terra.com.br